电动汽车测试技术及传感器

主　编　吴华伟　聂金泉
副主编　刘建强　景文倩

南京大学出版社

内容提要

纯电动汽车经历了十一五、十二五研究,目前已经进入市场推广应用阶段。为更好服务"应用型"人才培养,本书在信号处理基础知识的基础上,讲述了常见电参数测量工具及数据处理,介绍了现代汽车常用传感器的工作原理和测试方法,重点突出了电动汽车和智能汽车特有的电池、电驱等系统测试方法和评价。本书可作为面向应用型人才培养的汽车类各专业(车辆工程、新能源汽车、汽车服务工程等)的教材,也可供从事汽车测试、可靠性工作的工程技术人员阅读参考。

图书在版编目(CIP)数据

电动汽车测试技术及传感器 / 吴华伟,聂金泉主编
. -- 南京 : 南京大学出版社,2017.12
ISBN 978 - 7 - 305 - 19645 - 4

Ⅰ. ①电… Ⅱ. ①吴… ②聂… Ⅲ. ①电动汽车—测试技术②电动汽车—传感器 Ⅳ. ①U467②U463.6

中国版本图书馆 CIP 数据核字(2017)第 295197 号

出版发行	南京大学出版社
社　　址	南京市汉口路 22 号　　　　邮 编　210093
出 版 人	金鑫荣
书　　名	**电动汽车测试技术及传感器**
主　　编	吴华伟　聂金泉
责任编辑	刘 灿　　　　　编辑热线　025 - 83597482
照　　排	南京南琳图文制作有限公司
印　　刷	南京大众新科技印刷有限公司
开　　本	787×1092　1/16　印张 13.25　字数 319 千
版　　次	2017 年 12 月第 1 版　2017 年 12 月第 1 次印刷
ISBN	978 - 7 - 305 - 19645 - 4
定　　价	34.00 元

网址:http://www.njupco.com
官方微博:http://weibo.com/njupco
官方微信号:njupress
销售咨询热线:(025) 83594756

前　言

　　现代汽车是一个集机械、电气、电子、控制、通信为一体的综合机电系统,随着计算机技术和电池技术的发展,为解决日益严峻的环境污染问题,电动汽车再次走向了前台,成为未来出行的首选交通工具,如何对这些产品进行有效运行监测、故障诊断与维护,提高车辆的可靠性等,都与信息精准获取息息相关,汽车测试技术作为汽车研制、运行过程数据获取和评价及改进的重要手段,具有很强的综合性和应用性。传感器是获取数据、提高安全性和可靠性的最重要的信息来源,是该测试技术的核心反馈环节,汽车上的传感器种类越来越多、智能化水平也不断提升,掌握传感器的基本结构和原理十分重要。目前车辆专业,尤其是地方本科院校的汽车测试技术主要从传统汽车、测试和传感器分开来阐述,理论较多,电动汽车的一些新的典型系统测试没有统筹起来。为帮助学生更好掌握现代汽车的特别是电动汽车的测试这一应用实践性很强的课程,本书综合传统汽车、电动汽车典型系统的测试技术基础理论、传感器及应用于一体。

　　本书主要内容:现代汽车的测试技术及传感器发展和应用;信号分类及时域和频域分析方法,测试系统的数学描述和静动态特性;电气参数测量与汽车测试常见电工仪表;车用典型传感器;传统汽车和电动汽车的基本性能测试;电动汽车电池、电机及动力系统测试;常用电动汽车标准等。

　　本书从实用角度出发,重点突出了现代汽车典型系统测试的方法、原理、处理等,本书可作为高等教育车辆工程、汽车服务与应用工程、交通运输工程等专业教材之外,也可作为从事汽车制造、维修和科研方面的人员的参考用书。

　　本书由湖北文理学院吴华伟、聂金泉主编。参加编写的有:湖北文理学院吴华伟(第1、2、3章)、湖北文理学院机械与汽车工学院聂金泉(第4章)、湖北省蓄电池质量监督检验中心刘建强(第4、6章)、湖北文理学院机械与汽车工学院景文倩(第5章)。湖北文理学院新能源汽车团队的丁华锋、王敏旺、张远进、叶从进、苏业东、刘冬冬等老师和研究生对本书资料的收集和整理提供了无私的帮助和支持!本书在编写过程中,参考了一些国内外书籍、期刊等文献资料,在此一并表达感谢。

　　由于作者水平和能力有限,书中不足和不妥之处恳请读者批评指正,并能提出宝贵的反馈意见!

编　者

2017 年 9 月于隆中山下

目　录

扫码试读
本书样章

第1章 绪 论

扫码获取
本章电子资源

1.1 测试技术的定义

测试是人类认识客观世界的手段和科学研究的基本方法。测试是测量和试验技术（含检测）的统称，为了获得被测物理量的量值进行测量，获取有用的信息则需要试验。借助专门的仪器、设备、设计合理的实验方法以及进行必要的信号分析与数据处理，获得与被测对象有关的信息，最后将结果显示或输入其他信息处理装置、控制系统。测试技术与通信技术、计算机技术一起成为信息技术的三大支柱。

信号是随时间或空间变化的物理量。电信号易于变换、处理和传输，通常需要将非电信号转换成电信号。信号是信息的载体，信息是信号的内容。测量是以确定被测对象属性和量值为目的的全部操作，其特点是用度量工具直接对被测对象进行度量。检测则是对被测对象进行属性和量值的信息提取、分析处理、显示记录的工程，其特点是在测量基础上进行信息处理。工程技术中的试验一般是指以规定程序进行的被测对象新属性和量值的检测过程，其特点也就是有具体要求的检测。

测试技术是工程技术领域一项重要的技术，工程研究、产品开发、生产监督、质量控制和性能试验等都离不开测试技术。测试技术不仅能为产品的质量和性能提供客观的评价，为生产技术的合理改进提供基础数据；为探索性、开发性、原创性的科学发现或技术发明提供重要的实验数据和测试结果。如果没有测试数据，就很难在设计中进行合理计算、优化乃至自动化生产。

随着《中国制造2025》的提出和工业4.0的深入，智能传感器和检测被提到前所未有的高度，尤其是节能环保纯电动汽车的发展，将汽车测试技术带到了新的领域。

1.2 测试技术的内容和任务

1. 测试技术的内容

测试的本质就是按一定的目的和要求，获取感兴趣的、有限的某些特定有用的信息。测试过程中涉及测试理论、测试方法、测试设备等。测试技术研究的主要内容包括测量原理、测量方法、测量系统以及数据处理四个方面。

测量原理实现测量所依据的物理、化学、生物等现象及有关定律的总体。如压电效应、热电效应、光电效应、涡流效应等。不同性质的被测量用不同的原理去测量，同一性质的被测量也可用不同的原理去实现。

测量主要是采用直接、间接、电测、非电测、模拟、数字等方式实现。

测量系统就是选择什么样的产品或装置组成系统,最后对测试数据进行滤波、变换等处理,得到有用的信息。

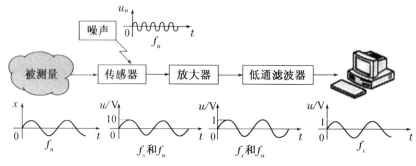

图 1-1 测试技术一般分析处理过程

2. 测试技术的作用和任务

设备(产品)设计、改造和优化中进行参数优化、强度校核、效率提高提供数据依据,在日常工作、环境净化和监测中,进行 NVH 测量,验证改进措施有效性,保障人们身心健康,科学规律发现和新定律、公式的诞生都离不开测试技术,从试验中发现规律,验证理论研究结果,实验和理论可以相互促进,共同发展;在工业化生产中,通过对工艺参数的测试和数据采集,实现状态监测、质量控制、故障诊断。

1.3 测试系统的组成

测试系统是指由相关的元器件、仪器和测试装置有机组合而成的具有获取某种信息功能的整体,一般组成如图 1-2 所示。

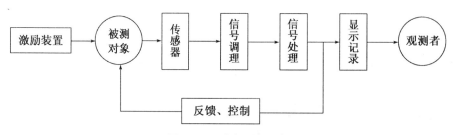

图 1-2 测试系统组成

传感器:将被测信息转换成某种电信号的器件。

信号的调理环节:把来自传感器的信号转换成更适合进一步传输和处理的形式。

信号处理环节:对调理好的信号进行各种运算和分析。

信号记录、显示:将处理好的信号以便于观察和分析的形式显示或存储。

反馈和控制环节:用于闭环控制。

激励装置:作用于被测对象,使之产生有用并载于其中的信号,并不是所有测试系统都有激励装置。

1.4 汽车测试技术和传感器

  自 1886 年世界上第一部汽车在德国问世以来,汽车的发展给整个世界和人类生活带来了巨大而深刻的变化。随着新兴科学技术领域的不断发展,尤其是信息技术的迅速发展对汽车工业的发展产生了巨大的影响。汽车产业的迅速发展也使相关的高新技术产业获得了最大的收益。汽车工业生产也由原来的手工小批量转为大批量规模生产、精益生产等,截至 2016 年底,我国汽车保有量为 1.9 亿辆,年产销量超 2 500 万辆。

  汽车工业促进了社会经济的发展,但同时它对人类生存的环境也带来了不少严重问题,如石油资源的枯竭、环境污染、汽车安全及交通环境的恶劣。现代及未来汽车更加环保、节能,更注重安全性、舒适性、集成化,如现在网络汽车、共享汽车、无人驾驶汽车等。涉及机械、电子、信息、材料等领域的测试技术为汽车整体及零部件的性能评定、故障诊断提供了方法和手段,使得汽车更加智能、安全和舒适。

  汽车测试技术是随着汽车工业的发展而发展的,汽车产品生产和使用的主要特点是:大批量生产,结构复杂多样,产品性能质量要求高,使用条件多变,任何设计制造缺陷和技术状态变化都可能造成严重后果。

  汽车测试技术涉及试验与检测两个方面,试验主要针对产品研发设计与性能鉴定;而检测主要是针对产品质量监测及在用状态检测等诸多方面。通过试验以检验产品设计、制造及结构的先进性、设计思想的正确性、制造工艺的合理性、使用维修的方便性、各总成部件的工作可靠性。

  汽车试验包括探索性试验;新结构的原理试验;获取原始控制数据的标定试验;为产品、结构改进提供支持的功能试验;产品、工艺的验证试验;整车及总成部件的可靠性、耐久性试验;产品质量控制试验等。

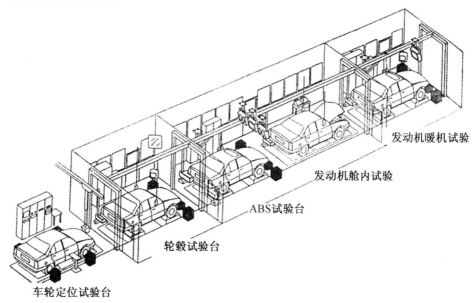

图 1-3 某汽车集成式测试平台

汽车试验方法发展趋势:(1) 试验内容不断增加:为了满足人们对汽车日益增加的各项要求,需要不断地增加试验项目和试验内容;汽车功能的扩展,各种新结构、新技术在汽车上的应用亦需要增加试验内容。(2) 试验方法不断更新:汽车法规的日渐严格,需要更新试验方法;对汽车要求的日益提高,需要更新试验方法;试验技术的进步也会带来试验方法的变化。

汽车试验仪器设备发展的重要特征是:(1) 自动化程度越来越高;(2) 功能集成;(3) 环境再现;(4) 高精度、高效率。

1.5　汽车车用传感器

现代汽车的智能化、安全化、环保和舒适化要求对汽车零部件及整车性能进行测试和评价,而传感器是信息的源头,只有拥有良好多样的传感器,才能有效使用这些测试设备和技术。传感器的作用就是将光、电、温度、压力、时间等物理、化学量转化成电信号,供控制单元识别。传感器作为现代汽车电控系统的关键部件,直接影响汽车的性能的发挥。早期普通汽车装有十几种传感器,高级轿车需要用传感器对温度、压力、位置、距离、转速、加速度、湿度、电磁、光电、振动等进行实时准确的测量,一般需要 $30\sim100$ 种传感器。大体来说分为:① 发动机控制用温度、压力、转速、氧、流量、爆震等传感器;② 汽车底盘控制用车速、加速度、负荷、水温、油温、节气门、高度、转角传感器;③ 车身控制用温度、风量、日照、图像、超声波传感器等几大类。

由于传感器的重要作用,世界各国对其理论研究、新材料应用、产品开发都非常重视。具体来说就是各类新材料、新工艺、新效应(原理)不断应用,集成化、多维化、多功能化、智能化的产品不断出现。

1.6　课程的对象和本书的主要内容

本课程主要讲述现代汽车的测试技术及传感器发展和应用;信号分类及时域和频域分析方法,测试系统的数学描述和静动态特性;电气参数测量与汽车测试常见电工仪表;车用典型传感器;传统汽车和电动汽车的基本性能测试;电动汽车电池、电机及动力系统测试;常用电动汽车标准等。

对高校的车辆和汽车应用工程专业来说,"汽车测试技术"是一门专业基础(核心)课程。通过本课程的学习,学生应该掌握有关测试技术的基本理论和技术,了解测试所用常见传感器原理,培养学生能较为正确地选择测试装置,初步掌握试验方法和测试技术,正确处理试验数据和分析试验结果,为学生进一步学习、研究和处理汽车工程技术中的测试技术问题打下基础。

本书的重点内容:

(1) 掌握信号与信号处理的理论和方法。包括信号时域和频域的描述方法,建立明确的信号的频谱概念;掌握频谱分析和相关分析的基本原理和方法;掌握数字信号处理的基本理论和方法。

(2) 掌握测试系统特性的评价方法。包括测试系统传递特性的时域、频域描述,脉冲响应函数和频率响应函数,一阶、二阶系统的动态特性描述及其参数的测量方法,以及不失真测试的条件。

(3) 掌握信号调理的原理和方法。包括电桥电路、信号的调制与解调、信号的放大与滤波、信号的存储与记录等。

(4) 了解传感器理论。包括各类常用传感器的原理、结构及性能参数,并能较为正确地选用传感器。

(5) 对微机组成的测试系统有一个完整的概念。

(6) 了解汽车工程中典型的测试方法。

本课程实践性要求很强,只有在学习中密切联系实际,加强实验,深入理解物理概念,有条件的院校可以鼓励学生通过论文、创新训练、科研项目、企业实践等方式取得相应的实践学分。

第 2 章　测试信号分析及测量装置特性

扫码获取
本章电子资源

　　测试工作是按一定的目的和要求,获取感兴趣的、有限的某些特定信息,而信号是信息的载体,信息则是信号所载的内容。由于测试系统内部和外部的影响,输出信号中往往会混杂很多干扰信号,造成有用信号难于识别和利用,同时为了准确获取被测量的量值及其变化,必须考虑测量装置的静态与动态特性、负载特性、抗干扰特性等。

　　机械测试中的被测量信号一般都是时间的函数,反映着被测对象的状态或特性,我们不仅要精准地测量被测信号的幅值大小,还包括测量动态信号随时间变化过程的波形。根据信号分析理论、方法并采用适当的手段和设备,对信号进行变换与处理的过程称为信号分析。本章主要介绍工程测试中常见信号的分类、分析方法和分析评价测量装置对激励的响应程度特性。

2.1　信号的表示与分类

2.1.1　信号的表示

　　信号作为一定物理现象的表示,它包含着丰富的信息,因而是研究客观事物状态或属性的依据。例如,旋转机械由于动不平衡产生振动,那么振动信号就反映了该旋转机械动不平衡的状态信息,因此它就成为研究旋转机械动不平衡的依据。为了从信号中提取有用信息,需要对信号进行多种不同变量域的分析,以研究信号的构成或特征参数的估计等。

　　数学上,信号可以表示为一个或多个自变量的函数或序列。例如以信号 $x(t)$ 为例,t 是自变量,可以是时间变量,也可以是空间变量。

　　信号可以用多种方式来表示,但是在所有的情况下,信号中的信息总是包含在某种变化形式的波形之中。除时域波形之外,"频谱"也是信号的常用表示方法,它是频率的函数,与信号的时域波形一一对应。如果信号的频谱不是恒定的而是随时间变化的,那么还可以用"时频分析"方式更加准确地描述信号的频谱分布和变化。

　　由此可见,信号通常以时间域、频率域和时频域来表示,相应的信号分析则分为时域分析、频域分析和时频分析。值得指出的是,对同一被分析信号,可以根据不同的分析目的,在不同的分析域进行分析,提取信号不同的特征参数。从本质上看,信号的各种描述方法仅是在不同域进行分析,从不同的角度去认识同一事物,并不改变同一信号的实质。而且信号的描述可以在不同的分析域之间相互转换,如傅里叶变换可以使信号描述从时域变换到频域,而傅里叶反变换可以从频域变换到时域。限于篇幅,本书只作时域、频域分析。

2.1.2 信号的分类

为了深入了解信号的物理实质,有必要对其进行分类研究。对于机械测试信号(或测量数据),通常有以下几种分类方法:

1. 按所传递信息的物理属性分类

如图 2-3 所示,信号可分为机械量(如位移、速度、加速度、力、温度、流量等),电学量(如声压、声强等),光学量(如光通量、光强等)。

2. 按照时间函数取值的连续性和离散性分类

信号可分为连续时间信号和离散时间信号。对于某一信号,若自变量时间 t 在某一个时间内连续取值,称此信号为时间的连续信号。模拟信号属于时间连续信号,如图 2-1(a)所示。

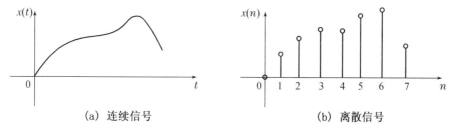

(a) 连续信号   (b) 离散信号

图 2-1 连续信号和离散信号

对于某一信号,若时间 t 只在一些确定的时刻取值,称此信号为时间的离散信号。如图 2-1(b)是将图 2-1(a)中的连续信号进行等时距采样后的结果,它就是离散信号。模拟信号经计算机模数(A/D 采样)后的数字序列是离散信号,也称数字信号。

3. 按照信号随时间变化的特点分类

如图 2-3 所示,信号可分为确定性信号和非确定性信号两大类。

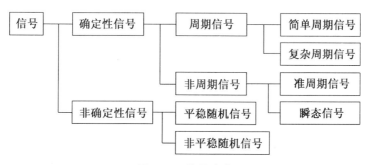

图 2-2 信号分类

(1) 确定性信号。能够用明确的数学关系式描述的信号,或者可以用实验的方法以足够的精度重复产生的信号,属于确定性信号。确定性信号又可分为周期信号和非周期信号。

周期信号是经过一定时间可以重复出现的信号,它满足条件:

$$x(t) = x(t + nT) \tag{2-1}$$

式中,T 为周期,$n=0,\pm1,\pm2,\cdots$。简谐(正、余弦)信号和周期性的方波、三角波等非简谐信号都是周期信号。

将确定性信号中那些不具有周期重复性的信号称为非周期信号。非周期信号有准周期信号和瞬变非周期信号两种。准周期信号是由两种以上的周期信号合成的,但各周期信号的频率相互之间不是公倍关系,无公有周期,其合成信号不满足周期信号的条件,例如

$$x(t)=\sin t+\sin\sqrt{2}t \tag{2-2}$$

这是两个正弦信号的合成,其频率比不是有理数,无法按某一时间间隔重复出现。在机械工程测试中,这种信号往往出现于机械转子振动信号、齿轮噪声信号中。除准周期信号之外的非周期信号是一些在一定时间内存在,或随着时间的增长而衰减至零的信号,称为瞬变非周期信号。如按指数衰减的振荡信号、各种波形(矩形、三角形)的单个脉冲信号等。

(2) 非确定性信号。非确定性信号又称随机信号,可分为平稳随机信号和非平稳随机信号两类。如果描述随机信号的各种统计特征(如平均值、均方根值、概率密度函数等)不随时间推移而变化,则这种信号称为平稳随机信号。反之,如果在不同采样时间内测得的统计参数不能看作常数,则这种信号就称为非平稳随机信号。

在机械工程测试中,随机信号大量存在,如汽车行驶时的振动信号、环境噪声信号、切削材质不均匀工件时的切削力信号等。由于这类信号无法用数学公式进行精确描述,因而也无法预见今后任一时刻此信号确切的大小,只能用统计数学的方法给出今后某一时刻此信号取值的概率。

4. 实信号与复信号

物理可实现的信号都是时间的实函数,其在各时刻的函数值均为实数。

虽然实际上不能产生复信号,但为了理论分析的需要,常常利用复信号的概念。在连续信号中最常用的是复指数信号。

$$x(t)=e^{st} \quad -\infty\leqslant t\leqslant\infty \tag{2-3}$$

2.2 信号的时域分析

直接观测或记录的信号一般是随时间变化的物理量,这种以时间作为自变量的信号表达称为信号的时域描述。时域描述是信号最直接的描述方法,它能够反映信号的幅值随时间变化的特征。信号的时域分析就是求取信号在时域中的特征参数以及信号波形在不同时刻的相似性和关联性。

2.2.1 时域信号特征参数

对信号 $x(t)$ 进行时域分析,可以获得信号的峰值、峰峰值、平均值、方差、方均值、方均根值等时域特征参数。

1. 周期信号的时域分析参数

(1) 峰值和峰峰值

峰值是信号在时间间隔 T 内的最大值,用 x_p 表示,即

$$x_p = \max\{x(t)\} \tag{2-4}$$

峰峰值是信号在时间间隔 T 内的最大值与最小值之差,用 x_{p-p} 表示,即

$$x_{p-p} = \max\{x(t)\} - \min\{x(t)\} \tag{2-5}$$

它表示了信号的动态变化范围,即信号的分布区间。

（2）平均值

平均值是信号在时间间隔 T 内的平均值,用的 μ_x 表示,即

$$\mu_x = \frac{1}{T}\int_0^T x(t)\,\mathrm{d}t \tag{2-6}$$

它表示了信号变化的中心趋势,也称为固定分量或直流分量,即不随时间变化的分量。

（3）方差和均方差

在时间间隔 T 内信号的方差定义为

$$\sigma_x^2 = \frac{1}{T}\int_0^T [x(t) - \mu_x]^2\,\mathrm{d}t \tag{2-7}$$

（4）方均值和方均根值

在时间间隔 T 内信号的方均值定义为

$$\varphi_x^2 = \frac{1}{T}\int_0^T x^2(t)\,\mathrm{d}t \tag{2-8}$$

也可称为平均功率,它表示了信号的强度大小。

信号的方均根值 φ_x 是方均值的平方根,也称为有效值,它表示了信号的平均能量。可以证明,方均值、方差和均值之间存在下述关系：

$$\varphi_x^2 = \sigma_x^2 + \mu_x^2 \tag{2-9}$$

这些统计参数从不同方面反映了信号的特征,如在故障诊断中常用方均根值作为故障程度的判断依据。

2. 随机信号的时域分析参数

确定信号一般是在一定条件下的出现的特殊情况,或者是忽略了次要的随机因素后的抽象出来的模型,但随机信号广泛存在于工程技术的各个领域,测试信号总是受到环境噪声污染,故研究随机信号具有普遍、现实意义。描述随机性信号的主要时域特征参数主要有均值、方差、均方值,概率密度函数自相关函数等。

均值表示信号的常值分量：

$$\mu_x = \lim_{T\to\infty}\int_0^T x(t)\,\mathrm{d}t \tag{2-10}$$

方差描述信号的波动分量：

$$\sigma_x^2 = \lim_{T\to\infty}\frac{1}{T}\int_0^T [x(t) - \mu_x]^2\,\mathrm{d}t \tag{2-11}$$

均方差表示信号的强度：

$$\psi_x^2 = \lim_{T\to\infty}\int_0^T x^2(t)\,\mathrm{d}t \qquad (2-12)$$

三者之间的关系：

$$\sigma_x^2 = \psi_x^2 - \mu_x^2 \qquad (2-13)$$

随机信号的概率密度函数是表示信号幅值落在指定区间的概率。如图 2-3 所示的信号，$x(t)$ 值落在 $(x,x+\Delta x)$ 区间的时间为

$$T_x = \Delta t_1 + \Delta t_2 + \cdots + \Delta t_n = \sum_{i=1}^n \Delta t_i \qquad (2-14)$$

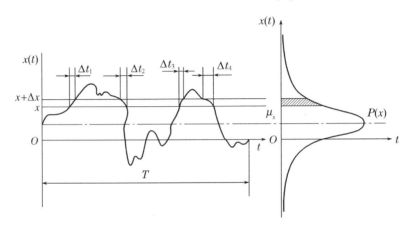

图 2-3　概率密度函数的计算

当样本函数的记录时间 T 趋于无穷大时，T_x/T 的比值就是幅值落在 $(x+\Delta x)$ 区间的概率，即

$$P_T[x \leqslant x(t) \leqslant x+\Delta x] = \lim_{T\to\infty}\frac{T_x}{T} \qquad (2-15)$$

定义幅值概率密度函数：

$$p(x) = \lim_{\Delta x\to 0}\frac{P_T[x \leqslant x(t) \leqslant x+\Delta x]}{\Delta x} \qquad (2-16)$$

概率密度函数提供了随机信号幅值分布的信息，是随机信号的主要特征参数之一。是概率相对于振幅的变化率，不同的随机信号有着不同的概率密度函数图形，因此可以用来判别信号的性质。常见信号的概率密度函数图形如图 2-4 所示。

2.2.2　时域相关分析

为了反映一个信号幅值随时间变化的波动规律，即在不同时刻的相关程度，可以采用自相关函数来描述。而对于不同的信号来说，为了描述它们之间的相关程度，可以采用互相关分析方法。

1.　自相关函数

信号 $x(t)$ 的自相关函数定义为

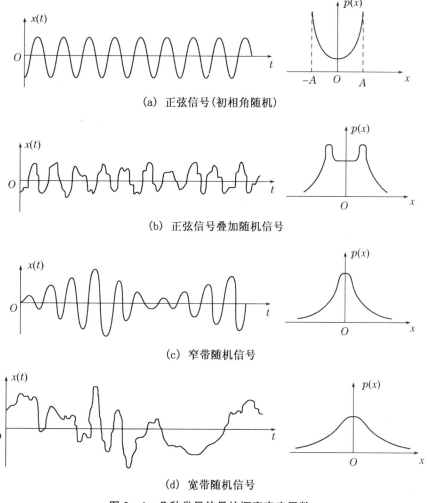

(a) 正弦信号(初相角随机)

(b) 正弦信号叠加随机信号

(c) 窄带随机信号

(d) 宽带随机信号

图 2-4　几种常见信号的概率密度函数

$$R_x(\tau) = \frac{1}{T} \int_0^T x(t)x(t+\tau)\,\mathrm{d}t \qquad (2-17)$$

　　它描述了信号在一个时刻的取值与相隔 τ 时刻取值的依赖关系,或相似程度。自相关函数是偶函数,且周期信号的自相关函数是与原信号周期相同的周期信号。自相关函数主要应用于判断信号的性质和检测混淆在随机噪声中的周期信号。自相关函数具有如下属性:

　　① $\tau=0$ 时,自相关函数即信号均方值;

　　② 自相关函数在 $\tau=0$ 时为最大值;

　　③ 自相关函数为偶函数;

　　④ 周期信号的自相关函数仍为同频率的周期函数,其幅值与原周期函数的幅值有关,但丢失相位信息。

　　自相关函数描述了信号的现在值与未来值之间的依赖关系,能反映信号变化的剧烈程度,也是信号的几倍特征之一,信号如果越是"随机",τ 离开零点时 $x(t)$ 和 $x(t+\tau)$ 相关性越

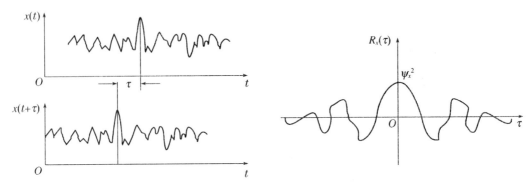

图 2 - 5　自相关函数示意图

小，R_x 的衰减也越快。因此可以根据信号的自相关函数来判别信号的随机程度，或识别信号中的周期成分。如图 2 - 6 所示。

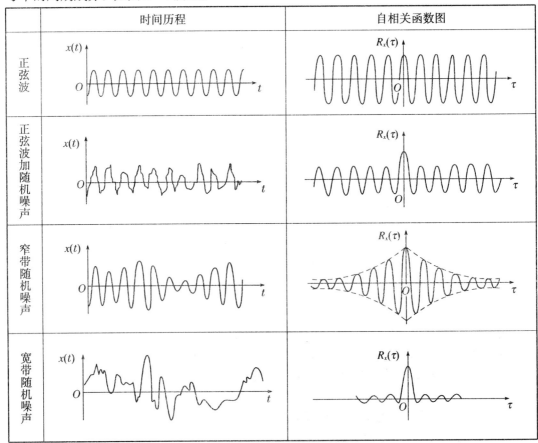

	时间历程	自相关函数图
正弦波		
正弦波加随机噪声		
窄带随机噪声		
宽带随机噪声		

图 2 - 6　四种典型信号的自相关函数

2. 互相关函数

信号 $x(t)$ 和 $y(t)$ 的互相关函数定义为

$$R_{xy}(\tau) = \frac{1}{T}\int_0^T x(t)y(t+\tau)\mathrm{d}t \tag{2-18}$$

它表示两个信号之间的依赖关系,可定量地表征它们幅值之间的相互依赖关系。互相关函数描述一个信号的取值对另一个信号的依赖程度,主要用于检测和识别存在于噪声中的两信号的关联信息。具有以下性质:

① 不是偶函数;

② $R_{xy}(\tau)=R_{yx}(-\tau)$;

③ 在 $\tau=\tau_0$ 时刻取得最大值,τ_0 反映两信号时移的大小,相关程度最高;

④ 范围与均值、方差有关:$\mu_x\mu_y-\sigma_x\sigma_y\leqslant R_{xy}(\tau)\leqslant\mu_x\mu_y+\sigma_x\sigma_y$;

⑤ 两个独立的随机信号,均值为零时,$R_{xy}(\tau)=0$;

⑥ 同频相关,不同频不相关。

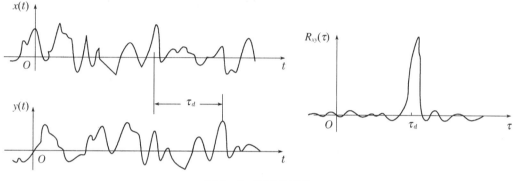

图 2‑7　互相关函数

需要说明的是,如果信号是随机信号,在本节上述特征参数的定义式中,应该对时间间隔 T 取趋于无穷大的极限。

2.3　信号的频谱分析

根据工程应用的需要,有时要把时域信号变换到频域加以分析,即以频率作为独立变量建立信号与频率的函数关系,称其为频域分析,或频谱分析。频谱分析的目的是把复杂的时间信号,经傅里叶变换分解为若干单一的谐波分量来研究,以获得信号的频率结构以及各谐波幅值和相位信息。

频谱分析是工程信号处理应用最广泛的分析方法。通过频谱分析,一是可以了解被测信号的频率构成,选择与其相适应的测试仪器或系统,从而获得准确的测试数据;二是可以从频率的角度了解和分析测试信号,获得测试信号所包含的更丰富的信息,更好地反映被测物理量的特征。

根据信号的分类,本节将从周期函数的傅里叶级数展开对其进行频谱分析,在此基础上,通过使周期函数的周期逼近无穷大,引出非周期函数的频谱分析方法(傅里叶变换),最后利用相关函数的傅里叶变换,给出随机信号的频谱分析。

2.3.1　周期信号的频谱分析

由数学分析可知,任何周期函数 $x(t)$ 在一个周期内处处连续,或者只存在有限个间断点,而且在间断点处函数值不跳变到无穷大,即满足狄里赫利(Dirichlet)条件,则此函数可以展开为傅里叶级数。周期函数(信号)的傅里叶级数展开有三角函数形式以及复指数形式。

1. 周期信号的三角函数展开式与频谱

信号的傅里叶级数的三角函数展开式为

$$x(t) = \frac{a_0}{2} + \sum_{k=1}^{\infty} (a_k \cos \omega_0 t + b_k \sin k\omega_0 t) \tag{2-19}$$

式中,$k = 1,2,3,\cdots$ 为正整数;

$a_0 = \dfrac{2}{T} \displaystyle\int_{-T/2}^{T/2} x(t) \mathrm{d}t$,是函数在一个周期内的平均值,也叫直流分量;

$a_k = \dfrac{2}{T} \displaystyle\int_{-T/2}^{T/2} x(t) \cos k\omega_0 t \mathrm{d}t$,是第 k 次谐波分量余弦项的幅值;

$b_k = \dfrac{2}{T} \displaystyle\int_{-T/2}^{T/2} x(t) \sin k\omega_0 t \mathrm{d}t$,是第 k 次谐波分量正弦项的幅值;

$\omega_0 = \dfrac{2\pi}{T}$,是基波圆频率。

通过数学变换,式(2-19)还可表示为

$$x(t) = \frac{a_0}{2} + \sum_{k=1}^{\infty} A_k \sin(k\omega_0 t + \phi_k) \tag{2-20}$$

式中,$A_k = \sqrt{a_k^2 + b_k^2}$,$A_k$ 为 k 次谐波的幅值;

$\phi_k = -\arctan(b_k/a_k)$,$\phi_k$ 为 k 次谐波的相位角。

式(2-19)和式(2-20)均称为周期信号的三角函数展开式。三角函数展开式可以清楚表明,周期信号是由有限多个或无限多个简谐信号叠加而成,这一结论对于工程测试非常重要。因为如果测量装置的输入—输出特性可以用满足叠加原理的线性常系数微分方程来描述,则当一个复杂的周期信号输入到此装置时,它的输出信号就等于组成此信号的所有各次简谐波分量分别输入到此装置时所引起的输出信号的叠加。这样就可以把一个复杂信号的作用看成为若干个简谐信号作用的和,从而使问题简化。

幅值、相位和频率是描述周期信号谐波组成的三个基本要素。若以频率作为横坐标,以各次谐波的幅值和相位作为纵坐标分别作图,可以得到该信号的幅值谱图和相位谱图,称其为频谱图。这样便可以从频谱图中清楚地知道该周期信号的频率成分、各频率成分的幅值和初始相位以及各次谐波在周期信号中所占的比例。

例2-1 如图2-8(a)所示为一周期矩形波,在一个周期内有

$$x(t) = \begin{cases} 1 & 0 < t < T/2 \\ 0 & t = 0, \pm T/2 \\ -1 & -T/2 < t < 0 \end{cases}$$

求此信号的频谱。

解:可以利用式(2-11)将该矩形波展开为傅里叶级数,从而获得其频谱特性。即
常值分量

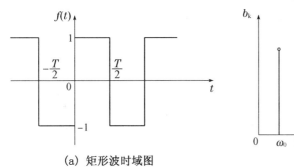

(a) 矩形波时域图

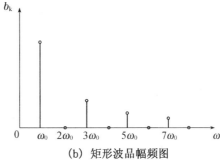

(b) 矩形波品幅频图

图 2-8　周期矩形波信号

$$a_0 = \frac{2}{T}\int_{-T/2}^{T/2} x(t)\mathrm{d}t = 0$$

余弦分量

$$a_k = \frac{2}{T}\int_{-T/2}^{T/2} x(t)\cos k\omega_0 t\mathrm{d}t = 0$$

正弦分量

$$b_k = \frac{2}{T}\int_{-T/2}^{T/2} x(t)\sin k\omega_0 t\mathrm{d}t = \frac{4}{T}\int_{0}^{T/2} \sin k\omega_0 t\mathrm{d}t$$

$$= \frac{2}{k\pi}(-\cos k\pi + 1) = \begin{cases} 0 & (k\ \text{为偶数}) \\ \dfrac{4}{k\pi} & (k\ \text{为奇数}) \end{cases}$$

则此矩形波的傅里叶级数为

$$x(t) = \frac{4}{\pi}\left(\sin \omega_0 t + \frac{1}{3}\sin 3\omega_0 t + \frac{1}{5}\sin 5\omega_0 t + \cdots + \frac{1}{k}\sin k\omega_0 t + \cdots\right)$$

由上式可以看出,此矩形波各次谐波的幅值衰减是很慢的,第 21 次谐波的幅值约为基波的 5%。此矩形波的频谱图(幅频图)如图 2-8(b)所示。由于该矩形波的各次谐波的相位均为 $\dfrac{\pi}{2}$,图 2-8 中就没有给出相频图。

例 2-2　图 2-9(a)所示一周期性三角波,在一个周期 $-T/2 \leqslant t \leqslant T/2$ 的范围内 $x(t) = |t|$,求此信号的频谱。

解:常值分量

$$a_0 = \frac{2}{T}\int_{-T/2}^{T/2} x(t)\mathrm{d}t = \frac{4}{T}\int_{0}^{T/2} t\mathrm{d}t = \frac{T}{2}$$

余弦分量

$$a_k = \frac{2}{T}\int_{-T/2}^{T/2} x(t)\cos k\omega_0 t\mathrm{d}t = \frac{4}{T}\int_{0}^{T/2} t\cos k\omega_0 t\mathrm{d}t$$

$$= \frac{T}{k^2\pi^2}\left[(-1)^k - 1\right] = \begin{cases} 0 & (k\ \text{为偶数}) \\ \dfrac{2T}{-k^2\pi^2} & (k\ \text{为奇数}) \end{cases}$$

正弦分量

$$b_k = \frac{2}{T}\int_{-T/2}^{T/2} x(t)\sin k\omega_0 t\,\mathrm{d}t = 0 \quad (\text{因被积函数为奇数})$$

则此三角形波展开的傅里叶级数是

$$x(t) = \frac{T}{4} - \frac{2T}{\pi^2}\left(\cos\omega_0 t + \frac{1}{9}\cos 3\omega_0 t + \frac{1}{25}\cos 5\omega_0 t + \cdots\right)$$

由上式可以看出,相对于矩形波而言,三角波高次谐波衰减得很快,其第 5 次谐波的幅值就衰减为基波的 4%,它相当于矩形波的第 25 次谐波。也就是说,三角波比矩形波更接近于正、余弦波形。

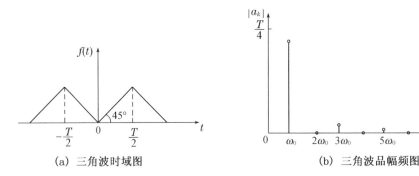

(a) 三角波时域图   (b) 三角波品幅频图

图 2 - 9　周期三角波信号

由频谱图可以看出,周期信号的幅频谱具有下列特点:
① 谐波性,各频率成分的频率比为有理数;
② 离散性,各次谐波在频率轴上取离散值,其间隔 $\Delta\omega = \omega_1$,即基频的整数倍;
③ 收敛性,各次谐波分量随频率增加,其总趋势是衰减的。

在测量系统中,通常要对被测信号进行各种处理,如放大、滤波等。由于任何一种放大器的通频带的宽度都是有限的,信号中高次谐波的频率如果超过了放大器的截止频率,这些高次谐被就得不到放大,从而引起失真,造成测量误差。因此,一个高次谐波幅值衰减得快的信号和一个高次谐波幅值衰减得慢的信号通过同一个放大器时,前一个信号失真小而后一个信号失真大,或者反过来说,为了使二者失真程度相同,高次谐波幅值衰减慢的信号要求放大器有较宽的通频带,而对高次谐波幅值衰减快的信号,放大器的通频带可以较窄。由此可见,分析信号的频率结构对动态测量是非常重要的。

例如:如果上述两例中周期性矩形波和三角波的基波圆频率都是 1 000 Hz,选择什么样的放大器通频带才能使放大误差小于 10%(或者说某一次谐波的幅值减低到基波的 1/10 以下即可不考虑)?

对于矩形波,因直流分量为 0,选用交流放大器,其低频截止频率应小于 1 000 Hz,高频截止频率应大于 9 000 Hz;对于三角波,选用直流放大器,其高频截止频率应大于 3 000 Hz。

2. 周期信号的复指数展开式

复指数函数具有以下特点:
① 它的导数和积分与它自身成比例;
② 它的几何意义特别简明,代表复平面上的一个旋转矢量;
③ 线性常系统对复指数输入量的响应也是一个复指数函数。

由于上述特点,复指数函数在某些场合下运算和分析非常简便。因此傅里叶级数也可写成复指数形式。根据欧拉(Euler)公式 $e^{\pm j\theta}=\cos\theta\pm j\sin\theta$,有

$$\cos\omega t=\frac{1}{2}(e^{-j\omega t}+e^{j\omega t})$$

$$\sin\omega t=j\frac{1}{2}(e^{-j\omega t}-e^{j\omega t})$$

(2-21)

代入式(2-19)并整理可得 $x(t)=\dfrac{a_0}{2}+\sum_{k=1}^{\infty}\left[\dfrac{1}{2}(a_k+jb_k)e^{-jk\omega_0 t}+\dfrac{1}{2}(a_k-jb_k)e^{jk\omega_0 t}\right]$

令 $c_0=\dfrac{a_0}{2}$,$c_k=\dfrac{1}{2}(a_k-jb_k)$,$c_{-k}=\dfrac{1}{2}(a_k+jb_k)$,得

$$x(t)=c_0+\sum_{k=1}^{\infty}c_{-k}e^{-jk\omega_0 t}+\sum_{k=1}^{\infty}c_k e^{jk\omega_0 t}=\sum_{k=-\infty}^{\infty}c_k e^{jk\omega_0 t}$$

(2-22)

式中,$k=0,\pm1,\pm2,\cdots$。这就是傅里叶级数的复指数函数形式。

在式(2-16)中

$$c_k=\frac{1}{2}(a_k-jb_k)=\frac{1}{T}\int_{-T/2}^{T/2}x(t)(\cos k\omega_0 t-j\sin k\omega_0 t)dt$$

$$=\frac{1}{T}\int_{-T/2}^{T/2}x(t)e^{-jk\omega_0 t}dt \quad (k=1,2,3,\cdots)$$

同理可得

$$c_{-k}=\frac{1}{T}\int_{-T/2}^{T/2}x(t)e^{jk\omega_0 t}dt \quad (k=1,2,3,\cdots)$$

$$c_0=\frac{1}{T}\int_{-T/2}^{T/2}x(t)dt \quad (k=0)$$

综合上述三种情况得

$$c_k=\frac{1}{T}\int_{-T/2}^{T/2}x(t)e^{-jk\omega_0 t}dt=|c_k|e^{j\phi(k)} \quad (k=0,\pm1,\pm2,\cdots)$$

(2-23)

式(2-22)将一个周期信号 $x(t)$ 展开为成对出现的共轭复数的无穷级数的和,式中每一项的幅值和相位决定于式(2-23)定义的复数 c_k,它是 $x(t)$ 与 $e^{-jk\omega_0 t}$ 的乘积对于时间的定积分,必与时间无关,仅是 $k\omega_0$ 的函数。c_k 的模 $|c_k|$ 规定了 $x(t)$ 的 k 次谐波的幅值大小,而 c_k 的相位 ϕ_k 则规定了 k 次谐波的初始相位,因此,根据 $|c_k|$ 和 ϕ_k 也可分别做出幅值谱和相位谱。比较傅里叶级数的两种展开形式可知:复指数函数形式的频谱为双边幅值谱(ω 从 $-\infty$ 到 ∞),三角函数形式的频谱为单边幅值谱(ω 从 0 到 ∞),因此,这两种频谱各次谐波在量值上有确定的关系,即 $|c_k|=\dfrac{1}{2}A_k$。

2.3.2 非周期信号的频谱分析

1. 非周期信号的傅里叶变换及频谱

在实际工程测试中,严格的周期信号一般较少,而经常遇到非周期信号。例如在各种机械结构性能试验中冲击激励的力信号以及热电偶插入炉温中所感受到的阶跃信号都是非周期的确定信号。

从上节的内容可知,周期信号的频谱谱线是离散的,其频率间隔为 $\Delta\omega = \omega_0 = 2\pi/T$。对于非周期信号,可将其看作为周期为无穷大的周期信号,显然,当周期 T 趋于无穷大时,其频率间隔 $\Delta\omega$ 趋于无穷小,谱线无限靠近,变量 ω 连续取值以致离散谱线的顶点最后演变成一条连续曲线。因此,非周期信号的频谱是连续谱。

下面讨论非周期信号的频谱分析。首先设有一个周期信号 $x(t)$,将式(2-23)代入式(2-22),在$(-T/2, T/2)$区间以傅里叶级数表示为

$$x(t) = \sum_{k=-\infty}^{\infty}\left[\frac{1}{T}\int_{-T/2}^{T/2} x(t)\mathrm{e}^{-\mathrm{j}k\omega_0 t}\,\mathrm{d}t\right]\mathrm{e}^{\mathrm{j}k\omega_0 t} \qquad (2-24)$$

当 $T \to \infty$ 时

$$\omega_0 = \Delta\omega \to \mathrm{d}\omega, \quad k\omega_0 = k\Delta\omega \to \omega, \quad \sum_{k=-\infty}^{\infty} \to \int_{-\infty}^{\infty}, \quad \frac{1}{T} = \frac{\omega_0}{2\pi} \to \frac{1}{2\pi}\mathrm{d}\omega$$

于是

$$x(t) = \frac{1}{2\pi}\int_{-\infty}^{\infty}\left[\int_{-\infty}^{\infty} x(t)\mathrm{e}^{-\mathrm{j}\omega t}\,\mathrm{d}t\right]\mathrm{e}^{\mathrm{j}\omega t}\,\mathrm{d}\omega \qquad (2-25)$$

式(2-25)中方括号内的积分,由于时间 t 是积分变量,故积分后仅是 ω 的函数,可记为 $X(\mathrm{j}\omega)$。于是式(2-25)可写为

$$X(\mathrm{j}\omega) = \int_{-\infty}^{\infty} x(t)\mathrm{e}^{-\mathrm{j}\omega t}\,\mathrm{d}t \qquad (2-26)$$

$$x(t) = \frac{1}{2\pi}\int_{-\infty}^{\infty} X(\mathrm{j}\omega)\mathrm{e}^{\mathrm{j}\omega t}\,\mathrm{d}\omega \qquad (2-27)$$

则 $X(\mathrm{j}\omega)$ 称为信号 $x(t)$ 的傅里叶正变换,而 $x(t)$ 称为 $X(\mathrm{j}\omega)$ 的傅里叶反变换。

设 $x(t)$ 是非周期信号,它的傅里叶变换存在的充要条件是:在$(-\infty, \infty)$范围内满足狄里赫利条件;绝对可积 $\left(\int_{-\infty}^{\infty} |x(t)|\,\mathrm{d}t < \infty\right)$;并且能量有限 $\left(\int_{-\infty}^{\infty} |x(t)|^2\mathrm{d}t < \infty\right)$。满足上述三条件的 $x(t)$ 的傅里叶变换如式(2-27),式中 $X(\mathrm{j}\omega)$ 就是非周期信号的频谱。通常情况下 $X(\mathrm{j}\omega)$ 是复数,其模称为 $x(t)$ 的幅值谱密度,而它的相位表示 $x(t)$ 的相位谱密度。

对于周期信号,$|c_k|$ 的量纲与 $x(t)$ 的量纲是相同的;而对于非周期信号,$|X(\mathrm{j}\omega)|$ 的量纲与 $x(t)$ 的量纲是不相同的,它的量纲是单位频宽上 $x(t)$ 的幅值,类似于密度定义,所以,要想得到 $x(t)$ 在某一频段的幅值,必须使 $|X(\mathrm{j}\omega)|$ 乘以该频段的宽度。

2. 傅里叶变换的主要性质

傅里叶变换一般有线性叠加性、时间尺度性、时移性、频移性、微积分性、时域卷积性和频域卷积性等七大性质。下面仅介绍工程测试中涉及的几个常用的性质。用双箭头 $x(t) \leftrightarrow |X(\mathrm{j}\omega)|$ 表示 $x(t)$ 和 $|X(\mathrm{j}\omega)|$ 存在傅里叶变换关系。

(1) 叠加性质

如果 $x_1(t) \leftrightarrow |X_1(\mathrm{j}\omega)|$,$x_2(t) \leftrightarrow |X_2(\mathrm{j}\omega)|$,则对于任何常数 a_1、a_2,有 $a_1 x_1(t) + a_2 x_2(t) \leftrightarrow a_1 X_1(\mathrm{j}\omega) + a_2 X_2(\mathrm{j}\omega)$。

对于有限项的和,下述结果也是正确的:

$$x_1(t) + a_2 x_2(t) + \cdots + a_n x_n(t) \leftrightarrow a_1 X_1(\mathrm{j}\omega) + a_2 X_2(\mathrm{j}\omega) + \cdots + a_n X_n(\mathrm{j}\omega)$$

(2) 时移性质

如果 $x(t) \leftrightarrow X(j\omega)$，则 $x(t-t_0) \leftrightarrow X(j\omega)e^{-j\omega t_0}$。

此性质的含义是，$x(t-t_0)$ 表示将时间信号 $x(t)$ 后移 t_0 s，而 $X(j\omega)e^{-j\omega t_0}$ 则表示将复数矢量 $X(j\omega)$ 的相位后移 $\theta = \omega t_0$ 弧度，即信号在时域内的延时，对应于它的频谱在频域内的相位滞后。

（3）频移性质

如果 $x(t) \leftrightarrow X(j\omega)$，则 $x(t)e^{j\omega_0 t} \leftrightarrow X[j(\omega-\omega_0)]$。

此性质的含义是，将时间信号 $x(t)$ 乘以单位旋转矢量后，$e^{j\omega_0 t}$ 与它对应的频谱是把 $X(j\omega)$ 沿 ω 轴向右平移 ω_0 的距离。

（4）卷积性质

如果 $x_1(t) \leftrightarrow X_1(j\omega)$，$x_2(t) \leftrightarrow X_2(j\omega)$，则

$$x_1(t) * x_2(t) \leftrightarrow X_1(j\omega)X_2(j\omega) \quad x_1(t)x_2(t) \leftrightarrow \frac{1}{2\pi}X_1(j\omega) * X_2(j\omega)$$

式中符号"＊"表示卷积。根据卷积定义，信号 $x_1(t)x_2(t)$ 的卷积为

$$x_1(t) * x_2(t) = \int_{-\infty}^{\infty} x_1(\tau)x_2(t-\tau)\mathrm{d}\tau$$

卷积性质表明，两个信号在时域内的卷积的傅里叶变换是它们各自傅里叶变换的乘积，此两个信号的乘积的傅里叶变换是它们的傅里叶变换在频域内的卷积除以 2π。

3. 某些典型函数的傅里叶变换及频谱

（1）单位冲击函数 $\delta(t)$

单位冲击函数 $\delta(t)$ 又称狄拉克（Dirac）函数，其定义为

$$\int_{-\infty}^{\infty} \delta(t)\mathrm{d}t = 1 \text{ 且 } t \neq 0 \text{ 时 } \delta(t) = 0 \qquad (2-28)$$

此函数可以理解为存在于 $t=0$ 点的一个"矩形窄条"，此窄条的底宽是 ε，高度是 $1/\varepsilon$，如图 2-10（a）所示。当 $\varepsilon \to 0$ 时，以位于 $t=0$ 点的一个带矢头的直线表示。两个刚体碰撞时的力信号和开关闭合时的电流信号都可以近似地看作 $\delta(t)$ 函数。

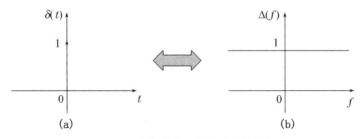

图 2-10　单位冲击函数时域图及频谱图

$\delta(t)$ 函数有以下两个非常重要的性质：

① 筛选性。对于信号 $x(t)$，由于除原点外，$\delta(t)$ 函数对应所有 t 值均有 $\delta(t)=0$，因此除 $t=0$ 外，在其他所有 t 值，乘积 $\delta(t)x(t)=0$。当 $t=0$ 时，却 $x(t)=x(0)=$ 常数，则有

$$\int_{-\infty}^{\infty} \delta(t)x(t)\mathrm{d}t = \int_{-\infty}^{\infty} \delta(t)x(0)\mathrm{d}t = x(0)\int_{-\infty}^{\infty} \delta(t)\mathrm{d}t = x(0)$$

冲击函数的此性质称为采样性质或筛选性质，它是模拟信号离散化的理论基础。因为

用一系列等幅的不同时刻出现的 $\delta(t)$ 函数乘以模拟信号可以使模拟信号离散化,实现采样。

② 频谱的等幅性。根据单位冲击函数的筛选性,它的傅里叶变换是

$$\int_{-\infty}^{\infty} \delta(t) e^{-j\omega t} dt = e^{-j\omega t} \mid_{t=0} = 1$$

上式说明,冲击函数中包含了全部的频率分量($\omega = 0 \sim \pm\infty$),且各分量有相同的幅值,如图 2-10(b)所示。单位冲击函数的这一性质是机械结构性能试验中常用的试验方法之一,也是冲击激振法的理论基础。

$\delta(t)$ 函数的筛选性和频谱的等幅性在理论上和工程实用上都很有价值。

(2)闸门函数 $G_\tau(t)$

闸门函数的图像如图 2-11 所示,它的定义是

$$G_\tau(t) = \begin{cases} A & |t| \leqslant \tau/2 \\ 0 & |t| > \tau/2 \end{cases}$$

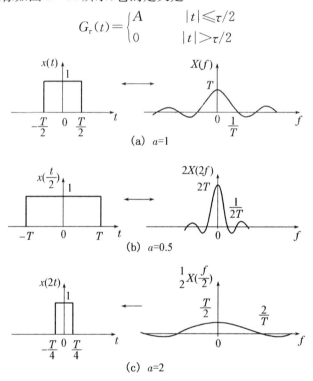

(a) $a=1$

(b) $a=0.5$

(c) $a=2$

图 2-11　闸门函数时域图及频谱图

在动态测试过程中,对一个无限长的时间记录(称为样本函数)进行采样时得到的结果实际上就是闸门函数与此样本函数的乘积。

此函数的傅里叶变换是

$$X(j\omega) = \int_{-\tau/2}^{\tau/2} A e^{-j\omega t} dt = \frac{A}{j\omega}(e^{j\omega\tau/2} - e^{-j\omega\tau/2}) = A\tau \frac{\sin(\omega\tau/2)}{\omega\tau/2}$$

在 $X(j\omega)$ 中包含有 $\sin x/x$ 这种函数形式,这个函数在信号和系统中是很有用的。因此给它取了一个专门名称叫采样函数,并用专门符号 $S_a(x)$ 表示,即 $S_a(x) = \sin x/x$。利用此符号可将闸门函数的傅里叶变换写成

$$A(j\omega) = A\tau S_a(\omega t/2)$$

闸门函数的频谱 $X(\mathrm{j}\omega)$ 如图 2 - 11 所示,可见它是振荡衰减的,频率越大,幅值越小。

2.3.3　随机信号的频谱分析

随机信号是随时间随机变化而不可预测的信号。它与确定性信号有很大的不同,其瞬时值是一个随机变量,具有各种可能的取值,不能用确定的时间函数描述。由于工程实际中直接通过传感器得到的信号大多数可视为随机信号,因此对随机信号进行研究具有更普遍的意义。随机信号不具备可积分条件,因此不能直接进行傅里叶变换。又因为其频率、幅值和相位是随机的,因此从理论上讲,可采用具有统计特性的功率谱密度来做信号的谱分析。

根据维纳—辛钦公式,平稳随机信号的自功率谱密度 $S_x(\omega)$ 与自相关函数 $R_x(\tau)$ 是一傅里叶变换对,即

$$S_x(\omega) = \int_{-\infty}^{\infty} R_x(\tau) \mathrm{e}^{-\mathrm{j}\omega t} \mathrm{d}t \qquad (2-29)$$

$$R_x(\tau) = \frac{1}{2\pi} \int_{-\infty}^{\infty} S_x(\omega) \mathrm{e}^{\mathrm{j}\omega t} \mathrm{d}\omega \qquad (2-30)$$

自功率谱密度函数为实偶函数。由式(2-30)中谱密度函数定义在所有频率域上,一般称作双边谱。在实际应用中,用定义在非负频率上的谱更为方便,在 $f=0 \to \infty$ 范围内 $G_x(f) = 2S_x(f)$ 来表示信号的全部功率谱,并把 $G_x(f)$ 称为信号 $x(t)$ 的单边功率谱。

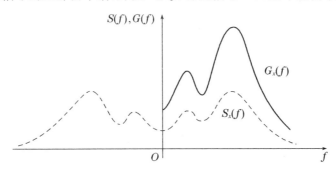

图 2 - 12　单边功率谱与双边功率谱关系

自功率谱用于描述随机信号的频率结构,在工程测试和信号分析中有广泛的应用。典型信号的自相关函数和自功率谱密度函数如图 2 - 13 所示。

同理,可定义两个随机信号 $x(t)$、$y(t)$ 之间的互谱密度函数

$$S_{xy}(\omega) = \int_{-\infty}^{\infty} R_{xy}(\tau) \mathrm{e}^{-\mathrm{j}\omega t} \cdot \mathrm{d}\tau \qquad (2-31)$$

$$R_{xy}(\tau) = \frac{1}{2\pi} \int_{-\infty}^{\infty} S_{xy}(\omega) \mathrm{e}^{\mathrm{j}\omega t} \mathrm{d}\tau \qquad (2-32)$$

单边互谱密度函数为

$$G_{xy}(\omega) = 2 \int_{-\infty}^{\infty} R_{xy}(\tau) \mathrm{e}^{-\mathrm{j}\omega t} \mathrm{d}\tau \quad (\omega > 0) \qquad (2-33)$$

因为互相关函数为非偶函数,所以互谱密度函数是一个复数,在实际中常用互谱密度的幅值和相位来表示,即

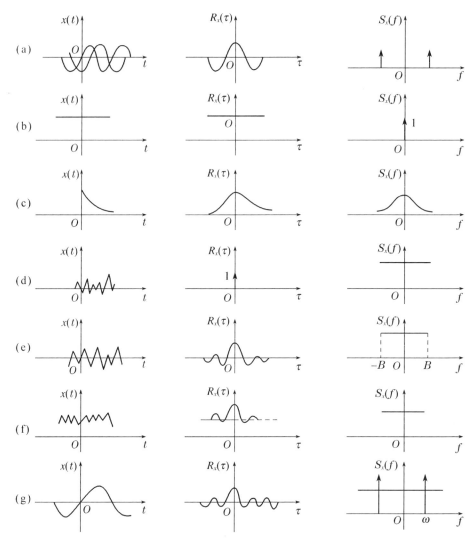

图 2 - 13　典型信号的自相关函数及功率谱密度函数

（a）正弦波；（b）直流；（c）指数；（d）白噪声；（e）限带白噪声；（f）直流＋白噪声；（g）正弦＋白噪声

$$G_{xy}(\omega) = 2|G_{xy}(\omega)|e^{-j\theta_{xy}(\omega)} \tag{2-34}$$

　　显然互谱表示出了两个信号之间的幅值以及相位关系。互谱密度不像自谱密度那样具有功率的物理含义，引入互谱这个概念是为了能在频率域描述两个平稳随机信号的相关性。在实际中，常利用测定线性系统的输出与输入的互谱密度来识别系统的动态特性。

2.4　测量系统的基本特性

　　信号分析反映了测量对象运动、变化的规律，它是客观的。测量系统是由测试者设计或选用的，它反映了测试者对待测参数变化规律的认识，这种认识是主观的。这样就存在着主观与客观相适应的问题，即测试者所选择使用的测量系统与待测信号及测量要求相适应的问题。为解决此问题，除了要了解信号的特点之外，还需要了解测量系统的特性。

对使用者来说,关心的只是测量系统的输入量和输出量之间的数学关系,而不是其内部的物理结构,这样就可以将任一测量系统简化为一个物理模块。基于此,本章首先假定测量系统具有某种确定数学模型,在此基础上研究给定的输入信号通过它转换何种输出信号,进而研究测量系统应具有什么样的特性,输出信号才能如实地复现输入信号,即实现不失真测量,或者对于给定的测量系统,在给定的测量误差内的适用范围。

2.4.1　测量系统的数学描述

一般的测量系统(或测量装置)主要由传感器、信号调理、信号处理和显示记录等四部分组成。基于广义测量系统的观点,测量系统及其组成部分是连续输入、输出的某个功能模块,尽管测量系统的组成各不相同,但我们总可以将其抽象和简化。从功能上看,我们可以将测试系统整体看作一个功能模块,例如,在一个自动控制系统中,测量系统是获取和度量被控参数的一个功能模块;也可以将测量系统的一个部分(或多个部分的组合)看作一个功能模块,例如传感器及其敏感元件是信号获取的功能模块,放大器、微分器、积分器等是信号调理的功能模块。

如果将一个功能模块简化为一个方框表示,并用 $x(t)$ 表示输入量,用 $y(t)$ 表示输出量,用 $h(t)$ 表示系统的传递特性。当已知其中任意两个量,便可推断或估计第三个量,这便构成了工程测试中需要解决的三个方面的实际问题:

① 系统辨识。已知系统的输入量和输出量,求系统的传递特性。
② 响应预测。已知系统的输入量和传递特性,求系统的输出量。
③ 载荷识别。已知系统的传递特性和输出量,推知系统的输入量。

为了解决上述任何一个问题,首先必须从数学角度对系统进行描述,通常是利用测量系统的物理特性建立系统输入输出的微分方程实现系统的数学描述。下面通过对几个简单的测量系统的分析,说明测量系统的数学描述,从而表示系统输入输出之间的关系。

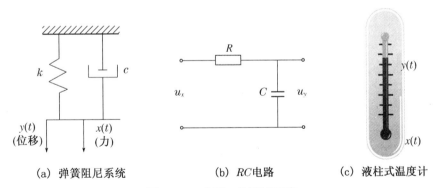

(a) 弹簧阻尼系统　　　　(b) RC 电路　　　　(c) 液柱式温度计

图 2 - 14　典型一阶测试系统

图 2 - 14 所示的是分别属于力学、电学、热学范畴的测量系统,这里首先对图 2 - 14(b) 所示的 RC 滤波电路进行数学描述,即建立输入电压 $x(t)$ 与输出电压 $y(t)$ 之间的微分方程。根据电路原理可得

$$x(t) = Ri(t) + y(t) \tag{2-35}$$

式中,$i(t)$ 为流经电阻 R 和电容 C 的电流,$x(t)$ 则

$$i(t) = C\frac{\mathrm{d}y}{\mathrm{d}t} \tag{2-36}$$

据此，可以建立输入 $x(t)$ 与输出 $y(t)$ 之间的一阶测量系统的微分方程

$$RC\frac{\mathrm{d}y(t)}{\mathrm{d}t} + y(t) = x(t) \tag{2-37}$$

同理可求得弹簧阻尼系统的输入力 $x(t)$ 和输出位移 $y(t)$ 的微分方程

$$C\frac{\mathrm{d}y(t)}{\mathrm{d}t} + Ky(t) = x(t) \tag{2-38}$$

式中，C 为阻尼系数，K 为弹簧刚度。

同理可求得图 2-14(c)所示液柱式温度计的输入温度 $x(t)$ 和输出显示温度 $y(t)$ 的微分方程

$$RC\frac{\mathrm{d}y(t)}{\mathrm{d}t} + y(t) = x(t) \tag{2-39}$$

式中，R 为传热介质的热阻，C 为传热介质的热容量。

可以看出，上述三者不同物理现象具有相似的表达形式，即：它们均是一阶常系数线性微分方程。由于决定微分方程的系数参数是不随时间改变的常数，系统的输出响应与输入激励施加于系统的时刻无关，所以，这些微分方程描述的测量系统是一阶线性时不变系统，也称为一阶线性定常系统。

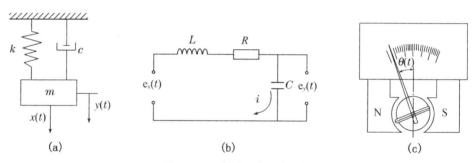

图 2-15　典型二阶系统实例

让我们再来分析图 2-15 所示的测量系统，其中图(a)为弹簧质量阻尼系统；图(b)为 RLC 振荡电路；图(c)为动圈式仪表。这里首先对图 2-15(c)所示的动圈式仪表进行数学描述，即建立输入与输出之间的微分方程。在动圈式仪表的振子系统中，系统的输入电流 $i(t)$ 为施加于线圈的被测电流，输出转角 $\theta(t)$ 为转子的偏转角度，永久磁铁的磁场与通电线圈相互作用形成电磁转矩，推动转子偏转。根据系统的动力学特性，可以建立系统的输入电流 $i(t)$ 和输出转角 $\theta(t)$ 的运动微分方程

$$J\frac{\mathrm{d}^2\theta(t)}{\mathrm{d}t^2} + C\frac{\mathrm{d}\theta(t)}{\mathrm{d}t} + k_\theta\theta(t) = k_i i(t) \tag{2-40}$$

式中，J 为振子转动部分的转动惯量；C 为阻尼系数；k_θ 为张紧弹簧的扭转刚度；k_i 为电磁转矩系数。

同理可求得图 2-15(a)所示的弹簧质量阻尼系统的输入力 $F(t)$ 和输出位移 $y(t)$ 的微分方程

$$m\frac{\mathrm{d}^2y(t)}{\mathrm{d}t^2} + C\frac{\mathrm{d}y(t)}{\mathrm{d}t} + Ky(t) = F(t) \tag{2-41}$$

式中,m 为振动体的质量;C 为阻尼系数;K 为弹簧刚度。

同理可求得图 2－15(b)所示 RLC 振荡电路的输入电压 $u(t)$ 和输出电压 $v(t)$ 的微分方程

$$LC\frac{\mathrm{d}^2v(t)}{\mathrm{d}t^2}+RC\frac{\mathrm{d}v(t)}{\mathrm{d}t}+v(t)=u(t) \qquad (2-42)$$

式中,L 为电路的电感;C 为电路的电容;R 为电路的电阻。

式(2－40)至(2－42)均是二阶常系数线性微分方程,描述的系统是二阶线性定常系统,因此我们称图 2－15 给出的系统为二阶测量系统。

从上面对几个简单一阶测量系统和二阶测量系统的数学描述可见,所谓测量系统的数学描述就是利用测量系统的物理特性建立测量系统的输入与输出之间的数学关系,即输入与输出之间的微分方程。对于较复杂的系统,其数学模型可能是一个高阶微分方程,一般规定,微分方程的阶数就是系统的阶数。

对于一般线性定常测量系统的数学描述,如果用 $x(t)$ 表示输入量(又称被测量),用 $y(t)$ 表示输出量(又称读数),则 $x(t)$ 和 $y(t)$ 之间的关系可以用如下微分方程来描述:

$$a_n\frac{\mathrm{d}^2y}{\mathrm{d}t^n}+a_{n-1}\frac{\mathrm{d}^{n-1}y}{\mathrm{d}t^{n-1}}+\cdots+a_1\frac{\mathrm{d}y}{\mathrm{d}t}+a_0y=b_m\frac{\mathrm{d}^mx}{\mathrm{d}t^m}+b_{m-1}\frac{\mathrm{d}^{m-1}x}{\mathrm{d}t^{m-1}}+\cdots+b_1\frac{\mathrm{d}x}{\mathrm{d}t}+b_0x$$

$$(2-43)$$

式中,$a_n,a_{n-1},\cdots,a_1,a_0$ 和 $b_m,b_{m-1},\cdots,b_1,b_0$ 是由具体测量系统或功能组件的物理性质决定的常数。

2.4.2　线性定常系统基本特性

线性定常系统具有下列一些主要基本特性:

1. 叠加性

对于线性定常系统,假设输入信号是 $x_1(t)$、$x_2(t)$,其对应的输出信号分别是 $y_1(t)$、$y_2(t)$,记作 $x_1(t)\rightarrow y_1(t)$,向 $x_2(t)\rightarrow y_2(t)$,且 c_1、c_2 为常数,则必有

$$c_1x_1(t)\pm c_2x_2(t)\rightarrow c_1y_1(t)\pm c_2y_2(t)$$

此式对于有限多项输入和输出也是成立的。

2. 可微性

设有 $x(t)\rightarrow y(t)$,则有 $x'(t)\rightarrow y'(t)$,$x''(t)\rightarrow y''(t)$,$\cdots$,$x^{(n)}(t)\rightarrow y^{(n)}(t)$。

还可证明,对于线性定常系统,如果初始条件为零,则系统对输入信号积分的响应等于对输入信号响应的积分。

3. 同频性

对于线性定常系统,设输入信号是某一频率为 ω 的简谐信号,则其输出必定也是频率为 ω 的简谐信号,即若输入为 $x(t)=x_0\mathrm{e}^{\mathrm{j}\omega t}$,则输出必为 $y(t)=y_0\mathrm{e}^{\mathrm{j}(\omega t+\phi)}$,称此规律为同频性。

线性定常系统的这些主要性质,特别是叠加性和同频性,在测试工作中具有重要意义。例如,当测试系统的输入信号为由多种频率成分叠加而成的复杂信号时,对应的输出信号就

等于组成输入信号的各频率成分分别输入到此测试系统时所引起的输出信号的叠加,这样就可以把一个复杂信号的作用看成为若干个简单信号作用的和,从而使问题简化。又如,已经知道测试系统是线性的,其输入信号的激励频率也已知,那么,测得的输出信号中就只有与激励频率相同的频率成分才真正是由输入信号所引起的,而其他频率成分都是噪声(干扰)。利用这一性质,就可采用相应的滤波技术,将在很强噪声干扰下的有用信息提取出来。

2.4.3 测量系统的静态特性

测量系统的静态特性是指被测量不随时间变化或随时间变化很缓慢时测量系统的输入、输出及其关系的特性或技术指标。虽然本书主要讨论的是动态测量,但由于测量系统静态特性是动态特性的基础,因此,有必要对其静态特性进行简要介绍。工程上常用下列一些指标来描述测量系统的静态特性。

1. 量程

量程是指测量系统允许测量的输入量的上、下极限值。使用时要求被测量应在量程范围内,如量程为 5 A 的电流表不能测量 8 A 的电流。

与量程有关的另一个指标是测量系统的过载能力。超过允许承受的最大输入量时,测量系统的各种性能指标得不到保证,这种情况称为过载。过载能力通常用一个允许的最大值或者用满量程值的百分数来表示。

2. 精度

精度表征测量系统的测量结果 y 与被测真值 μ 的一致程度。通常有三种表示方法。

(1) 测量误差

$$\delta = y - \mu \tag{2-44}$$

(2) 相对误差

$$\varepsilon = \frac{\delta}{\mu} \times 100\% \tag{2-45}$$

(3) 引用误差

$$a = \frac{\delta}{A} \times 100\% \tag{2-46}$$

式中,A 为测量系统的满量程读数。

实际上真值是不可知的,只能由高一级精度的测量系统测量值来代替。反映测量系统质量的最常用的综合性能指标是引用误差,一般由生产厂家在测量系统的说明书中给出。在电工仪表中常将引用误差称为精度,并以引用误差的百分数定义精度等级。例如说"这种电压表为一级精度",就是指其引用误差是 1%。由引用误差的定义可知,当引用误差为定值时,不宜选用大量程来测量较小的量值,否则会使测量误差增大。因此通常尽量避免让测量系统在小于 1/3 的量程范围内工作。

精度反映了测量中各类误差的综合。测量精度越高,则测量结果中所包含的系统误差和随机误差越小,当然测量系统的价格就越昂贵。因此,应从被测对象的实际情况出发,选用精度合适的测量仪器,以获得最佳的技术经济效益。

误差理论分析表明,由若干台不同精度的测量仪器组成的测试系统,其测试结果的最终精度主要取决于精度最低的那一台仪器。所以应当选用同等精度的仪器来组成所需的测试系统。如果不可能同等精度,则前面环节的精度应高于后面环节,而不希望与此相反的布局。

3. 灵敏度

灵敏度是指单位输入量所引起的输出量的大小。如水银温度计输入量是温度,输出量是水银柱高度,若温度每升高 1 ℃,水银柱高度升高 2 mm,则它的灵敏度可以表示为 2 mm/℃。测量系统的静态灵敏度是由静态标定来确定的,即由实测该系统的输入、输出来确定。这种关系曲线叫标定曲线,而灵敏度可以定义为标定曲线的斜率,如图 2 - 16 所示,此斜率可以通过最小二乘法拟合求得。灵敏度的定义可用下式表示:

$$s_s = \Delta y / \Delta x \tag{2-47}$$

式中,s_s 为测量系统的静态灵敏度;Δy 为输出信号的变化量;Δx 为被测参数的变化量。

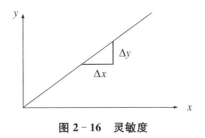

图 2 - 16　灵敏度

原则上说,测量系统的灵敏度应尽可能高,这意味着它能检测到被测参量极微小的变化,即被测量稍有变化,测量系统就有较大的输出,并显示出来。因此,在要求高灵敏度的同时,应特别注意与被测信号无关的外界噪声的侵入。为达到既能检测微小的被测量,又能控制噪声使之尽量低,要求测量系统的信噪比越大越好。一般来讲,灵敏度愈高,测量范围愈窄,稳定性也愈差。

4. 非线性度

我们希望测量系统的输入量和输出量之间呈线性关系,但实际中标定曲线往往不是理想的直线,非线性度就是用来表示标定曲线偏离理想直线程度的技术指标,如图 2 - 17 所

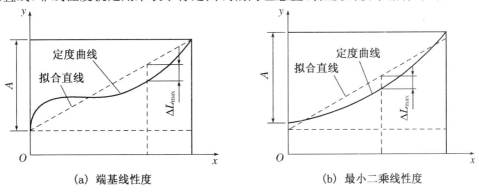

(a) 端基线性度　　　　　　　(b) 最小二乘线性度

图 2 - 17　两种常用非线性度拟合方法

示。至于理想直线应如何确定,目前尚无统一标准,主要有端基法和"最小二乘法",推荐使用的方法是"最小二乘法",此法是根据实测的标定曲线找出一条拟合的理想直线,使标定曲线上的所有点与此拟合直线间偏差的平方值之和最小。常采用标定曲线相对于拟合理想直线的最大偏差 B_{max} 与全量程 A 之比值的百分率作为非线性度的度量,若用 N 表示非线性度,则

$$N=(B_{max}/A)\times100\% \qquad (2-48)$$

任何测量系统都有一定的线性范围。在线性范围内,输出与输入成比例关系,线性范围越宽,表明测量系统的有效量程越大。测量系统在线性范围内工作是保证测量精度的基本条件。然而测量系统是不容易保证其绝对线性的。在某些情况下,只要能满足测量精度,也可以在近似线性的区间内工作。必要时,可以进行非线性补偿。

5. 分辨率

有些测量系统(如数字式仪表),当输入量连续变化时,输出量作阶梯变化。这种情况下,分辨率表示输出量的每个"阶梯"(最小变化量)所代表的输入量的大小。例如,用显示保留小数点后两位的数字仪表测量时,输出量的变化"阶梯"为 0.01,那么 0.01 的输出所对应的输入量的大小即为分辨率。

对于输出量为连续变化的测量系统,分辨率是指测量系统能指示或记录的最小输入增量。

6. 回程误差

对于理想的线性测量系统,其输出与输入具有完全的一一对应关系。而实际的测量系统在测量时,其输入量逐渐增大时所得到的标定曲线与输入量逐渐减少时所得到的标定曲线往往并不重合,如图 2-18 所示。因此,在相同测试条件下和满量程范围 A 内,当输入量由小增大和由大减小时,对于同一输入量可得到两个数值不同的输出量,则其差的最大值 h_{max} 与标称输出范围 A 之比值的百分比称为回程误差。若用 H 表示回程误差,则

$$H=(h_{max}/A)\times100\% \qquad (2-49)$$

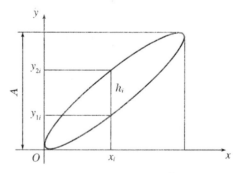

图 2-18 回程误差示意图

产生回程误差主要有两个原因,一是在测量系统中有吸收能量的元件,如黏滞性元件和磁性元件;二是在机械结构中存在着摩擦和游隙等。在设计和制造中应予以必要的重视。

7. 重复性

在同测试条件下,对测量系统重复加入同样大小的输入量所得到的输出量之间的差异。此试验一般在标定过程中,在全部量程范围内选若干个有代表性的点进行。最后,在其中选择一个差异最大者,其意义与精度类似。

8. 零漂

零漂表示测量系统在零输入状态下,输出值的漂移。一般分为:

(1) 时间零漂。时间零漂(时漂)一般是指在规定时间内,在室温不变或电源不变的条件下,测量系统的零输出的变化情况。

(2) 温度漂移。温度漂移(温漂)绝大部分测量系统在温度变化时其特性会有所变化。一般用零点温漂和灵敏度温漂来表示这种变化的程度,即温度每变化 1 ℃,零点输出(或灵敏度)的变化值。它可以用变化值本身来表示,也可以用变化值与满量程输出(或室温灵敏度)之比来表示。

9. 稳定性

稳定性表示测量系统在一个较长时间内保持其性能参数的能力,也就是在规定的条件下,测量系统的输出特性随时间的推移而保持不变的能力。一般以室温条件下经过一个规定的时间后,测量系统的输出与起始标定时的输出差异程度来表示其稳定性。表示方式如:多少个月不超过百分之多少满量程输出。有时也采用给出标定的有效期来表示其稳定性。

影响稳定性的因素主要是时间、环境、干扰和测量系统的器件状况。选用测量系统时应该考虑其稳定性,特别是在复杂环境下工作时,应考虑各种干扰(如磁辐射和电网干扰等)的影响,提高测量系统的抗干扰能力和稳定性。

10. 负载效应

测量系统进入测量状态时,多数情况下总要从被测对象内吸取功率或能量。例如电压表的接入要吸收被测电路中的功率;测力计在被测力作用下变形,外力做功转变为弹性势能。这就使得被测对象偏离了其本来的状态,导致测量误差,这种现象称为负载效应。

负载效应的大小与测量系统的输入阻抗和被测对象或前一环节的输出阻抗有关,应尽量使这两个阻抗按要求匹配,以减少对被测系统的影响,提高测量精度。

2.4.4　测量系统的动态特性

测量系统的动态特性是指测量系统的输出对快速变化的输入信号的动态响应特性。对于测量动态信号的测量系统,要求它能迅速而准确地测出信号的大小和真实地再现信号的波形变化。换言之,就是要求测量系统在输入量改变时,其输出量能立即随之不失真地改变。在实际测试中,由于测量系统选用不当,输出量不能良好地追随输入量的快速变化会导致较大的测量误差。因此,研究测量系统的动态特性有着十分重要的意义。本节主要通过频率响应函数讨论测量系统的动态特性。

1. 频率响应函数

由线性定常系统的同频性可知,设输入信号 $x(t)=x_0 \mathrm{e}^{\mathrm{j}\omega t}$,则对应的输出信号是 $y(t)=y_0 \mathrm{e}^{\mathrm{j}(\omega t+\phi)}$,将 $x(t)$、$y(t)$ 代入线性定常系统的微分方程式(2-43)两边,可得

$$y_0 \mathrm{e}^{\mathrm{j}(\omega t+\phi)}=\frac{b_m (\mathrm{j}\omega)^m+b_{m-1}(\mathrm{j}\omega)^{m-1}+\cdots+b_1\mathrm{j}\omega+b_0}{a_n (\mathrm{j}\omega)^n+a_{n-1}(\mathrm{j}\omega)^{n-1}+\cdots+a_1\mathrm{j}\omega+a_0}x_0 \mathrm{e}^{\mathrm{j}\omega t} \tag{2-50}$$

上式也可写为

$$y(t)=H(\mathrm{j}\omega)x(t) \tag{2-51}$$

其中

$$H(\mathrm{j}\omega)=\frac{b_m (\mathrm{j}\omega)^m+b_{m-1}(\mathrm{j}\omega)^{m-1}+\cdots+b_1\mathrm{j}\omega+b_0}{a_n (\mathrm{j}\omega)^n+a_{n-1}(\mathrm{j}\omega)^{n-1}+\cdots+a_1\mathrm{j}\omega+a_0} \tag{2-52}$$

$H(\mathrm{j}\omega)$ 称为线性测量系统的频率响应函数,它是由系统物理性能决定的一个复变函数,是信号频率 ω 的函数。

式(2-51)可进一步简化为

$$y_0 \mathrm{e}^{\mathrm{j}\phi}=|H(\mathrm{j}\omega)|x_0 \mathrm{e}^{\mathrm{j}\angle H(\mathrm{j}\omega)} \tag{2-53}$$

式中,$|H(\mathrm{j}\omega)|$ 是频率响应函数 $H(\mathrm{j}\omega)$ 的模,即幅度;$\angle H(\mathrm{j}\omega)$ 是频率响应函数 $H(\mathrm{j}\omega)$ 的幅角,即相位角。

由式(2-53)可得

$$y_0=|H(\mathrm{j}\omega)|x_0 \quad 或 \quad y_0/x_0=|H(\mathrm{j}\omega)| \tag{2-54}$$

$$\phi=\angle H(\mathrm{j}\omega) \tag{2-55}$$

可见,$|H(\mathrm{j}\omega)|$ 就是动态测量系统的灵敏度。在静态测量中测量系统的灵敏度大多是常数。而动态测量中测量系统的灵敏度通常是 ω 的函数,它随着频率的变化而变化。这是动态测量和静态测量的一个显著差别。

由式(2-55)可以看到,ϕ 通常也是 ω 的函数,可写成 $\phi(\omega)$,它表示了测量系统的输出信号相对于输入信号的初始相位的迁移量。

由上面的分析可知,一个测量系统只要其 $H(\mathrm{j}\omega)$ 已知,则任何简谐输入信号 $x(t)$ 所引起的输出 $y(t)$ 均可确定。若输入 $x(t)$ 不是单一频率的简谐信号,而是任意的确定性信号,将它输入测量系统后,它与输出信号 $y(t)$ 之间符合下列关系:

$$Y(\mathrm{j}\omega)=H(\mathrm{j}\omega)X(\mathrm{j}\omega) \tag{2-56}$$

式中,$Y(\mathrm{j}\omega)$、$X(\mathrm{j}\omega)$ 分别为输出信号 $y(t)$ 和输入信号 $x(t)$ 的傅里叶变换,即其频谱;$H(\mathrm{j}\omega)$ 为测量系统的频率响应函数。

2. 理想测量系统的特性

对于零阶测量系统,输入信号 $x(t)$ 和输出信号 $y(t)$ 之间的微分方程式(2-43)中的微分项的系数均为 0,则有

$$a_0 y(t)=b_0 x(t) \tag{2-57}$$

上式可改写为

$$y(t)=(b_0/a_0)x(t)=s_s x(t) \tag{2-58}$$

式中,$s_s=b_0/a_0$ 称为测量系统的静态灵敏度。

对上式的等号两端作傅里叶变换可得到零阶测量系统的频率响应函数

$$Y(j\omega) = s_s X(j\omega) \tag{2-59}$$

$$H(j\omega) = Y(j\omega)/X(j\omega) = s_s = 常数 \tag{2-60}$$

上式说明,输出信号的频谱仅仅按一定的比例复现输入信号的频谱,频谱形状不发生畸变,这说明理想的零阶测量系统不存在因频率变化而引起的动态测量误差。比例放大器就属于这种零阶测量系统。

延时环节也是零阶测量系统,它的输出信号 $y(t)$ 精确地复现输入信号,但出现时间滞后,其输入、输出关系可表示为

$$y(t) = kx(t - t_0) \tag{2-61}$$

理想不失真测量系统具有很大的实用价值。判断一个动态测量系统动态性能的优与劣,应当将它的幅、相频率特性和理想的不失真测量系统的幅、相频率特性相比较,两者差异越小,性能越好;反之,性能越差。

此外,此处所谓"理想"是指在测量学科范围内而言,作为一台测量仪器,若使用者的目的仅是为了从其输出信号掌握其输入信号,则输出信号相对于输入信号有时移,或者说输出信号的频谱相对于输入信号的频谱有相位移都是可以的。但当测量系统构成控制系统的一个组成环节时,其输出信号的相位移往往会影响系统的工作性能。当它的相位移和控制系统其他组成环节的相位移总和达到 180°时,负反馈可能变成正反馈,从而出现振荡。

2.4.5　一阶测量系统的特性

在式(2-43)中,如果等式左边二阶以上的微分项的系数为零,而等式右边一阶以上的微分项的系数为零,则变为

$$a_1 \frac{\mathrm{d}y(t)}{\mathrm{d}t} + a_0 y(t) = b_0 x(t) \tag{2-62}$$

具有这种输入—输出关系的测量系统叫作一阶系统或一阶测量系统。图 2-13 所示的系统分别属于力学、电学、热学范畴的一阶系统,它们的输入输出关系均可用上式这种一阶微分方程表示,只是系数的物理意义不同。这种系统用于测量中称为一阶测量系统。

$$\tau \frac{\mathrm{d}y(t)}{\mathrm{d}t} + y(t) = Sx(t) \tag{2-63}$$

令 $S = b_0/a_0 = 1$,则一阶系统的频响函数:

$$H(j\omega) = \frac{1}{\tau(j\omega) + 1} \tag{2-64}$$

幅频、相频特性表达式:

$$A(\omega) = \frac{1}{\sqrt{1 + (\omega\tau)^2}} \tag{2-65}$$

$$\varphi(\omega) = -\arctan(\omega\tau)$$

绘制相应的频谱图,为计算的方便,工程中一般绘制 bode 图,即对数坐标下按 $20\lg A(\omega) \sim \lg\omega$ 的频谱图,如图 2-19 所示。从图 2-19 可以看出,一阶系统频谱特性有: $\varphi(\omega) \sim \lg\omega$

① 当 $\omega\tau \ll 1$ 时,$A(\omega) \approx 1$;当 $\omega\tau \gg 1$ 时,$A(\omega) \to 0$;

② 在 $\omega = 1/\tau$ 处,$A(\omega)$ 为 0.707(-3 db),相角滞后 $-45°$;

③ 一阶系统伯德图可用一条折线近似描述,在 $\omega<1/\tau$ 段 $A(\omega)=1$,在 $\omega>1/\tau$ 段为 -20 db/10 倍频斜率直线;

④ $1/\tau$ 点称转折频率。

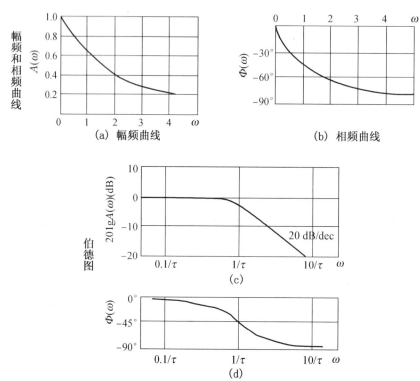

（a）幅频曲线　　　　　　　　　（b）相频曲线

（c）

（d）

图 2-19　一阶系统频谱图

2.4.6　二阶测量系统的特性

在式(2-43)中,如果等式左边三阶以上的微分项的系数为零,而等式右边一阶以上的微分项的系数为零,则变为

$$a_2 \frac{\mathrm{d}^2 y}{\mathrm{d}t^2} + a_1 \frac{\mathrm{d}y}{\mathrm{d}t} + a_0 y = b_0 x \tag{2-66}$$

具有这种输入输出关系的测量系统叫作二阶系统或二阶测量系统。许多测量系统,如千分表、电感式量头、压电式加速度计、电容式测声计、电阻应变片式测力计、压力计、动圈式磁电仪表等,它们的输入输出关系均可用式(2-66)这种二阶微分方程表示,只是系数的物理意义不同。所以,它们都是二阶测量系统。图 2-15 所示是三种典型的二阶系统的实例。

为了使微分方程各系数的物理意义更加明确,对式(2-66)的系数作一些变换,令

$$\omega_n = \sqrt{\frac{a_0}{a_2}} \tag{2-67}$$

$$\xi = \frac{a_0}{2\sqrt{a_0 a_2}} \tag{2-68}$$

式中,ω_n 为测量系统的固有频率;ξ 为测量系统的阻尼比。不难理解,ω_n 和 ξ 都取决于测量系统本身的参数。测量系统一经组成或测量系统一经制造调试完毕,其 ω_n 与 ξ 也随之确

定。经系数变换后,式(2-66)变为

$$\frac{d^2 y}{dt^2} + 2\xi\omega_n \frac{dy}{dt} + \omega_n^2 y = S_s\omega_n^2 x \qquad (2-69)$$

式中,$S_s = b_0/a_0$,前面已定义它是测量系统的静态灵敏度。

由式(2-52)和上式可知,二阶测量系统的频率响应函数为

$$H(j\omega) = S_s \frac{1}{1-(\omega/\omega_n)^2+2j\xi(\omega/\omega_n)} = S_s A(\omega) e^{j\phi(\omega)} \qquad (2-70)$$

式中,二阶环节的幅频特性与相频特性分别为

$$A(\omega) = 1/\sqrt{[1-(\omega/\omega_n)^2]^2+4\xi^2(\omega/\omega_n)^2} \qquad (2-71)$$

$$\phi(\omega) = -\arctan \frac{2\xi(\omega/\omega_n)}{1-(\omega/\omega_n)^2} \qquad (2-72)$$

与一阶测量系统相同,当输入信号为简谐信号,即 $x(t) = x_0 e^{j\omega t}$ 时,对应的输出信号为

$$y(t) = H(j\omega) x(t) = S_s A(\omega) x_0 e^{j[\omega t+\phi(\omega)]} = y_0 e^{j[\omega t+\phi(\omega)]} \qquad (2-73)$$

为了便于对不同的二阶系统进行比较,作图时以 $\omega/\omega_n = \eta$ 为横坐标,以 $A(\eta)$ 和 $\phi(\eta)$ 为纵坐标。$A(\eta)$ 和 $\phi(\eta)$ 都是阻尼比 ξ 的函数。因此规定 $\xi = 0, 0.05, 0.1, \cdots, 1$ 等一系列值时可得到 $A(\eta)$ 和 $\phi(\eta)$ 的特性曲线族,如图 2-20 所示。对这些曲线族进行分析,可知其具有以下特点:

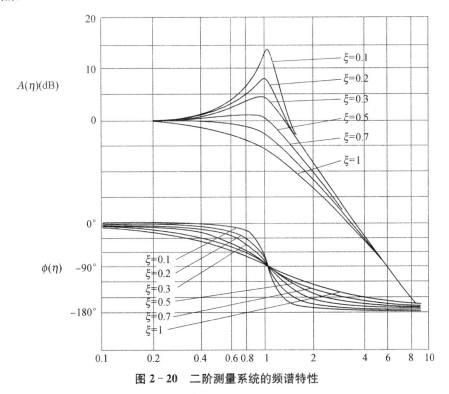

图 2-20　二阶测量系统的频谱特性

1)$\eta = \omega/\omega_n = 0$ 时,$A(\eta)$ 均为 1,$\phi(\eta)$ 均为 0,与阻尼比 ξ 无关。

2)当 $\eta \to \infty$,$A(\eta) \to 0$,$\phi(\eta) \to 180°$,也与阻尼比 ξ 无关。

3)在 $\eta = 0 \to \infty$ 的过程中,$A(\eta) \sim \eta$ 的曲线上出现一个峰值。对式(2-71)的分母求导

并令其等于 0,可求得

$$\eta_{\max} = \sqrt{1-2\xi^2} \tag{2-74}$$

$$A_{\max}(\eta) = 1/(2\xi\sqrt{1-\xi^2}) \tag{2-75}$$

由 $\eta_{\max}$ 和 $A_{\max}$ 的函数式可见,在阻尼比 ξ 从 0 逐渐加大时,$\eta_{\max}$ 从 1 逐步减小,即峰值点的横坐标逐步向 0 趋近。当 $\xi=0.707$ 时,$\eta_{\max}=0$,即峰值点移动到纵坐标轴上。在此过程中,$A_{\max}(\eta)$ 的值也在不断减小,当 $\xi=0.707$ 时,降 1,即 $A(\eta)\sim\eta$ 曲线的峰值点消失,呈单调下降。当 $\eta=1$ 时,所有的 $\phi(\eta)=-90°$。

可见,二阶测量系统的幅频特性不是一条直线,所以当输入信号是由多种频率构成的复杂信号时,测量系统对不同频率的信号有不同的灵敏度,从而引起幅度失真;它的相频特性也不是一条过零点的直线,所以不同频率成分通过时,延长时间不等,在时间轴上产生"错位",从而产生相位失真。显然,二阶测量系统也可以看成是一个低通滤波器。

思考题与习题

1. 信号一般有哪几种分类与描述方法?请简要说明之。

2. 写出周期信号两种展开式的数学表达式,并说明系数的物理意义。

3. 周期信号和非周期信号的频谱图各有什么特点?它们的物理意义有何异同?

4. 有周期性方波、三角波、全波整流三个周期信号。设它们的频率均为 1 000 Hz。对这几个信号进行测量时,后续设备通频带的截止频率上限各应是多少?(设某次谐波的幅值降低到基波的 1/10 以下,则可以不考虑)

5. 已知正弦信号 $x(t)=A\sin(\omega_0 t)(a>0,t\geqslant0)$,求其自相关函数和功率谱密度函数。

6. 线性定常系统有哪些基本特性?简述同频性在动态测量中的重要意义。

7. 用时间常数为 0.5 s 的一阶测量系统进行测量,若被测参数按正弦规律变化,如果要求仪表指示值的幅值误差小于 2%,问:被测参数变化的最高频率是多少?如果被测参数的周期是 2 s 和 5 s,幅值误差是多少?

8. 用一个一阶测量系统测量 100 Hz 的正弦信号,如果要求振幅的测量误差小于 5%,问:此仪器的时间常数应不大于多少?若用具有该时间常数的测量仪器测量 50 Hz 的正弦信号,相应的振幅误差和相位滞后是多少?

9. 试说明二阶测量系统的阻尼比的值多采用 0.6~0.7 的原因。

10. 已知一个二阶测量系统,阻尼比 $\xi=0.65$,$f_n=1\ 200\ Hz$。问:输入 240 Hz 和 480 Hz 的信号时,$A(\omega)$ 和 $\phi(\omega)$ 各是多少?若阻尼比 ξ 变为 0.5 和 0.707,$A(\omega)$ 和 $\phi(\omega)$ 又各是多少?

扫码获取
习题答案

第 3 章 信号调理及电气参数测量

3.1 信号处理

被测物理量经传感器后的输入信号通常是很微弱的或者是非电压信号,如电阻、电容、电感或电荷等电参量。这些微弱信号或非电压信号难以直接被显示或通过 A/D 转换器送入仪器或被计算机采集,而且有些信号本身还携带一些不期望有的信息或噪声。某些场合,为便于信号的远距离传输,需要对传感器测量信号进行调制解调处理。因此,信号还需经过调理、放大、滤波等一系列处理。信号调理的目的是便于信号的传输与处理。

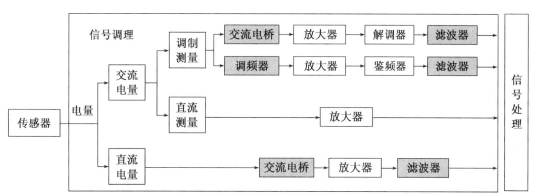

图 3-1 信号调理电路示意图

3.1.1 电桥

电桥是将电阻、电感、电容等参量的变化转换为电压或电流输出的一种测量电路。其输出既可用指示仪表直接测量,也可送入放大器进行放大。按激励电压的性质分,电桥可分为直流电桥、交流电桥;按输出测量方式分,电桥可分为不平衡桥式电路、平衡桥式电路。

1. 直流电桥

如图 3-2 所示为直流电桥,根据欧姆定律,a、b 之间与 a、d 之间的电位差分别为:

$$U_{ab} = I_1 R_1 = \frac{R_1}{R_1 + R_2} U_e$$

$$U_{ad} = I_2 R_4 = \frac{R_4}{R_3 + R_4} U_e$$

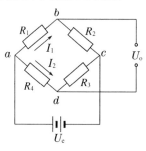

图 3-2 直流电桥

输出电压：

$$U_o = U_{db} - U_{ad} = \left(\frac{R_1}{R_1+R_2} - \frac{R_4}{R_3+R_4}\right)U_e = \frac{R_1R_3 - R_2R_4}{(R_1+R_2)(R_3+R_4)}U_e \qquad (3-1)$$

当 $U_o = 0$ 时，电桥平衡。则有

$$R_2R_3 = R_1R_4 \qquad (3-2)$$

当各桥臂电阻发生微小变化 ΔR_1、ΔR_2、ΔR_3、ΔR_4 后，电桥就是去平衡，此时输出电压就变成：

$$U_0 = \frac{(R_2+\Delta R_2)(R_3+\Delta R_3) - (R_1+\Delta R_1)(R_4+\Delta R_4)}{(R_1+\Delta R_1+R_2+\Delta R_2)(R_3+\Delta R_3+R_4+\Delta R_4)}U_e \qquad (3-3)$$

一般情况下 $\Delta R \ll R$，忽略高阶小量并利用初始平衡条件，得

$$U_0 = \frac{R_1R_2}{(R_1+R_2)^2}\left(-\frac{\Delta R_1}{R_1} + \frac{\Delta R_2}{R_2} + \frac{\Delta R_3}{R_3} - \frac{\Delta R_4}{R_4}\right)U_e \qquad (3-4)$$

对于等臂电桥 $R_1 = R_2 = R_3 = R_4 = R$，则电桥的输出电压：

$$U_0 = \frac{U_e}{4R}(-\Delta R_1 + \Delta R_2 + \Delta R_3 - \Delta R_4) \qquad (3-5)$$

由此，可知电桥的基本特性有：① 与输入电压成正比；② 与桥臂电阻变化率的代数和成正比；③ 相邻臂电阻变换率符号相反（相减），而相对臂电阻变换率符号相同（相加），该条称为电桥的和差特性。

根据工作时桥路中参与工作的桥臂数，电桥有半桥单臂、半桥双臂、全桥三种接桥方式，如图 3-3 所示。

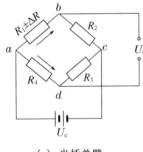 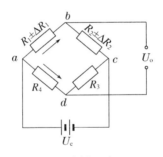 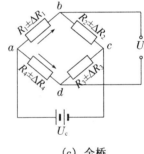

（a）半桥单臂　　　　　（b）半桥双臂　　　　　（c）全桥

图 3-3　电桥的几种接法

半桥单臂输出电压：

$$U_o = \frac{\Delta R}{4R_0 + 2\Delta R}U_e \approx \frac{\Delta R}{4R_0}U_e$$

灵敏度：

$$S = \frac{U_o}{\Delta R/R_0} \approx \frac{U_e}{4}$$

半桥双臂输出电压：

$$U_o = \frac{\Delta R}{2R_0}U_e$$

灵敏度：

$$S = \frac{U_o}{\Delta R/R_0} = \frac{U_e}{2}$$

全桥输出电压：

$$U_o = \frac{\Delta R}{R_0} U_e$$

灵敏度：

$$S = \frac{U_o}{\Delta R / R_0} = U_e$$

电桥接法不同，电桥的灵敏度不同，全桥接法可获得最大输出。电桥在测量电路中一般用来测量、放大和对同符号干扰量进行抵偿作用，如电桥的温度补偿。

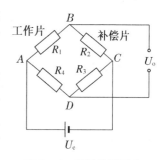

温度误差的补偿把两个同样的应变片，一片粘贴在工作片上，另一片贴在与之同材料、同温度条件但不受力的补偿件上，作为补偿片。将两片应变片接入相邻桥臂，由于温度变化，工作片和补偿片上产生的电阻变化在桥路中自动抵消，对电桥输出没有影响，达到温度补偿作用。如图 3-4 所示。

图 3-4　半桥单臂温度补偿连接法

直流电桥工作时所需的高稳定度的直流电源容易获得，电桥输出是直流，可用直流仪表进行测量；对传感器到测量仪表的连接导线要求较低，电桥平衡电路简单。其缺点就是直流放大器比较复杂，容易受到零漂和接地电位的影响。

2. 交流电桥

交流电桥激励电压采用交流电压，四个桥臂可为电感、电容或电阻。以复数阻抗 Z 代替电阻 R，且电流和电压都用复数代替，则交流电桥的平衡条件为：

$$\boldsymbol{Z}_1 \boldsymbol{Z}_3 = \boldsymbol{Z}_2 \boldsymbol{Z}_4 \qquad (3-6)$$

式（3-6）中阻抗用复指数表示：

$$\boldsymbol{Z}_1 = Z_1 \mathrm{e}^{\mathrm{j}\varphi_1} \quad \boldsymbol{Z}_2 = Z_2 \mathrm{e}^{\mathrm{j}\varphi_2} \quad \boldsymbol{Z}_3 = Z_3 \mathrm{e}^{\mathrm{j}\varphi_3} \quad \boldsymbol{Z}_4 = Z_4 \mathrm{e}^{\mathrm{j}\varphi_4}$$

则交流电桥的平衡条件为：

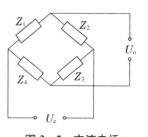

图 3-5　交流电桥

$$Z_1 Z_3 \mathrm{e}^{\mathrm{j}(\varphi_1 + \varphi_3)} = Z_2 Z_4 \mathrm{e}^{\mathrm{j}(\varphi_2 + \varphi_4)} \qquad (3-7)$$

电桥平衡必须满足两个条件：

$$\begin{cases} Z_1 Z_3 = Z_2 Z_4 & Z_1 、 Z_2 、 Z_3 、 Z_4 \text{ 为阻抗的模} \\ \varphi_1 + \varphi_3 = \varphi_2 + \varphi_4 & \varphi_1 、 \varphi_2 、 \varphi_3 、 \varphi_4 \text{ 为阻抗角} \end{cases} \qquad (3-8)$$

例 3-1　图 3-6 所示的电容电桥平衡条件为

$$Z_1 = R_1 + \frac{1}{\mathrm{j}\omega c_1}, Z_4 = R_4 + \frac{1}{\mathrm{j}\omega c_4}$$

根据交流电桥的平衡条件，有：

$$\left(R_1 + \frac{1}{\mathrm{j}\omega C_1} \right) R_3 = \left(R_4 + \frac{1}{\mathrm{j}\omega C_4} \right) R_2$$

$$R_1 R_3 + \frac{R_3}{\mathrm{j}\omega C_1} = R_2 R_4 + \frac{R_2}{\mathrm{j}\omega C_4}$$

则该电容电桥的平衡条件为

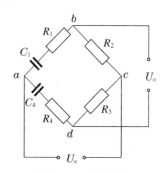

图 3-6　电容电桥

$$\begin{cases} R_1R_3=R_2R_4 \\ \dfrac{R_3}{C_1}=\dfrac{R_2}{C_4} \end{cases}$$

例 3-2 电感电桥的平衡条件：

$$Z_1=R_1+j\omega L_1 \quad Z_4=R_4+j\omega L_1$$

根据交流电桥的平衡条件，有：

$$(R_1+j\omega L_1)R_3=(R_4+j\omega L_4)R_2$$

$$R_1R_3+j\omega L_1R_3=R_2R_4+j\omega L_4R_2$$

则该电感电桥的平衡条件：

$$\begin{cases} R_1R_3=R_2R_4 \\ L_1R_3=L_4R_2 \end{cases}$$

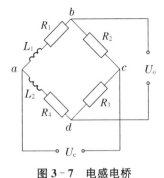

图 3-7 电感电桥

3.1.2 信号的放大与隔离

传感器输出的微弱电压、电流或电荷信号，其幅值或功率若不足以进行后续的转换处理，或不足以驱动指示器、记录器以及各种控制机构，则需对其进行放大处理；传感器所处的环境条件不同，对传感器的影响、测试要求就不同，所采用的放大电路的形式和性能指标要求也不尽相同。

1. 基本放大器

1) 反相放大器

输入信号、反馈信号都加在运放的反相输入端，如图 3-8 所示。可采用同相输入端电压与反相输入端电压近似相等（虚短），流入运放输入端的电流近似为零（虚断）进行分析，该类放大器的增益 $A_{vf}=\dfrac{u_o}{u_i}=-\dfrac{R_2}{R_1}$。

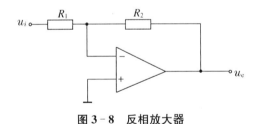

图 3-8 反相放大器

2) 同相放大器

输入信号加在同相输入端，而反馈信号加在反相输入端，如图 3-9 所示。流入运放同相端的电流近似为零，所以同相放大器的输入电阻为无限大，而输出电阻仍趋于零。该放大器增益为 $A_{vf}=\dfrac{u_o}{u_i}=1+\dfrac{R_2}{R_1}$。当 $R_1\rightarrow\infty$，$R_2\rightarrow0$ 构成电压跟随器。特点：对低频信号增益近似为1，具有极高输入阻抗和低输出阻抗，测试系统中常用作阻抗变换器。

由于同相端与反相端电压近似相等，引入共模电压，需高共模抑制比运放才能保证精度，使用中输入电压幅度不能超过共模电压输入范围。

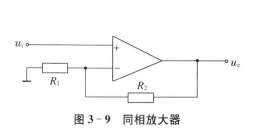

图 3 - 9　同相放大器

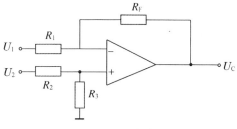

图 3 - 10　差动放大器

3) 差动放大器

如图 3 - 10 所示,双端输入——单端输出,共模抑制比较高,当 $R_1 = R_2$, $R_F = R_3$ 时,差动放大器的差模电压增益为:$A_v = \dfrac{U_o}{U_2 - U_1} = \dfrac{R_F}{R_1}$。

4) 测量放大器

许多测试场合,传感器输出信号很微弱,且伴随有很大的共模电压(包括干扰电压),需要采用具有很高共模抑制比、高增益、低噪声、高输入阻抗的放大器实现放大,习惯上将具有这种特点的放大器称为测量放大器,也称仪表放大器。A_1、A_2 性能一致(主要指输入阻抗、共模抑制比和开环增益),工作于同相放大方式;A_3 工作于差动放大方式,进一步抑制 A_1、A_2 的共模信号,接成单端输出方式以适应接地负载的需要。如图 3 - 11 所示的三运放测量放大器,当 $R_1 = R_2$,$R_3 = R_5$,$R_4 = R_6$ 时,该放大器的增益为 $A_{vf} = \dfrac{u_o}{u_{i1} - u_{i2}} = -\dfrac{R_4}{R_3}\left(1 + \dfrac{2R_1}{R_G}\right)$。

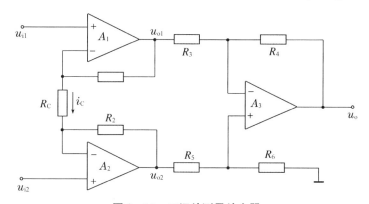

图 3 - 11　三运放测量放大器

2. 隔离放大器

为解决模拟信号传输过程中的信号微弱、测量现场干扰较大、信号本身传输精度较高等可靠性问题,常需要对信号进行隔离。具有一般通用运放的特性,其输入端与输出端之间(包括所使用的电源之间)无直接耦合通路——隔离;信息传送是通过片内磁路、光路、电容等来实现。常见隔离耦合方式有变压器耦合(磁耦合)、电容耦合、光电耦合(适应数字量隔离)等。如图 3 - 12 和图 3 - 13 所示。

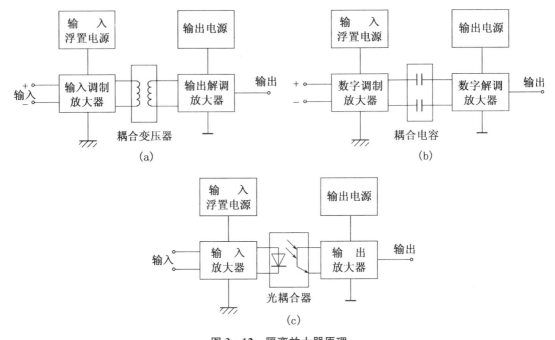

图 3‑12　隔离放大器原理
（a）变压器耦合；（b）电容耦合；（c）光电耦合

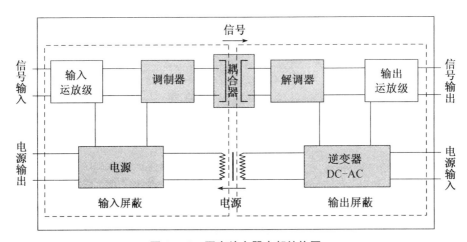

图 3‑13　隔离放大器内部结构图

3.1.3　信号调制与解调

　　调制是使一个信号的某些参数在另一信号的控制下发生变化的过程。前一信号称为载波,后一信号(控制信号)称为调制信号,最后输出是已调制波。解调是从已调制波中恢复出调制信号的过程。根据载波受调制的参数不同,调制可分为:调幅(AM)、调频(FM)、调相(PM)。如图 3‑14 所示。

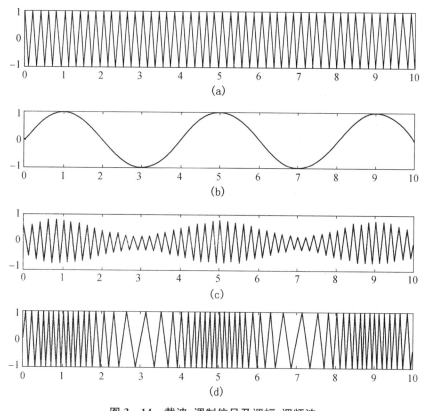

图 3-14 载波、调制信号及调幅、调频波

（a）载波信号；（b）调制信号；（c）调幅信号；（d）调频信号

1. 幅值调制与解调

若以高频余弦信号作载波，把信号 $x(t)$ 和载波信号相乘，其结果就相当于把原信号的频谱图形由原点平移至载波频率 f_0 处，幅值减半。

$$x(t)\cos 2\pi f_0 t \Leftrightarrow \frac{1}{2}X(f) * \delta(f-f_0) + \frac{1}{2}X(f) * \delta(f+f_0) \tag{3-9}$$

从调幅原理看，载波频率 f_0 必须高于原信号中的最高频率 f_m 才能使已调波仍保持原信号的频谱图形，不致重叠；为了减小放大电路可能引起的失真，信号的频宽 $2f_m$ 相对中心频率（载波频率 f_0）应越小越好；实际载波频率常至少数倍甚至数十倍于调制信号。

解调就是从调幅信号中恢复原有用被测信号的过程，调幅电路的解调主要有同步解调、整流检波和相敏检波三种，其中相敏检波最常用。

将调幅波再与原载波信号相乘，则其频谱将再次被"搬移"，使原信号的频谱图形出现在 0 和 $2f_0$ 频率处；然后再用低通滤波器滤去高于 f_m 的成分，可复原原信号频谱，幅值减小为一半；解调信号与调制时的载波信号具有相同的频率与相位，这一解调方法称为同步解调，如图 3-16 所示。

$$x(t)\cos 2\pi f_0 t \cdot \cos 2\pi f_0 t = \frac{x(t)}{2} + \frac{1}{2}x(t)\cos 4\pi f_0 t \tag{3-10}$$

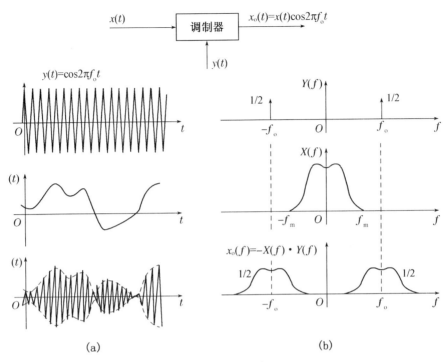

图 3 - 15　调幅过程

（a）时域波形；（b）频域谱图

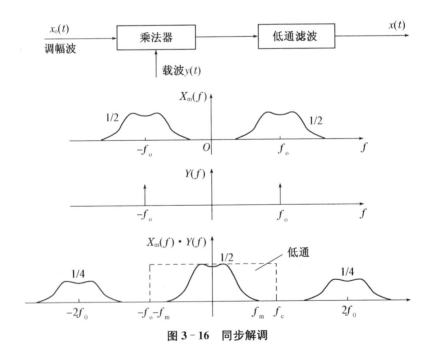

图 3 - 16　同步解调

相敏检波器相敏检波能同时鉴别信号的幅值和相位,常用相敏检波电路由四个二极管组成环形结构,利用其单向导通作用将电路输出极性换向。如图 3-17 所示,变压器 B 的输出与变压器 A 的输出进行比较。电路设置使变压器 B 信号远大于变压器 A 信号,使参考电压起开关作用,决定二极管的导通与截止。结果:原信号为正,调幅波与载波同相,恢复正;原信号为负,调幅波与载波异相,恢复负,如图 3-17 所示。

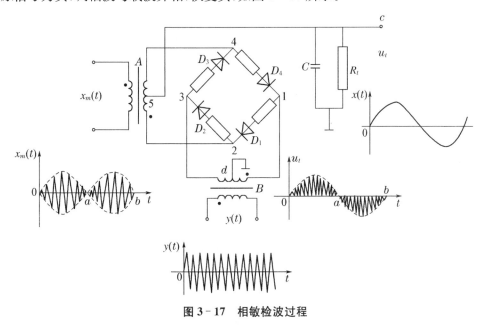

图 3-17 相敏检波过程

2. 调频和解调

调频(频率调制)是利用信号电压的幅值控制一个振荡器,振荡器输出的是等幅波,但其振荡频率偏移量和信号电压成正比。当信号电压为零时,调频波的频率等于中心频率;信号电压为正值时频率提高,负值时则降低。如图 3-18 所示。

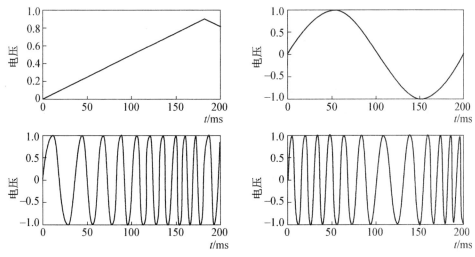

图 3-18 调频波与调制信号幅值的关系

调频波的瞬时频率为：

$$f = f_0 \pm \Delta f$$

载波频率一般远大于调制信号频率，$f_0 \gg f_m$，Δf 为频率偏移，与调制信号的幅值成正比。

$$f(t) = f(0) + k_f X_0 \cos 2\pi f_m t = f_0 + \Delta f_f \cos 2\pi f_m t \qquad (3-11)$$

由式(3-11)可知，频率偏移与调制信号的幅值成正比，与调制信号的频率无关，这是调频波的基本特征之一。

调谐振荡器常利用电抗元件作为传感器参量，感受被测量变化，作为调制信号输入，振荡器原有的振荡信号作为载波，当有调制信号输入时，振荡器输出的就是被调制后的调频波；当电容 C 与电感 L 并联组成振荡器的谐振回路时，电路的谐振频率为：

$$f = \frac{1}{2\pi \sqrt{LC}} \qquad (3-12)$$

若在电路中以电容为调谐参数，对上式进行微分，则有：

$$\frac{\partial f}{\partial C} = -\frac{1}{2} \left(\frac{1}{2\pi} \right) (LC)^{-\frac{3}{2}} L = -\frac{1}{2} \frac{f}{C} \qquad (3-13)$$

所以，在 f_0 附近有频率偏移

$$\Delta f = -\frac{f_0}{2} \frac{\Delta C}{2}$$

将被测量的变化直接转换为振荡频率变化的电路称为直接调频式测量电路，其输出也是等幅波。

调频波的解调又称为鉴频，是将频率变化恢复成调制信号电压幅值变化的过程；先将调频波变换成调频调幅波，再进行幅值检波，解调由鉴频器(由线性变换电路与幅值检波电路组成)完成，如图3-19所示。

随着测量参数的变化，幅值 $|u_a|$ 随调频波频率近似线性变化，调频波 u_f 的频率和测量参数保持近似线性关系。

对 u_a 进行幅值检波就能获得测量参量变化的信息，且保持近似线性关系。

3.1.4　滤波器

被测信号由多个频率分量组合而成，检测的信号除包含有效信息外，含有噪声和不希望的成分，导致真实信号的畸变和失真。采用适当的电路选择性地滤除不希望的成分或噪声。滤波和滤波器便是实现上述功能的手段和装置。

按选频方式一般有低通、高通、带通、带阻等四类，如图3-20所示。按有无电源分一般分为有源滤波器、无源滤波器；按电路元件滤波器可分为 RC 滤波器、LC 滤波器等；按处理信号的类别分为模拟滤波器、数字滤波器。

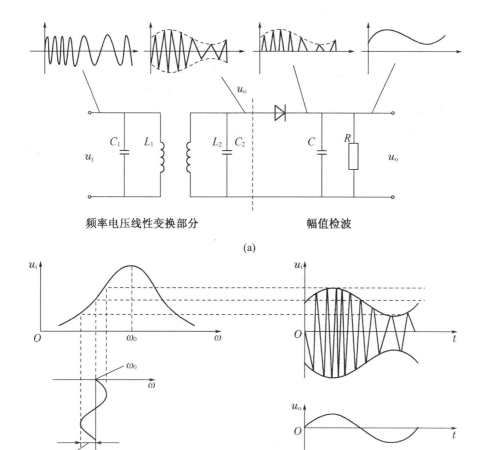

(a)

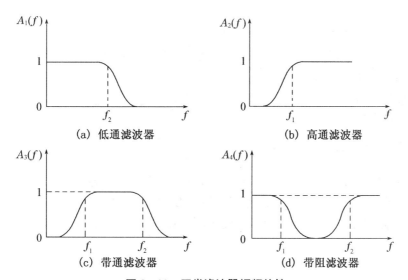

(b)

图 3－19　调频波的解调

（a）鉴频器；（b）电压-频率特性曲线

图 3－20　四类滤波器幅频特性

理想的滤波器是指能使通带内信号幅值和相位都不失真,阻带内频率成分衰减为零的滤波器。若滤波器频率响应 $H(f)=\begin{cases}A_0\mathrm{e}^{-\mathrm{j}2\pi ft_0} & |f|<f_c \\ 0 & 其他\end{cases}$ 满足条件,则称为理想滤波器。

理想滤波器是不存在的,实际滤波器幅频特性中通带和阻带间没有严格界限,存在过渡带。滤波器的频率特性的主要参数有截止频率、带宽 B、品质因素 Q、纹波幅度 d、倍频程选择性、滤波器因素 λ,如图 3-21 所示。

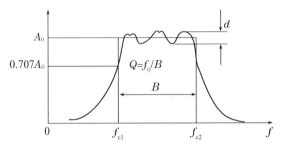

图 3-21　实际滤波器幅频特性

① 截止频率 f_c:$0.707A_0$ 所对应的频率;

② 带宽 B:上下两截止频率 f_{c_1}、f_{c_2} 之间的频率范围;

③ 品质因数 Q:中心频率 f_0 和带宽 B 之比称为品质因数;

④ 纹波幅度 d:滤波器幅频特性呈纹波变化,上下波动量称为纹波幅度 d;

⑤ 倍频程选择性 W:f_{c_2} 与 $2f_{c_2}$ 之间或者 f_{c_1} 与 $f_{c_1}/2$ 之间幅频特性的衰减量,即频率变化一个倍频程时的衰减量;

⑥ 滤波器因数 λ:滤波器幅频特性-60 dB 带宽与-3 dB 带宽之比。

3.2　电气参数测量

3.2.1　电阻测量

电阻是基本电参数之一,既可以在直流环境下测量,也可以在交流环境下测量。电阻的数值变化范围很宽,从 10^{-6} Ω 到 10^{17} Ω,甚至更宽。从测量角度看,可以分为小电阻(1 Ω 以下)、中值电阻($1\sim10^6$ Ω)和大电阻(10^6 Ω 以上)。

电阻的测量方法很多,它们分别适用于不同阻值的测量,因此,针对不同对象的特点和具体要求,需要选择不同的测量方法。

1. 万用表测量电阻

万用表欧姆挡可以测量导体的电阻。欧姆挡用"Ω"表示,分为 R×1、R×10、R×100 和 R×1 k 四挡,有些万用表还有 R×10 k 挡。使用万用表欧姆挡测电阻时,可以测量几欧到几十兆欧的电阻,利用兆欧表可以测量大电阻,利用微欧表可以测量微欧电阻。

2. 伏安法测量电阻

这是一种间接的电阻测量方法。伏安法测电阻的基本原理是欧姆定律 $R = \dfrac{U}{I}$,只要测出元件两端的电压和通过的电流,即可由欧姆定律计算出元件的阻值。

3.2.2 电容测量

电容的数值范围很宽,可分为小电容($10^{-6} \sim 100$ pF)、中值电容(100 pF $\sim 1\,000$ μF)和大电容($>1\,000$ μF)。对于不同数值范围的电容,其测量特点各不相同。需要指出的是,本小节中所有讨论都不考虑电容极板间绝缘电阻的影响。中值电容是测量电容中遇到最多的,除了用电容电桥测量外,还有其他多种测量方法。下面介绍其中的三种:电压表—电流表法、替代法和谐振法。

(1)电压表—电流表法。用电压表—电流表法测量电容的线路如图 3 - 22 所示。为了使电流获得足够大的读数,可适当串联一个可变电感 L,使电路在接近谐振下进行测试。如不用可变电感,则可采用自耦变压器副方作为电感,通过调节接入电路的副方的线圈匝数,达到改变电感量的目的。在测量小电容时,一般要求采用内阻很大的电压表,如采用静电系电压表等。

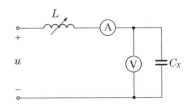

图 3 - 22 电压表—电流表测量电容

若电压表的读数为 U,电流表的读数为 I,则被测电容为

$$C = \frac{I}{U_w} \tag{3-14}$$

式中,ω 为电源的角频率。若电源频率为 f,则 $\omega = 2\pi f$。

电压表—电流表法测量电容所用的仪器是普通仪表,测量准确度较低,通常用于缺乏专用仪器的场合。

(2)替代法。图 3 - 23 给出一种替代法测量电容的线路。这种线路中 L、C 的接入也是为了使电路在谐振状态下测量,以便仪表有较大的读数。如果调节可调标准电容箱使开关 S 在"1"或"2"位置时都有相同读数,而其他元件的参数都保持一样,那么就有 $C_x = C_n$。

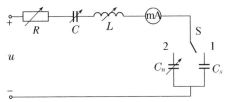

图 3 - 23 替代法测量电容电路图

当然,在图 3 - 23 的电路中不使用毫安表,而使用一个电压表测量电容 C_n 和 C_x 两端的电压也同样可以达到测量目的。用替代法测量电容也可以在电桥线路上实现。

(3)谐振法。谐振法测量电容的线路如图 3 - 24 所示。图中的信号发生器是频率可调的振荡器,测量时调节信号发生器的频率,使电压表读数最大,此时电路达到谐振,则

$$C_x = \frac{1}{\omega_0^2 L_s} \qquad (3-15)$$

将电源频率和标准电感的数值代入式(3 - 15)即可确定被测电容。这种方法适用于小电容的测量。

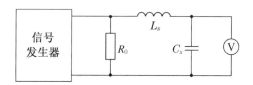

图 3 - 24　谐振法测量电容器的线路

L_s—标准电感;C_x—被测电容;R_0—信号源等效电阻

3.2.3　电感测量

电感测量的对象是电感线圈的自感 L,通常习惯上就称 L 为电感。电感线圈有空心电感和铁芯电感两种。

空心电感是指以空心或者其他非铁磁性材料作为芯子的电感线圈,如果是以铁磁材料作为芯子,就称为铁芯电感。由于两者的结构不同,因此电感的特性也不一样。

空心电感线圈的电感是常数,其值与工作电流大小无关,是一线性电感。而对于铁芯电感线圈,只有当它在铁磁材料瓷特性曲线的线性区域工作时,才可把它的电感看作线性电感。一般情况下,由于铁磁材料的特性是非线性的,因此铁芯线圈的电感不是一个常数,与线圈的工作电流大小有关,所以通常要求铁芯电感的电流要等于它工作时的电流。如果铁芯电感线圈工作时还有直流分量通过,则测试时需要加上直流偏置,以保证测试时的工作点与它工作时的实际工作点相一致,这就是测量铁芯电感和测量空心电感不同的地方。

1. 空心电感的测量

测量空心电感除了应用交流电桥外,还有很多其他方法,下面介绍三种方法:电压表—电流表法、三表法、谐振法。

(1)电压表—电流表法。用电压表—电流表法测量线圈电感的电路如图 3 - 25 所示。以适当电流通过被测电感线圈,用电流表测量电流 I,以高内阻电压表测量线圈两端的电压 U,那么线圈的阻抗 Z_x 可表示为

$$|Z_x| = \frac{U}{I} \qquad (3-16)$$

考虑到在频率较低的情况下,线圈的交流电阻与直流电阻基本相同,因此可在直流下测量出被测电感线圈的电阻 R_x。如果测量时的交流频率　为已知,则可按下式求得 L_x 为

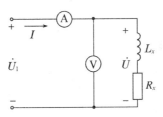

图 3-25 电压表—电流表测量线圈电感电路图

$$L_x = \frac{\sqrt{Z_x^2 - R_x^2}}{2\pi f} = \frac{\sqrt{\left(\frac{U}{I}\right)^2 - R_x^2}}{2\pi f} \qquad (3-17)$$

(2) 三表法。三表法就是电压表、电流表和功率表测量被测阻抗的 U、I、P 以间接测定阻抗。三表法测量电感的两种接线方式如图 3-26 所示。

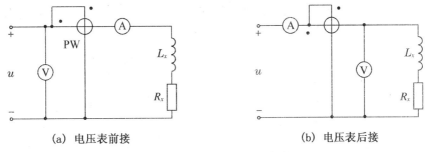

(a) 电压表前接   (b) 电压表后接

图 3-26 三表法测电感的电路图

若不计各个测量仪表的功耗所带来的方法误差,则可根据三个仪表的测量读数 U、I、P 方便地求出被测的电感 L_x 和电阻 R_x,即

$$R_x = \frac{P}{I^2} \qquad (3-18)$$

$$L_x = \frac{\sqrt{\left(\frac{U}{I}\right)^2 - R_x^2}}{2\pi f} = \frac{1}{2\pi f I}\sqrt{U^2 - \left(\frac{P}{I}\right)^2} \qquad (3-19)$$

实际上,仪表总是不可避免地存在着功耗,因此三表法测量电感总是存在着一定的方法误差,故它的测量准确度不高。如果要求得出更为可靠的结果,可以根据测量时多采用的线路及仪表内阻的数值而对测量结果加以校正。

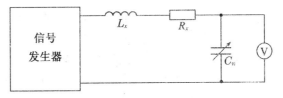

图 3-27 谐振法测量电感的桥式线路

(3) 谐振法。用谐振法测量电感,其线路如图 3-27 所示。测量时调节信号发生器的频率 f 和可调标准电容 C_n,使与 C_n 并联的电压表读数最大,此时电路谐振,即

$$L_x = \frac{1}{\omega_0^2 C_n} = \frac{1}{4\pi^2 f_0^2 C_n} \tag{3-20}$$

式中，f_0 为谐振信号发生器的频率。

用谐振法测量电感的原理在 Q 表中也得到应用，Q 表可用于测量 $0.1\sim100$ mH 的空心电感，它能在 50 kHz~100 MHz 的频率范围内进行测量，因此广泛地应用于无线电测量中。

2. 铁芯电感的测量

若铁芯电感线圈工作时无直流通过且动态范围不宽，可以考虑它的非线性，此时可用测量空心电感的方法来测量铁芯电感。

当铁芯电感线圈工作时无直流分量但其工作电流较大时，电感值与工作电流之间的非线性不能忽略，此时一般采用电压表—电流表法或三表法，而不能用电桥进行测量。

当铁芯电感工作时有直流分量通过，测量中必须加入等值的直流偏置电流。大多数新型交流阻抗电桥，在测量这类电感时都允许外加直流偏置电流。图 3-28 是这类电桥引入直流偏置的两种方法，其工作原理读者可自行分析。

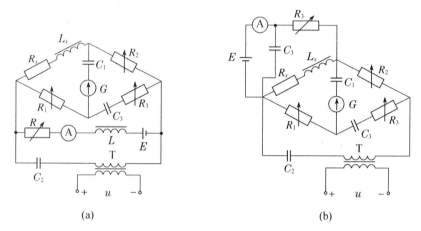

图 3-28 交流电桥测量铁芯电感时引入直流偏置的两种方法

3.2.4 温度测量

温度是表征物体冷热程度的物理量，是国际单位制（SI）中 7 个基本物理量之一。温度测量方法很多，也有多种分类，比如从测量时传感器中有无电信号可以划分为非电测量和电测量两大类；从测量时传感器与被测对象的接触方式不同可以划分为接触式和非接触式等。而每种测量方式又有很多种类，如膨胀式温度计、热电偶温度计、光学温度计和红外温度计等。近年来，随着技术水平的进步，出现了更多新的测试方法。

本节将从测量原理上对温度测量方法进行分类，首先对当前的温度测量方法作一个概述，然后对常用的热电偶、热电阻和埋置检温计作一个简单介绍，具体内容会在后续的温度类传感器章节介绍，图 3-29 是从测量原理上进行温度测量方法的分类。

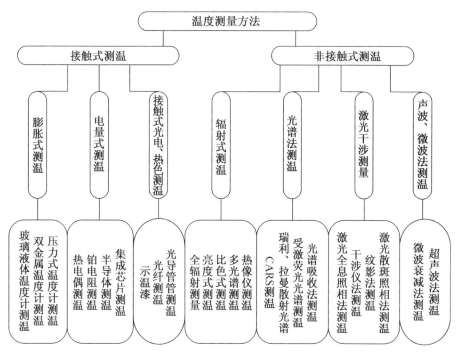

图 3‑29　温度测量方法分类

1. 接触式测温方法

将接触式测温方法分为膨胀式测温,电量式测温和接触式光电、热色测温三大类。接触测温法在测量时需要与被测物体或介质充分接触,测量的是被测对象和传感器的平衡温度。在测量时除了被测温度有一定干扰外,还要保证传感器不与被测介质有化学反应,另外大多数接触式测量方法会存在导热误差、辐射误差等影响。

1) 膨胀式测温方法

膨胀式测温方法是一种比较传统的温度测量方法,它主要利用物质的热胀冷缩原理即根据物体体积或几何形变与温度的关系进行温度测量。膨胀式温度计包括玻璃液体温度计、双金属膨胀式温度计和压力式温度计等。

常见的玻璃温度计是利用水银、有机液体(酒精或煤油)或汞基合金等液体的热胀冷缩原理进行温度测量。根据选用感温介质的不同,测量的温度范围一般为 $-80\sim600\ ℃$。

双金属温度计是由两种线膨胀系数不同的金属薄片焊接在一起制成的,将其一端固定,由于两种金属膨胀系数不同,当温度变化时,就会引起弯曲变形从而指示温度。使用黄铜和镍合金制成的温度计最高温度可以达到 $200\ ℃$,而使用不同成分的镍合金钢其最高温度可以达到 $500\ ℃$。

压力式温度计也是一种膨胀式温度计,利用压力和温度的关系进行温度测量。按所用介质不同,分为液体压力式温度计、气体压力式温度计和蒸汽式压力温度计,温度测量范围为 $-200\sim650\ ℃$。

膨胀式温度计结构简单,价格低廉,可直接读数,使用方便,但准确度较低,不易实现自动化,而且容易损坏。由于是非电量测量方式,因此可以用于防爆场合。

2）电量式测温方法

电量式测温方式主要利用材料的电势、电阻或其他电性能与温度的单值关系进行温度测量，包括热电偶温度测量、集成芯片温度测量等。

热电偶的原理是两种不同材料的金属焊接在一起，当参考端和测量端有温差时，就会产生热电势，该热电势是温度差的函数，通过测量热电偶产生的热电势，就可以测量温度。但因为测量的是测量端和参考端的温度差，而一般热电势温度差的分度表基于参考端为 0 ℃，因此死机测量中，如果参考端处于室温时，就需要进行室温补偿。目前我国标准化的 8 种热电偶，测量范围为－200～1 800 ℃，非标准化的钨铼热电偶在还原气氛下最高温使用温度短期可以达到 3 000 ℃。热电偶具有结构简单、响应快，适应远距离测量和自动控制的特点，应用比较广泛。

随着电子技术的发展，可以将感温元件和有关的电子线路集成在一个小芯片上，构成一个小型化、一体化及多功能化的专用集成电路芯片。如 AD590 集成电路温度传感器是一种典型的集成温度传感器，可以输出一个与温度呈线性关系的电压，测量范围可以达到－50～125 ℃。

3）接触式光电、热色测温方法

接触式光电测温方法主要是指通过接触被测对象，将温度变化引起的热辐射或其他光信号引出，通过光电转换器件检测其变化从而测量温度的方法。接触式光电测温方法本身使用辐射或光电原理进行温度测量，但在测量中传感器要和被测对象接触，因此这种测温方法兼具有两种测量方法的优点和缺点。首先是不像电量式测量方法一样容易受到电磁的干扰，可以应用在电磁环境下进行温度测量；另外可以避免非接触式辐射温度计那样容易受到被测对象表面发射率和中间介质的影响。缺点是也会干扰被测对象的温度，带来接触式测温方法引起的一些误差。

光导管式光电高温计适用于高温液体或气体介质的温度测量。将一支底端封闭的耐高温光导管插入被测介质中，温度平衡后由光导管传输出的高温辐射，通过高温计后端的光电转换器转换为电信号，该电信号与感受的温度单调对应，从而测量出介质的温度。近年来发展的空腔黑体式光电高温计原理也是如此，但光导管要经过特殊设计成黑体腔，使其有效发射率接近 1，避免了被测介质的发射率对测温结果的影响。这种高温计测量范围一般为800～1 000 ℃，其上限温度主要受光导管材料的限制。

根据光纤所起的作用，接触式光纤温度传感器可分为两类：一类是利用光纤本身具有的某种敏感功能而测量温度，属于功能型传感器；另一类是光纤仅仅起传输光信号的作用，必须在光纤端面配合其他敏感元件才能实现测量的称为传输型传感器。按信号检测的原理分，接触式光纤温度传感器可分为相干型和强度型两种：相干型光纤传感器检测受温度影响后，光纤中光相位和偏振发生变化，因此，光路比较复杂，对光器件、光纤的要求比较高；而强度型检测光强随温度的变化而变化，结构相对简单，性能可靠，成本较低。

热色测温方法主要通过示温敏感材料的颜色在不同温度下发生变化来指示温度。示温涂料是一些化合物或混合物，能够伴随外界温度的改变而迅速引起固有颜色的变化，反过来可以根据其显示当前颜色来测量温度。根据示温涂料变色后出现颜色的稳定性，示温涂料可以分成可逆性示温涂料和不可逆性示温涂料；又可根据涂层随温度变化所出现的颜色的多少分成单变色示温涂料和多变色示温涂料。示温涂料根据材料的不同，可以覆盖的温度范围为室温到 1 600 ℃,温差误差为±(10~20)℃。示温涂料可以测量运动物体或其他复杂情况表面的温度分析,使用简单方便,缺点是影响判别温度结果的因素比较多,如涂层厚度、判读方法、样板和示温颗粒大小等,目前主要还是靠人工判读。

2. 非接触式测温方式

与接触式测温法相比,非接触测温法不需要与被测对象接触,因而不会干扰温度场,动态特性也很好,但是会受到被测对象表面状态或测量介质物性参数的影响。非接触测温方法主要包括辐射式测温、光谱法测温、激光干涉式测温以及声波测温方法等。

1) 辐射式测温方法

辐射式测温方法都是建立在热辐射定律基础上的。当实际物体的辐射强度(包括所有波长或大部分波长)与黑体的辐射的辐射强度相等时,黑体的温度称为实际物体的辐射温度;当实际物体(非黑体)在某一波长下的单色辐射亮度同黑体在同一波长下的单色辐射亮度相等时,则该黑体的温度称为实际物体的亮度温度,当黑体与实际物体(非黑体)在某一光谱区域内的两个波长下的单色辐射亮度之比相等时,则黑体的温度称为实际物体的颜色温度。基于以上三种表观温度测量方法的高温计分别称为全辐射高温计、亮度式高温计和比色式高温计。不同结构类型的辐射高温计测量范围不同,目前定型的高温计的测量范围为-50~3 200 ℃。

2) 光谱法测温方法

非接触的光谱测温方法主要适用于高温火焰和气流温度的测量。它主要通过检测被测介质的激光光谱信号进行温度测量。当单色光线照射透明物体时,会发生光的散射现象。散射光包括弹性散射和非弹射散射,弹性散射中的瑞利散射和非弹性散射的拉曼散射的光强都与介质的温度有关。相比而言,拉曼散射光谱测温技术的实用性更好,其主要应用之一就是测量高温气体的温度。

3) 激光干涉测温方法

激光散斑照相法、纹影法和干涉法均是基于光的干涉原理,都适用于高温火焰和气流温度的测量。基于干涉原理的各种光学方法测量介质的温度场,均可以等效为首先测量介质的折射率分布。他们的测量原理是将流场中各处折射率的变化(即密度的变化)转变为各种光参量的变化,记录并处理后可以得到其温度分布。

4) 声波、微波法测温方法

声学测温是基于声波在介质中的传播速度与介质温度有关这一基本原理实现的,因此只要测得声速,就可以推算出温度。可以直接测量声波在被测介质中的传播速度,也可以测量放在被测介质中的细线的声波传播速度。这种方法可以用于测量高温气体或液体的温度,选用合适的细线材料,也适用于测量腐蚀性介质的温度。声波法测温在高温时有更高的灵敏度。

微波衰减法可以用来测量火焰温度,当入射微波通过火焰时,与火焰中的等离子体相互作用,使出射的微波强度减弱,通过测量入射微波的衰减程度可以确定火焰气体的温度。

3. 埋置检温计测温法

埋置检温计测温法,从原理上属于接触式测量,将热电偶或电阻埋置在所要测温的部件周围,有利于精确测量温度。

埋置检温计法常用的温度计有两种:电阻体和热电阻。电阻体温度计是利用铂电阻或半导体电阻值随温度改变的性质而制成的。金属电阻温度计是用金属丝绕在云母或陶瓷做的锯齿状的十字架上,装在玻璃管或石英管中制成。使用半导体 PTC 热敏电阻或半导体温度继电器,将其埋置在电机定子槽底与铁芯之间,或定子绕组端部,用来直接检测绕组温度用以保护电机。使用 PTC 热敏电阻直接检测定子绕组温度有很大优越性。国际电工委员会(IEC)对 PTC 热敏电阻的温度—电阻特性提出以下要求:当温度比动作温度低 20 ℃时,电阻值低于 250 Ω;低 5 ℃时,电阻值低于 550 Ω;高 5 ℃时,电阻值大于 1 330 Ω;高 15 ℃时,电阻值大于 4 000 Ω。

说明:PTC 热敏电阻的动作温度是出厂时的温度值,在此温度时,热敏电阻阻值将发生急剧变化,引起控制元件动作,起到保护作用。保护装置动作温度建议采用表 3-1 所示数值。

表 3-1　保护装置动作温度

耐热等级	最高允许温度 /℃	线组最高允许温度/℃	PTC 动作温度/℃	余度 /℃
A	105	55	95	10
E	120	65	105	15
B	130	75	115	15
F	155	95	135	20
H	180	115	155	20

一般低压电机广泛采用 E 级绝缘,最高允许温度为 120 ℃,减去环境温度 40 ℃,最高温升为 80 ℃;而高压大、中型电机采用 B 级绝缘,最高允许温升为 90 ℃。不同等级绝缘标准规定见表 3-2。

表 3-2　不同等级绝缘标准

耐热等级	最高允许温度 /℃	线组最高允许温度/℃	PTC 动作温度/℃	余度 /℃
A	105	40	5	60
E	120	40	5	75
B	130	40	10	80
F	155	40	15	100
H	180	40	15	125

3.2.5　功率测量

1. 直流功率的测量

1）间接法

直流功率等于电压和电流的乘积,所以,通过测量电压和电流可以间接求得功率。为了减小测量误差,对于电压较高、电流较小的负载采用图 3－30(a)所示的接法;对于电压较低、电流较大的负载则采用图 3－30(b)所示的接法。

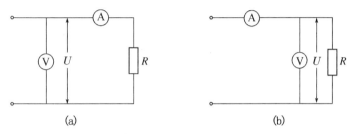

图 3－30　间接法测量直流功率

2）直接法

用电动系功率表可直接测量直流功率。测量时,将功率表的电压线圈与电源或负载并联。电流线圈与电路串联(图 3－31),选择合适的电压和电流量程,可直接从刻度上读出功率值。

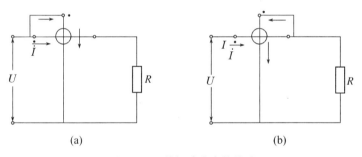

图 3－31　单相功率表接线法

2. 交流功率的测量

交流功率不仅与电压和电流有关,还与功率因数有关。因此,测量交流功率一般都采用电动系功率表直接测量。电动系功率表的两组线圈不但能反映电压和电流的乘积,还能反映电压和电流间的相位关系,因此,电动系功率表是一种测量功率的理想仪表。电动系功率表分为普通功率因数功率表和低功率因数功率表。

1）单相交流功率的测量

用单相功率表测量单相交流功率的接线方法如图 3－31 所示。图 3－31(a)所示的连接方法被广泛采用,单相功率表的读数中除被测负载功率外,还有消耗在单相功率表电流线圈中的功率。当负载电压较高、电流较小时,这项消耗很小,可以忽略。在图 3－31(b)所示的连接方法中,单相功率表的读数中除被测负载功率,还有消耗在单相功率表电压线圈中的功率。当负载电压较低、电流较大时,这项消耗很小,可以忽略。

2) 三相交流功率的测量

三相对称电路只要用一个单相功率表测量任一相的功率,然后把它乘以 3 即得出三相负载的总功率。

三相不对称电路中,三相四线制线路采用三个单相功率表分别测量各相功率,它们的读数之和就是三相负载总功率;而三线制线路一般用两个单相功率表测量三相功率,三相总功率等于两个单相功率表读数的代数和。两功率表法测量三相功率的接线方法如图 3 - 32 所示。

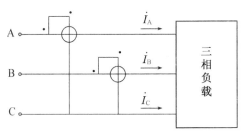

图 3 - 32 两功率表法测三相功率

两个单相功率表读数分别为

$$P_{\text{I}} = U_{AC} I_A \cos(\dot{U}_{AC} \dot{I}_A) \qquad (3-21)$$

$$P_{\text{II}} = U_{BC} I_B \cos(\dot{U}_{BC} \dot{I}_B)$$

为简化分析起见,先假设三相线路是对称的,其相量关系如图 3 - 33 所示。根据相量图可将式(3 - 16)变为

$$P_{\text{I}} = U_L I_L \cos(30° - \varphi) \qquad (3-22)$$

$$P_{\text{II}} = U_L I_L \cos(30° + \varphi)$$

两个单相功率表读数之和为

$$P = P_{\text{I}} + P_{\text{II}} = U_L I_L [\cos(30° - \varphi) + \cos(30° + \varphi)] = 2U_L I_L \sqrt{3} U_L I_L \cos \varphi \qquad (3-23)$$

式中,U_L 为线电压;I_L 为线电流;$\cos \varphi$ 为负载的功率因素。

由式(3 - 23)可见,用两功率表法测三相功率时,两个单相功率表的读数加起来就是三相总功率。但应注意,随着负载功率因数的变化,两个单相功率表读数的大小和正负随之变化:

当 $\varphi = 0$,$\cos \varphi = 1$ 时,$P_{\text{I}} = P_{\text{II}}$,$P = 2P_{\text{I}} = 2P_{\text{II}}$;

当 $0 < \varphi < 60°$,$0.5 < \cos \varphi < 1$ 时,$P_{\text{I}} > 0$,$P_{\text{II}} > 0$,$P = P_{\text{I}} + P_{\text{II}}$;

当 $\varphi = 60°$,$\cos \varphi = 0.5$ 时,$P_{\text{I}} > 0$,$P_{\text{II}} = 0$,$P = P_{\text{I}}$;

图 3 - 33 三相对称线路相量图

当 $\varphi > 60°$,$\cos \varphi < 0.5$ 时,$P_{\text{I}} > 0$,$P_{\text{II}} < 0$,$P = P_{\text{I}} - P_{\text{II}}$。

可见,两功率表法测量三相功率时,两个单相功率表的读数随着负载性质的变化而变化。尤其是当负载的功率因数小于 0.5 时,其中一个表的读数为负值。此时,应该用一极性转换开关将电压线圈或电流线圈中的电流方向改变,使其正向偏转(对于装有改变指针偏转方向极性开关的单相功率表,可以直接用此开关调整指针转向),但计算功率时,这个表读出的值应以负值进行计算。

以上分析是以对称三相线路为例,事实上,对于不对称三相线路,其结论仍是正确的。综上所述,不论三相线路是否对称,均可用两功率表法测量三相功率,且总功率为两个单相功率表读数的代数和。

3. 功率表的选择及使用

1) 功率表量程的选择

功率表量程包括功率、电压和电流 3 个因素。功率表量程表示负载功率因数 $\cos\varphi=1$,电流和电压均为额定值时的乘积。若 $\cos\varphi<1$,即使电压和电流均达额定值,功率也不会达到额定值。可见功率表量程的选择,实际上就是电压和电流量程的选择。若被测交流电路的电压或电流超过功率表电压或电流的最大量程,应配用适当变化的互感器来扩大量程,使电路的电压和电流均在功率表的量程范围之内。同时还要考虑被测电路的功率因数高低,选用普通的功率表(额定功率因数 $\cos\varphi_N=1$)或低功率因数功率表(如 $\cos\varphi_N=0.1$ 或 0.2)。

2) 功率表的正确接线

电动系功率表的转矩方向与电压和电流线圈中的电流方向有关。两个线圈的同名端钮均标有"∗"或"±"符号,当两个线圈的电流都能从同名端流入时,指针是正向偏转的。因此,功率表的正确接线是:

(1) 功率表的电流线圈与被测负载串联,它的同名端钮接至电源侧,另一端接负载侧。

(2) 功率表的电压线圈并接在负载两端,它的同名端钮接至电流线圈的任一端,它的另一端钮跨接到负载的另一端。

3) 功率表的正确读数

一般功率表都有几种电压和电流额定值(即量程),但标尺只有一条,故标尺上不注明瓦特数,只标分格数。被测功率的数值大小需要功率数,即每格所代表的瓦特数来换算。功率表常数 C_W/(W/格)为

$$C_W=\frac{U_N I_N \cos\varphi_N}{\varphi_N} \tag{3-24}$$

式中,U_N 为功率表的电压量程,V;I_N 为功率表的电流量程,A;φ_N 为功率表的满刻度格数;$\cos\varphi_N$ 为功率表的功率因素,普通功率因素功率表为 1,低功率因素功率表为 0.1、0.2。

测量时,按选择的电压和电流量程、功率表的满刻度格数及功率因数计算出功率表常数,然后算出被测功率的瓦特数为

$$P=C_W\alpha \tag{3-25}$$

式中,α 为测量时直针偏转的格数。

3.3 电工仪表

进行电量或磁量测量所需的仪器仪表称为电工仪表。电工测量中使用的标准物理量是物理量单位的复制体,称为电学度量器。电学度量器是电工测量设备的重要组成部分,它不仅作为标准量参与测量的过程,而且是维持电磁学单位统一、保证量值准确传递的器具。电工测量中常用的电学度量器有标准电池、标准电阻和标准电感等。

3.3.1 电工仪表的基本知识

1. 电工仪表的分类

测量各种电磁量的仪器仪表统称为电工仪表。电工仪表不仅可以用来测量各种电磁量,还可以通过相应的变换器来测量非电磁量,如温度、压力、速度等。电工仪表种类繁多,规格各异。按其工作特点通常可分为指示仪表、数字仪表和比较仪器 3 大类。

1) 指示仪表

电工指示仪表的工作特点为:先将被测电磁量转换为可动部分(其上附有指针等)的偏转角位移,再根据指针在标尺上指示的位置,直接读出被测电磁量的数值。指示仪表又可按照以下方法进行分类:

(1) 按工作电流种类,可分为直流电表、交流电表和交直流两用电表。

(2) 按工作原理,可分为磁电系、电磁系、电动系、感应系、整流系、静电系、热电系等。

(3) 按被测对象的名称或单位,可分为电流表、电压表、功率表、电度表、电阻表、相位表等。

(4) 按电工仪表的使用方式,可分为安装式仪表、便携式仪表等。

(5) 按仪表的准确度等级,可分为 0.1、0.2、0.5、1.0、1.5、2.5、5.0 七个等级。数字越小准确度越高,主要用仪表的引用误差来表示。

(6) 按读数装置的结构,可分为指针式、光标式、振簧式和数字转盘式等。此外,指示仪表还可按外壳的防护性能及耐受机械力作用的性能进行分类。

2) 数字仪表

数字仪表的工作特点为:先将被测模拟量(即连续量,如电压、电流等)转换为数字量,再以数字方式显示出被测量的数值,由于这种仪表中采用了数字技术,若再与微处理器配合,可以提高测量的自动化程度,如自动选择量程、自动存储测量结果及自动进行数据处理等。与指示仪表相比,数字仪表没有机械转动部分,可以避免摩擦、减小读数误差,在测量精度及速度方面均有所提高。数字仪表一般按被测量对象分类,如数字电压表、数字电流表、数字频率表、数字万用表等。

3) 比较仪器

比较仪器的工作特点为:将被测量与度量器(即标准单位的实体,如标准电池、标准电阻等)进行比较,从而读出被测量的数值。比较仪器包括电位差计、各类电桥等,一般分为直流、交流两大类,常用于较精密的测量。

2. 电工指示仪表的原理与组成

电工指示仪表的结构如图 3 - 34 所示。从图 3 - 34 可以看出,整个指示仪表可以分为测量线路和测量机构两个部分。指示仪表要把被测量 x 转换为仪表可动部分的偏转角,一般要经过两步变换。第一步先把被测量 x 转换成仪表的测量机构可以直接接受的过渡量 y,这一步变换由测量线路完成。第二步再将过渡量 y,变为仪表可动部分的偏转角的这一步变换由测量机构完成。通过偏转角 α 可以直接读出被测量 x 的值。

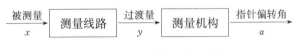

图 3 - 34 电工指示仪表的结构

指示仪表首先应有一个将电量转换成角位移的结构,称之为测量机构。测量机构是电工测量指示仪表的核心,没有测量机构就不能构成为电工指示仪表。不同仪表的测量机构尽管在动作原理上各不相同,可是它们在仪表上的功能却是相同的,即在被测量作用下产生转矩,推动可动部分偏转,指示被测量的大小。测量机构通常包括以下 5 部分:

1) 驱动装置

为了使可动部分的偏转角反映被测电量的大小,测量机构必须具有产生转动力矩的驱动装置。转动力矩可由电磁力、电动力、电场力或其他力产生。产生转动力矩的不同方式和原理可构成不同系列的指示仪表。例如,磁电系仪表利用永久磁铁与通电线圈之间的电磁力来产生转矩,电动系仪表利用两个通电线圈之间的电磁力产生转矩等。

2) 控制装置

仪表可动部分在转矩作用下,将带动指示器偏转。但是,如果在仪表可动部分上只有转动力矩作用时,则不论被测量多大,只要转矩能克服可动部分的摩擦力,都将使指示器一直偏转到尽头,因此,在可动部分上还要有反作用力矩。反作用力矩是由控制装置产生的,在电测量指示仪表中,测量机构的控制方法有两种:

(1) 利用机械力。利用机械力产生反作用力矩所使用的主要元件是游丝、张丝和悬丝,它们都是弹性元件,因此可以利用它们在弹性变形后所具有的恢复原状的弹力来产生反作用力矩。在仪表测量机构中,游丝、张丝或悬丝往往还起着导流作用,把电流引入和导出仪表的可动部分。对游丝、张丝或悬丝的共同要求是阻尼弹性稳定、残余变形小、电阻值低、温度系数小以及无磁性等。通常用以制造这些弹性元件的材料是锡钵青铜、铅银合金以及磷青铜等。如图 3 - 35 所示,游丝的形状为阿基米德螺线。

图 3 - 36 所示为利用游丝产生反作用力矩的控制装置,当可动部分偏转时,游丝被扭转,利用游丝的弹力产生反作用力矩,它的内端与转轴固结,外端与称为调零器的弯杆固结。仪表在测量之前其指针必须处于机械零位,但指针有时会在零位附近有些偏转,这就需要转动调零器来改变游丝外部的位置,使指针恢复零位。

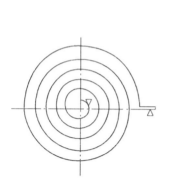

图3-35 阿基米德螺线形状游丝

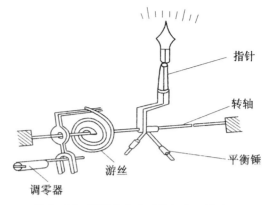

图3-36 用游丝产生反作用力矩的装置

（2）利用电磁力。利用电磁力产生反作用力矩的一类仪表称为"比率表"或"流比计"。这类仪表的特点是可动部分有两个元件，彼此固结装在转轴上，其中一个元件用以产生转动力矩。电动系相位表即属于此类。

3）阻尼装置

测量时，仪表指针可动部分要偏转，由于惯性作用，当偏转到转动力矩与反作用力矩相等的平衡位置时不能马上停下来，而要继续偏转，这时由于反作用力矩大于转动力矩，可动部分的偏转速度将逐渐减慢。当最后减至零时，可动部分已经超过了平衡位置，因而反作用力矩大于转动力矩，可动部分又将往回偏转，形成可动部分在平衡位置左右来回摆动，这样指针经过一段时间才能稳定在平衡位置上。为了减少可动部分摆动的时间以利于尽快读数，仪表中必须有阻尼装置，用来消耗可动部分的动能，即限制可动部分的摆动。电工指示仪表中广泛采用如图3-37所示的空气式与磁感应式两种阻尼器。

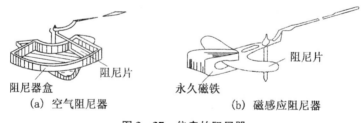

（a）空气阻尼器　　　　　（b）磁感应阻尼器

图3-37 仪表的阻尼器

4）读数装置

指示仪表的读数装置由指示器与标度盘组成。

（1）指示器。指示器有指针式指示器和光标指示器两种。指针式指示器用指针指示出仪表的读数，大多数指示仪表采用这种指示器。光标指示器利用光标读数，在这类仪表的可动部分上带有一个很小的反光镜，在仪表内部设置有光源和一套光学系统。由于利用光的多次反射，可以使得可动部分的较小偏转变换为相应标尺上的较大的偏转，从而大大提高了仪表的灵敏度，降低了仪表本身的功率消耗。在光标式检流计中就是采用的这种指示器。

（2）标度盘。标度盘上带有标度尺，此外还标注有仪表类型、测量单位符号、仪表准确度等级、工作位置等一系列符号，以表明该仪表的技术特性。标度盘上标度尺的长度是与仪表的准确度相适应的。在准确度较高的仪表中,标度尺的下面装有用以消除视差的反光镜。

5) 支撑装置

测量机构的可动部分要随被测量的大小而偏转,因此必须有支撑装置。常用的支撑装置有轴尖轴承支撑方式和张丝弹片支撑方式两种,如图 3-38 所示为测量机构的支撑装置示意图。

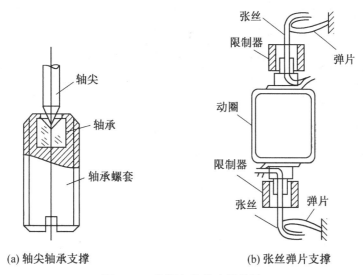

(a) 轴尖轴承支撑　　　　　　　　(b) 张丝弹片支撑

图 3-38　测量机构的支撑装置

3. 电工仪表的表面标志

电工仪表的表盘上有许多表示其基本特性的符号标志。根据国家标准的规定,每一只仪表必须有表示测量对象的单位、准确度等级、工作电流的种类、相数、测量机构的类别、使用条件组别、工作位置、绝缘强度、试验电压的大小、仪表型号和各种额定值等标志符号。常用电工仪表和附件的表面标志符号见表 3-3,常见电工仪表的表盘主要符号和字母的含义见表 3-4。

表 3-3　常用电工仪表和附件的表面标志符号

名称	符号	名称	符号	名称	符号
千安	kA	太欧	$T\Omega$	兆赫	MHz
安[培]	A	兆欧	$M\Omega$	千赫	kHz
毫安	mA	千欧	$k\Omega$	赫[兹]	Hz
微安	μA	欧[姆]	Ω	微亨	μH
千伏	kV	毫欧	$m\Omega$	毫亨	mH
伏[特]	V	微欧	$\mu\Omega$	亨[利]	H
毫伏	mV	兆乏	Mvar	位法	μF
微伏	μV	千乏	kvar	皮法	pF

（续表）

名称	符号	名称	符号	名称	符号
兆瓦	MW	乏	Var	库[仑]	C
千瓦	kW	毫韦	mWb	摄氏度	℃
瓦[特]	W				

表 3-4　表盘主要符号和字母的含义

类别	符号	名称	类别	符号	名称
测量单位符号	A	安培	绝缘强度的符号	☆	绝缘强度试验电压为 500 V
	mA	毫安			
	V	伏特		☆2	绝缘强度试验电压为 2 kV
	mV	毫伏			
	W	瓦特			
	cos φ	功率因素			
准确度符号	1.5	准确度 1.5 级	外界条件分组符号	Ⅱ	Ⅱ级防外磁场及电场
	①.5			Ⅲ	Ⅲ级防外磁场及电场
外界条件分组符号	△A	A 组仪表	电流种类符号	∿	交流
	△B	B 组仪表		⩣	直流和交流
工作原理符号	⌓-	磁电系仪表	工作位置的符号	⊥	标度尺位置为垂直
	⌇	电磁系仪表		⊓	标度尺位置为水平
	⊡	电动系仪表		∠60°	标度尺位置与水平倾斜 60°
	⌓▷-	整流系仪表	端钮和调零器符号	—	负端钮
				+	正端钮
电流种类符号	—	直流		=	公共端钮
				⌢→	调零器

4. 电工仪表的型号

仪表的产品型号可以反映出仪表的用途和工作原理,产品型号是按规定的标准编制的。对安装式和便携式仪表的型号,规定了不同的编制规则。

1）安装式仪表型号的组成

形状第一位代号按仪表面板形状最大尺寸编制;形状第二位代号按外壳形状尺寸特征

编制;系列代号按测量机构的系列编制,如磁电系代号为"C",电磁系代号为"T",电动系代号为"D",感应系代号为"G",整流系代号为"L"等。例如44C2-A型电流表,型号中"44"为形状代号,可以从有关标准中查出其外形和尺寸,"C"表示该表是磁电系仪表,"2"是设计序号,"A"表示该表用于测量电流。

2)便携式仪表型号的组成

由于便携式仪表不存在安装问题,所以将安装式仪表型号中的形状代号省略后,即是它的产品型号。例如T62-V型电压表,"T"表示是电磁系仪表,"62"是设计序号,"V"表示是电压表。

5. 电工仪表的主要技术特性

要保证测量结果的准确、可靠,就必须对测量仪表提出一定的质量要求。对于一般电工测量指示仪表来说,主要有下列几个方面的要求。

1)有足够的准确度

仪表的基本误差应与该仪表所标明的准确度等级相符,具体来说,即在仪表标度尺的"工作部分"的所有分度线上。

2)变差小

仪表在重复测量某一被测量时,由于摩擦等原因造成两次测量结果不同,其差值称为变差。变差不应超过其基本误差的绝对值。

3)受外界因素影响小

当外界因素如温度、外磁场等影响量的变化超过仪表所规定的条件时,所引起的仪表示值的变化应当越小越好。

4)要具有适合于被测量的灵敏度

灵敏度高的要求,对于各项精密电工的测量工作是非常重要的,它反映出仪表能够测量的最小被测量。

5)仪表本身消耗的功率尽量小

仪表在测量过程中,本身必然要消耗一定的功率。这部分功率是从被测电路中取用的,为了不至改变被测电路的工作状态,保证被测量结果的准确度,仪表消耗的功率要尽量小。

6)要有良好的读数装置

在测量工作中,一般希望标度尺分度均匀,便于读数。通常不均匀标度尺上,应标有黑圆点,表示从该黑圆点起才是该仪表标度尺的"工作部分"。按规定,标度尺工作部分的长度不应小于标度尺全长的85%。对于某些特殊用途的开关板式仪表,可以采用特殊设计的标度尺,使得仪表指针在经常所指示的位置附近有比较大的灵敏度,即这部分的分度线比较稀松,当指针在这一部分摇动时,能够观察得比较准确。

7)足够的绝缘强度和过载能力

为了保证使用上的安全,仪表应有足够高的绝缘电阻和耐压能力。仪表的绝缘电阻是指仪表及其附件中的所有线路与它的外壳间的绝缘电阻,耐压能力就是指这一绝缘电阻所能耐受的试验电压的数值。

除某些特殊形式的仪表外,其他仪表均应能耐受短时间的过载(即外加电压或电流之值超过仪表的额定电压或额定电流值)。通常,开关板式仪表的过载能力比可携带仪表的过载能力大。

8）良好的阻尼

仪表的阻尼是否良好，通常用阻尼时间来衡量。所谓阻尼时间，是指仪表从接通电路开始，到指针在稳定位置左右摆动幅度不大于标尺全长的 1.5% 为止的时间。一般规定阻尼时间不应超过 4 s。

6. 电工仪表的选择

根据实际情况正确地选择与使用电工仪表非常重要，它关系到测量结果的准确性、仪表的使用寿命及人身安全。要做到合理选择电工测量指示仪表，应根据电工测量的目的和要求，综合考虑仪表的类型、准确度、量程、频率范围、内阻、工作条件及绝缘强度等技术指标，有所侧重地进行选择。

3.3.2 电测量指示仪表技术特性

各种仪表的技术特性综合比较见表 3-5，其中只列出各种仪表的一般特性供参考。应当指出，仪表的特性是由它的结构所决定的，例如，整流系仪表是由磁电系表头与整流电路组成的。因此，它具有磁电系仪表的部分特性，同时又具有整流电路（整流元件）的特性。

表 3-5　几种主要形式的电测量指示仪表的性能比较

性能 ＼ 形式		磁电系	整流系	电磁系	电动系	铁磁电动系	静电系	感应系
测量的基本量（不加说明即为电压或电流）		直流或交流恒定分量	交流平均值	交流有效值或直流	交流有效值或直流	交流有效值或直流	直流或交流电压	交流电能及功率，也可以测交流电压及电流
使用的频率范围		一般用一直流	一般用于 45～1 000 Hz，有时可达 5 000 Hz以上	一般用于 50 Hz，频率变化时，误差很大	一般用于 50 Hz	一般用于 50 Hz	可用于高频	一般用于 50 Hz
准确度		高（可达 0.1～0.05 级，一般为 0.5～1.0 级）	低（可达 0.5～1.0 级，一般为 0.5～2.5 级）	低（可达 0.2～0.1 级，一般为 0.5～2.5 级）	高（可达 0.1～0.05 级，一般为 0.5～1.0 级）	低（一般为 1.5～2.5 级）	低（一般为 1.0～2.5 级）	低（一般为 1.0～3.0 级）
量程	电流	几微安到几十微安	几十微安到几十安	几毫安到 100 A	几十毫安到几十安			几十毫安到几十安
	电压	几毫伏到 1 kV	1 V 到 1 kV	十几伏到 1 kV	十几伏到几百伏		几十伏到 500 kV	几十伏到几百伏
功率损耗		小	小	大	大	大	极小	大

(续表)

性能＼形式	磁电系	整流系	电磁系	电动系	铁磁电动系	静电系	感应系
波形影响		测量交流正弦波有效值时，误差很大	可测非交流正弦有效值	可测非交流正弦有效值	可测非交流正弦有效值	可测非交流正弦有效值	可测非交流正弦有效值
防御外磁场能力	强	强	弱	弱	弱		强
分度特性	均匀	接近均匀	不均匀	不均匀	不均匀	不均匀	数字指示
过载能力	小	小	大	小	小	大	大
转矩	大	大	小	小	较大	小	最大
价格	贵	贵	便宜	最贵	较便宜	贵	便宜
主要应用范围	作直流电表	作万用表	作板式电表及一般实验室用交流电表	作为交直流标准表及一般实验室电表	作板式电表	作高压电表	作电能表

　　为了完成某项测量任务，必须在明确测量要求的情况下，考虑具体情况，合理地选择测量方法、测量线路和测量仪表。合理地选择仪表通常是指保证测量准确度前提下，确定仪表的类型、仪表的准确度、仪表量程和仪表内阻等。

　　(1) 仪表类型的选择。根据被测量是直流还是交流选用直流仪表或交流仪表。测量交流时，应区分是正弦波还是非正弦波。

　　(2) 仪表准确度等级的选取。仪表的准确度越高，测量的结果也越可靠。选用仪表时要根据工程实际要求选用准确度合适的仪表，以保证测量结果的误差被限制在容许的范围以内。但是不应该盲目追求仪表的准确度，因为仪表的准确度越高，价格越贵，维修也较难。因此，用准确度较低的仪表就可满足测量要求的情况下，就不要选用高准确度的仪表。

　　通常准确度为 0.1～0.2 级的仪表用作标准表及作精密测量用；0.5～1.0 级的仪表用于实验室一般测量；1.0～5.0 级的仪表用于一般工业生产。

　　(3) 仪表量程的选取。根据被测量的大小选用量程适合的仪表，就可充分发挥仪表准确度的作用，从而可以得到准确度较高的测量结果。如果选择不当，用量程比被测量数值大得多的仪表去测量较小的量时，其测量误差将会很大。例如，为了要测量 20 V 的直流电压，如果选用准确度为 1.5 级、量程为 30 V 的电压表，则测量结果中可能出现的最大绝对误差为

$$\Delta m = \pm k\% \times Am = \pm 1.5\% \times 30 = \pm 0.45\ \text{V} \tag{3-26}$$

测量 20 V 电压时的相对误差为

$$Y=\frac{\pm0.45}{20}=\pm0.022\ 5=2.25\%\qquad(3-27)$$

相对误差是可以接受的。相反,如果片面地追求仪表的准确度等级而不注意量程是否合适,则测量误差反而会大一些。例如,在上面的例题中,若采用准确度为 0.5 级,但量程为 150 V 的电压表,则测量结果中可能出现的最大绝对误差为

$$\Delta m=\pm k\%\times Am=\pm0.5\%\times150=\pm0.75\ \text{V}\qquad(3-28)$$

测量 20 V 电压时的相对误差为

$$Y=\frac{\pm0.75}{20}=\pm0.037\ 5=3.75\%\qquad(3-29)$$

由此可见,测量结果的准确程度,不仅与仪表准确度等级有关,而且与它的量程有关。在上述示例中,用量程为 150 V 的 0.5 级电压表测量时所得出的测量误差反而比用量程为 30 V 的 1.5 级电压表测量时大一些。如果用量程为 150 V 的 0.5 级电压表去测量 5V 的电压,则测量结果的相对误差还要更大,因为这时

$$Y=\frac{\pm0.75}{5}=\pm0.15=15\%\qquad(3-30)$$

因此,我们应根据被测量的大小来选择量程合适的仪表,一般应使被测量的大小为仪表测量上限的 1/2~2/3 以上。

(4) 仪表内阻的选取。在选择仪表类型时,除了要考虑被测量的性质以外,测量线路及测量对象的阻抗大小,对测量结果的准确度的影响也必须予以充分注意。下面以电压表、电流表为例来说明。

对于电压表来说,它在使用时是与被测电压两端并联的,当我们需要测量电阻两端的电压时,电压表与电阻并联。如果我们选择仪表类型不合适,仪表的内阻不是足够大时(相对于被测对象的电阻值来说),电压表的接入将严重改变电路原有的工作状况,因而造成很大的误差,甚至根本不能进行测量。

对于电流表来说,它在测量时是串联接入被测电路的,与电压表的分析相似,为了使电流表的接入不至过多地影响原来电路的工作状况,因此,要求电流表的内阻越小越好,一般当电流表内阻 $R_A\leqslant\frac{1}{100}R$($R$ 为与电流表串联的总电阻)时,就可以忽略电流表内阻的影响。电流表内阻的大小,也和表头灵敏度有关,表头灵敏度越高,则所用分流器的阻值越小,故电流表的内阻也越小。

(5) 根据使用场所及工作条选择仪表。在选择仪表时,应充分考虑仪表使用场所及工作条件。例如,仪表是装置在开关板上还是在实验室,外界磁场对一般测量的影响是否很大,在测量过程中是否有过载情况(电压或电流)出现。根据这些情况可以从表 3-5 中大致看出应当选择哪一种形式的仪表。此外,仪表使用条件根据国家规定分为 A、A1、B、B1、C 五组,见表 3-6。

表 3-6 仪表的使用条件

环境条件参数＼分组类别		A 组	A1 组	B 组	B1 组	C 组
工作条件	温度	0～40 ℃		−20～50 ℃		−40～60 ℃
	相对湿度	95％(25 ℃)	85％	95％(25 ℃)	85％	95％(25 ℃)
	霉菌、昆虫	有	没有	有	没有	有
	块雾	没有	没有	—	没有	—
	凝露	有	有	有	没有	有
	尘土	有	有	有	有	有
最恶劣条件	温度	−40～60 ℃		−40～60 ℃		−50～60 ℃
	相对湿度	95％(35 ℃)	95％(30 ℃)	95％(30 ℃)	95％(35 ℃)	95％(60 ℃)
	霉菌、昆虫	有	没有	有	没有	有
	块雾	有(在海运包装条件下)		有(在海运包装条件下)		有
	凝露	有	没有	有	没有	有
	尘土	有(在包装条件下)		有(在包装条件下)		有

为了使某些仪表能在特殊场所工作,国家标准 GB 776—76 又将仪表按外壳的防护性能分为 7 种:普通式、防尘式、防溅式、防水式、水密式、气密式和隔爆式。按耐受机械力作用的性能,分为普通式和能耐受机械力作用的(包括防颠震的、耐颠震的、耐振动的及抗冲击的 4 种)。如果有某些特殊要求,如耐受盐雾影响等,可在订货时向制造厂方提出。

在选择仪表的过程中,应当从测量的实际出发,分析情况,抓住主要矛盾,才能达到合理使用仪表和准确测量的目的。例如,修理收音机时,由于电路工作频率较高,而且负载电阻值往往很大,所以应当选用频率范围比较宽、内阻高的整流系仪表(万用表),显然万用表一般准确度较低,但是在这种情况下,准确度相对来说退居次要地位。

但是,如果电流、电压波形为非正弦波,当要测量电流、电压的有效值就不能采用整流系仪表,而只能用电磁系或电动系仪表。

在选择过程中必须有全局观点,不要盲目要求仪表的某一个指标(如准确度高或灵敏度高等),要有经济观点,凡是用一般设备能达到测量要求的,就不要用精密设备来测量。此外,还应从本单位现有设备实际情况出发,充分利用现有设备为国家节约资金。

3.3.3 电工仪表的校验

仪表在使用一段时间后,都要对它的质量进行检查,看看它的准确度是否还合乎仪表标度盘上所标明的准确度,这个过程叫对仪表的校验(或"检定")。按照我国规定(JJG 124—71),0.1、0.2 和 0.5 级标准表每年至少要进行一次检定,其余仪表可以根据使用情况决定检定周期。

关于仪表检测的各项规定,如检定项目、检定方法等(详见中国计量科学研究院出版的

《电流表、电压表、功率表检定规程》JJG 124—71)这里不作介绍。下面只就一般实验室仪表校验工作中(主要是仪表基本误差及示值变差的检定)有关的一些基本知识进行介绍。

1. 校验前的检查

在进行仪表校验时,首先要对被校表进行外观检查,看看是否有零件脱落或损坏之处,并轻轻摇晃被校表,看指针是否回到零位,并注意有无不正常的声音,如果有上述现象则首先要予以消除。然后将仪表通电,使其指针在标度尺上缓慢地上升和下降,观察是否有卡针的现象,如果有卡针现象,应经过修理,才能进行校验。

2. 校验方法

根据仪表的类别及准确度,可按表3-7选择校验方法。

表3-7 校验方法选择

受检项目	仪表类别	校验方法
直流下的基本误差及升降变差的测量	0.1～0.5级直流及交直流两用标准表	直流补偿法
额定及扩大频率下的基本误差及升降变差的测量	0.1～0.5级交直流两用及交流标准表	交直流比较法
直流下及交流下的基本误差及升降变差的测量	0.2级工作仪表及0.5～5.0级仪表	直接比较法

校验仪表用得最多的是将被校表与标准表的示值直接比较的方法,称为直接比较法。采用直接比较法时,标准表及与标准表配套使用的分流器、互感器的级别应符合表3-8的规定。

表3-8 标准表、互感器、分流器与被检表之间的级别联系

被检表的准确度级别	标准表的准确度级别		与标准表一起使用的互感器级别	与标准表一起使用的分流器级别
	不考虑更正	考虑更正		
0.2		0.1	0.05	0.05
0.5	0.1	0.2	0.1	0.1
1.0	0.2	0.5	0.2	0.2
1.5	0.2	0.5	0.2	0.2
2.5	0.5	0.5	0.2	0.2
5.0	0.5	0.5	0.2	0.5

标准表的测量上限不应超过被校验表的上限的25%。如果要校验较精密的直流仪表,则可以用直流补偿法(用直流电位差计作标准仪表)或用数字电压表检定方法(用数字电压表作标准仪表);如果要校验较精密的交流仪表,则可以用交直流比较法,它是用热电比较仪作为标准。所有上述3种标准仪器仪表的基本原理可参看有关参考书,有关的检定线路和具体要求可查阅中国计量科学研究院编的《电流表、电压表、功率表检定规程》。

3.4　汽车测试中常见通用测试仪表

3.4.1　数字示波器

数字示波器是数据采集,A/D转换,软件编程等一系列的技术制造出来的高性能示波器,如图3-39所示。数字示波器一般支持多级菜单,能提供给用户多种选择,多种分析功能。还有一些示波器可以提供存储,实现对波形的保存和处理。目前高端数字示波器主要依靠美国技术,对于300 MHz带宽之内的示波器,目前国内品牌的示波器在性能上已经可以和国外品牌抗衡,且具有明显的性价比优势。数字示波器是设计、制造和维修电子设备不可或缺的工具。随着科技及市场需求的快速发展,工程师们需要最好的工具来迅速准确地解决面临的测量挑战。作为工程师的眼睛,数字示波器在迎接当前棘手的测量挑战中至关重要。

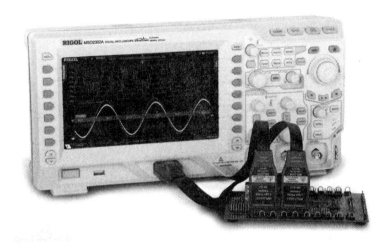

图3-39　数字示波器

数字示波器因具有波形触发、存储、显示、测量、波形数据分析处理等独特优点,其使用日益普及。由于数字示波器与模拟示波器之间存在较大的性能差异,如果使用不当,会产生较大的测量误差,从而影响测试任务。数字示波器主要性能参数有:

1) 带宽

带宽是示波器最重要的指标之一。模拟示波器的带宽是一个固定的值,而数字示波器的带宽有模拟带宽和数字实时带宽两种。数字示波器对重复信号采用顺序采样或随机采样技术所能达到的最高带宽为示波器的数字实时带宽,数字实时带宽与最高数字化频率和波形重建技术因子 K 相关(数字实时带宽＝最高数字化速率/K),一般并不作为一项指标直接给出。从两种带宽的定义可以看出,模拟带宽只适合重复周期信号的测量,而数字实时带宽则同时适合重复信号和单次信号的测量。厂家声称示波器的带宽能达到多少兆,实际上指的是模拟带宽,数字实时带宽是要低于这个值的。例如说 TEK 公司的 TES520B 的带宽为 500 MHz,实际上是指其模拟带宽为 500 MHz,而最高数字实时带宽只能达到 400 MHz,远低于模拟带宽。所以,在测量单次信号时,一定要参考数字示波器的数字实时带宽,否则会给测量带来意想不到的误差。

2）采样速率

采样速率是数字示波器的一项重要指标，采样速率也称为数字化速率，是指单位时间内，对模拟输入信号的采样次数，常以 MS/s 表示。如果采样速率不够，容易出现混迭现象。

3）存储深度

存储深度同样是比较重要的技术指标，是数字示波器所能存储的采样点多少的量度。如果需要不间断地捕捉一个脉冲串，则要求示波器有足够的内存以便捕捉整个事件。将所要捕捉的时间长度除以精确重现信号所需的取样速度，可以计算出所要求的存储深度，也称记录长度。

4）上升时间

在模拟示波器中，上升时间是示波器的一项极其重要的指标。而在数字示波器中，上升时间甚至都不作为指标明确给出。由于数字示波器测量方法的原因，以至于自动测量出的上升时间不仅与采样点的位置相关，还与扫速有关。

3.4.2 数字万用表

如图 3-40 所示，数字万用表是一种多用途电子测量仪器，一般包含安培计、电压表、欧姆计等功能，有时也称为万用计、多用计、多用电表或三用电表。数字万用表有用于基本故障诊断的便携式装置，也有放置在工作台的装置，有的分辨率可以达到七八位。

数字多用表（DMM）就是在电气测量中要用到的电子仪器。它可以有很多特殊功能，但主要功能就是对电压、电阻和电流进行测量，数字多用表，作为现代化的多用途电万用表测量电压、电流和电阻功能是通过转换电路部分实现的，而电流、电阻的测量都是基于电压的测量，也就是说数字万用表是在数字直流电压表的基础上扩展而成的。转换器将随时间连续变化的模拟电压量变换成数字量，再由电子计数器对数字量进行计数得到测量结果，然后由译码显示电路将测量结果显示出来。逻辑控制电路控制电路的协调工作，在时钟的作用下按顺序完成整个测量过程。

图 3-40　便携式数字万用表

3.4.3 函数信号发生器

如图 3-41 所示，函数信号发生器是一种信号发生装置，能产生某些特定的周期性时间函数波形（正弦波、方波、三角波、锯齿波和脉冲波等）信号，频率范围可从几个微赫到几十兆赫。除供通信、仪表和自动控制系统测试用外，还广泛用于其他非电测量领域。

图 3 - 41　函数信号发生器

3.4.4　功率分析仪器

如图 3 - 42 所示,功率分析仪是一种测量电功率和其他电参数的仪器,也称电参数分析仪。功率分析仪除了测试功率这个重要的参数之外还能检测其他电性能参数,如电压、电流、功率因数等。功率分析仪是一款测试设备,主要用于电力电子产品电参数的测量,当然也适用于对电网运行质量进行监测及分析,提供电力运行中的谐波分析及功率质量分析等。功率分析仪通常由电压/电流采样电路、微处理器运算电路、显示电路、通信电路、PC 端软件、电源电路等组成。

采样电路分为电压采样和电流采样部分,电压采样通常采用电阻降压采样,电流采样采用电流互感器 CT 隔离采样,其各自又包括信号放大、自动量程处理、抗混迭低通滤波电路、ADC 模数转换器。此电路对输入的交流信号进行量化采样,后经微处理器运算电路进行数字运算处理,并把测量数据显示在面板上。业界最好的功率分析仪品牌当属日本横河,WT3000 和 WT1800 两款功率分析仪。

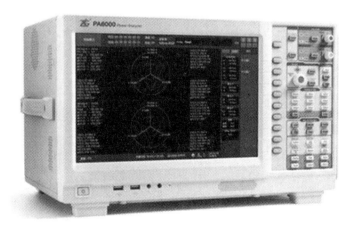

图 3 - 42　功率分析仪

思考题与习题

1. 什么是信号调理？并画出其电路示意图。
2. 滤波器的频率特性的主要参数有哪些？
3. 接触式测温方法有哪几种，主要特点是什么？
4. 指示仪表如何进行分类？
5. 合理地选择仪表需要注意的事项有哪些？

扫码获取
习题答案

第4章 传感器

扫码获取
本章电子资源

　　信号的获取与调理环节是测试系统中非常重要的组成部分,其性能直接影响测试系统的工作效能。在整个测试系统中,传感器承担着信号的获取功能,是整个测量系统的首要环节,是信息检测的必要工具,也是生产自动化、科学测试、计量核算、监测诊断等系统中不可或缺的基础环节,工程实际中俗称测量头、检测器等,也称为一次仪表。

　　传感器种类繁多,一种被测量可以用不同类型的传感器来测量,而同一原理的传感器通常又可测量多种物理量,因此传感器分类方法各种各样,目前尚没有统一的分类方法。根据传感器输入输出功能可以分为以下两类:

　　① 按输入量可以将传感器分为温度、压力、位移、速度、湿度等传感器。

　　② 按输出量可以将传感器分为参数式传感器和发电式传感器两类。将输入的工程参数变化转变为电参数变化的传感器被称为参数式传感器,常用的有电阻、电感和电容式三种基本类型。这种传感器由于在工作时其本身没有内在的能量转换,因而不能产生电信号输出,故常常也被称为无源传感器。将输入的工程参数信号直接转变为电信号输出的传感器称为发电式传感器,常用的有压电式、磁电式、光电式、霍尔式以及热电式等基本类型。与参数式传感器的工作原理相反,发电式传感器在工作时其本身就有内在的能量转换,且能够产生电信号输出,故其常被称为有源传感器。

4.1　参数式传感器

4.1.1　电阻式传感器

　　电阻式传感器是将非电量变化转换为电阻变化的传感器。常用的电阻式传感器有电阻应变式、热电阻式、电位计式等类型。

1. 电阻应变式传感器

　　电阻应变式传感器通常有两种用法:一种是直接利用材料的应变效应或压阻效应把应变转换为电阻的变化,承担这种转换功能的元件就称为电阻应变片;另一种是将应变片贴在各种形式的弹性敏感元件上,被测物理量作用于敏感元件使其发生变形,贴在敏感元件上的电阻应变片再把形变转换成电阻的变化,此类传感器称为电阻应变式传感器。不同结构形式的敏感元件可以完成多种参数的转换,可以用于检测力、力矩、压力、位移等多种物理量。

　　1) 电阻应变片工作原理

　　对于横截面均匀的导体或半导体,其电阻值为

$$R = \rho \frac{l}{A}$$

$$(4-1)$$

式中，l 为导体或半导体长度；ρ 为导体或半导体电阻率；A 为导体或半导体截面积。

导体或半导体材料在受到外力(拉力或压力)作用下产生机械变形时，其 l、ρ、A 均发生变化，如图 4-1 所示，因此电阻值也随之变化，这种现象称为"应变效应"。通过对式(4-1)取对数再作微分，可得电阻的相对变化量

$$\frac{\mathrm{d}R}{R}=\frac{\mathrm{d}\rho}{\rho}+\frac{\mathrm{d}l}{l}-\frac{\mathrm{d}A}{A} \qquad (4-2)$$

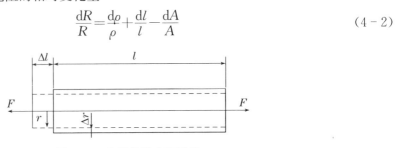

图 4-1　金属丝的应变效应

式中，$\mathrm{d}l/l=\varepsilon_t$ 为材料的轴向线应变，工程上常用单位微应变 $\mu\varepsilon$($1\mu\varepsilon=1\times10^{-6}\,\mathrm{m/m}$)表示。

由式(4-2)可见，材料电阻相对变化由两部分引起，第一部分由于几何尺寸变化所致，第二部分是受力后电阻率变化所致。根据材料的泊松比定律，材料沿轴向伸长时，径向尺寸缩小，反之亦然。因此，轴向应变 ε_t 与径向应变 ε_r 之间存在 $\varepsilon_r=-\nu\varepsilon_t$ 关系，由此可推得

$$\mathrm{d}A/A=2(\mathrm{d}r/r)=2\varepsilon_r=-2\nu\varepsilon_t \qquad (4-3)$$

式中，r 为导体的半径；ν 为材料的泊松比。

对于金属材料，实验证明电阻率的相对变化率与其体积应变成正比，即

$$\mathrm{d}\rho/\rho=C\frac{\mathrm{d}V}{V}=C\left(\frac{\mathrm{d}l}{l}+\frac{\mathrm{d}A}{A}\right)=C(1-2\nu)\varepsilon_t \qquad (4-4)$$

式中，C 是一个由一定的材料加工方式决定的常数，通常 $C=1.13\sim1.15$。

将式(4-3)、式(4-4)代入式(4-2)可得金属材料发生形变时电阻相对变化率为

$$\Delta R/R\approx\mathrm{d}R/R=[(1+2\nu)+C(1-2\nu)]\varepsilon_r=S_m\varepsilon_t \qquad (4-5)$$

式中，$S_m=[(1+2\nu)+C(1-2\nu)]$ 称为金属材料的应变灵敏度。

对于半导体材料，当材料受到应力作用时，其电阻率会发生变化，这种现象称为"压阻效应"。由半导体理论可知，硅、锗等单晶半导体材料电阻率相对变化与轴向应力 σ 成正比

$$\frac{\mathrm{d}\rho}{\rho}=\pi\sigma=\pi E\varepsilon_t \qquad (4-6)$$

式中，π 为半导体材料沿受力方向压阻系数；E 为半导体材料的弹性模量；ε_t 为轴向线应变。

将式(4-3)、式(4-6)代入式(4-2)，则半导体材料受力作用后电阻相对变化率为

$$\Delta R/R\approx\mathrm{d}R/R=[(1+2\nu)+\pi E]\varepsilon_t=S_\rho\varepsilon_t \qquad (4-7)$$

式中，$S_\rho=[(1+2\nu)+\pi E]$ 称为半导体材料的应变灵敏度。

对于金属材料，一般 $\nu\approx0.3$，因此，金属材料的电阻应变效应主要来自结构尺寸的变化，且灵敏度较小，约为 2.0。对于半导体材料，由于 $\pi E\gg(1+2\nu)$，因此，半导体材料电阻变化主要来自压阻效应，且灵敏度较大，为 $50\sim200$，分散性也较大。

2) 电阻应变片的类型及特性

(1) 电阻应变片的结构和类型。电阻应变片品种繁多，形式多样，一般根据敏感栅材料

与结构的不同,可分为金属丝式、金属箔式和半导体应变片三种,它们的外形结构如图 4-2
所示。

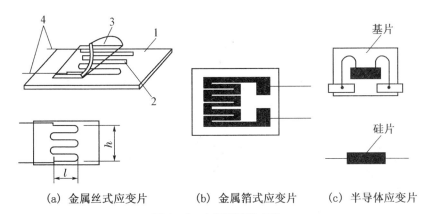

（a）金属丝式应变片　　　　（b）金属箔式应变片　　　（c）半导体应变片

图 4-2　电阻应变片结构

1—基底;2—敏感栅;3—覆盖片;4—引线

图 4-2 为电阻应变片的典型结构,它由基底、敏感栅、覆盖片和引线组成。其中敏感栅
是应变片的核心部分,实现应变—电阻的转换;敏感栅通常粘贴在绝缘基底上,其上再粘贴
起保护作用的覆盖层,两端焊接引出引线。目前更常用的是金属箔式应变片,它是利用光
刻、腐蚀等工艺制成金属箔栅,可以根据测量需要制成如图 4-3 所示的各种形状,称为应
变花。

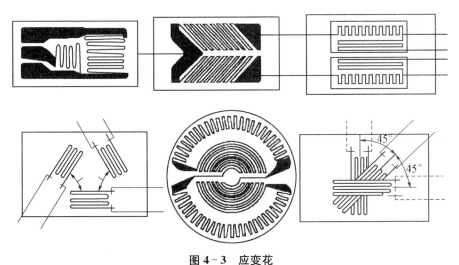

图 4-3　应变花

（2）应变片特性及主要技术参数。应变片种类很多,测量前首先应确定选用合适的应
变片类型。一般可以根据试验环境、应变性质、试件状况以及测试精度选择合适的应变片。
表 4-1 给出了金属应变片和半导体应变片的典型特性。此外,选用应变片时还必须注意以
下几个技术参数:

① 金属应变片材料。不同的应变片材料具有不同的性能。康铜是最常用的电阻丝材
料,卡玛合金适用于长时间静态测量时选用,它比康铜具有更长的疲劳寿命和更宽的温度范

围;铀铬合金具有极长的疲劳寿命。

② 绝缘电阻。应变片绝缘电阻 R 是指已粘贴的应变片与被测试件之间的电阻值,绝缘电阻下降会导致测试系统灵敏度下降,引入测量误差,一般要求 $R>10^8\ \Omega$。

③ 最大工作电流。应变片最大工作电流 I_{max} 是指已安装的应变片敏感栅允许通过的不影响其工作特性的最大电流值。工作电流大,输出信号大,灵敏度高。但过大的电流会使应变片过热,灵敏度发生改变,因此要加以限定。通常静态测量取 25 mA 左右,动态测量可取 75~100 mA。

（3）应变片式传感器的温度误差。电阻应变片由温度引起的电阻变化与试件应变带来的电阻变化几乎是同一数量级,如果不采取适当的措施,应变片将无法工作。温度对应变片输出的影响主要有两个方面:一是应变片电阻丝的电阻温度效应,由于电阻是耗能元件且具有正的电阻温度系数,测量过程中电阻值会发生变化;另一方面是因为试件与应变片的材料不同,受热时因线膨胀系数不同而引入的误差。

表 4 - 1 应变片的典型工作特性

参　　数	金属应变片	半导体应变片
测量范围	0.1~50 000 μE	0.001~3 000 μE
灵敏度	1.8~4.5	50~200
标称阻值/Ω	120,350,600,…,5 000	1 000~5 000
电阻容差	0.1%~0.35%	1%~2%
有效栅长度/mm	0.4~150 标准值:3~10	1~5

因温度变化引起的测量误差 δ_t 可由下式计算:

$$\delta_t = \frac{\Delta R/R_0}{S} = \left[\frac{\alpha}{S} + (\beta_1 - \beta_2)\right]\Delta t \tag{4-8}$$

式中,R_0 为应变片在温度 t_0 时的电阻值;ΔR_t 为应变片从温度 t_0 变化到 t 时电阻值的变化量;α 为应变片电阻丝的电阻温度系数;β_1、β_2 为电阻丝材料和试件材料的线膨胀系数;S 为应变片灵敏度;Δt 为温度变化量。

（4）应变片的安装。应变片的测量精度与测量可靠性主要取决于敏感栅材料和结构、基底材料、黏结剂和黏结方法、应变片的保护以及测量电路等。也就是说,它受到自身特性、粘贴工艺和测量电路的综合影响。可见,应变片的安装质量是关键因素之一,应予以高度重视。

应变片安装方法有粘贴法、焊接法和喷涂法三种。其中粘贴法最为常用。应变片粘贴前应首先对其外观进行检查。为使应变片粘贴牢固,需要事先对试件表面进行机械、化学处理,然后按照贴片定位、涂底胶、贴片、干燥固化、贴片质量检查、引线焊接与固定、导线防护与屏蔽等步骤完成应变片安装。

2. 热电阻式传感器

利用电阻随温度变化的特性制成的传感器叫作电阻式温度传感器。按采用的电阻材料不同,可分为金属热电阻和半导体热敏电阻。

用金属材料制成的温度传感器称为热电阻。虽然各种金属材料的电阻都随温度而变化,但并非每一种金属都适合做热电阻。适于用作测温敏感元件的电阻材料应具备以下特点:

① 电阻温度系数 α 要大。电阻温度系数越大,制成的温度传感器的灵敏度越高。电阻温度系数与材料的纯度有关,纯度越高,α 值就越大,杂质越多,α 值就越小,且不稳定。

② 材料的电阻率要大。这样可使热电阻体积较小,热惯性较小,对温度变化的响应就比较快。

③ 在整个测量范围内,应具有稳定的物理化学性质。

④ 电阻与温度关系最好近于线性或为平滑的曲线,而且这种关系有良好的重复性。

⑤ 易于加工复制,价格便宜。

根据以上要求,纯金属是制造热电阻的主要材料,广泛应用的有铂、铜、镍、铁等。

用半导体材料制成的热敏器件称为热敏电阻。按电阻—温度特性,可分为负温度系数热敏电阻(NTC)、正温度系数热敏电阻(PTC)和临界温度系数热敏电阻(CTC)三类。其中 PTC 和 CTC 型在一定温度范围内阻值随温度剧烈变化,因此,常用作开关元件。温度测量主要使用 NTC 型热敏电阻。负温度系数热敏电阻是一种氧化物的复合烧结体,通常用它测量 $-100 \sim 300\ ℃$ 的温度。与热电阻相比,它具有以下特点:

① 电阻温度系数大,灵敏度高;

② 结构简单,体积小,可测量点温度;

③ 电阻率高,热惯性小,适于动态测量。

1) 铂电阻

铂金属的优点是物理化学性能极为稳定,并具有良好的工艺性;其缺点是电阻温度系数较小。铂电阻传感器是用铂金属丝双绕在云母和陶瓷支架上,端部引出连线,外面再套上玻璃或陶瓷护套构成,如图 4-4 所示。

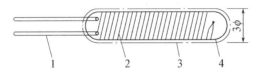

图 4-4　金属铂电阻构造(玻璃密封型)
1—导线;2—铂金芯线;3—玻璃套;4—陶瓷线圈

铂电阻除了用于一般工业测温外,在国际实用温标中,还作为在 $-259.3 \sim 630.74\ ℃$ 温度区间的温度基准。铂电阻与温度之间关系近似直线,可表示为:

在 $-200 \sim 0\ ℃$ 时

$$R_t = R_0[1 + At + Bt^2 + C(t-100\ ℃)t^3] \tag{4-9}$$

在 $0 \sim 650\ ℃$ 时

$$R_t = R_0[1 + At + Bt^2] \tag{4-10}$$

式中,R_0、R_t 分别为 $0\ ℃$ 和 $t\ ℃$ 时的电阻值;A、B、C 是系数,对于工业铂电阻:$A = 3.968\,47 \times 10^{-3}/℃$,$B = -5.847 \times 10^{-7}/℃^2$,$C = -4.22 \times 10^{-12}/℃^4$。

铂电阻的精度等级与铂的提纯程度有关,通常用百度电阻比 $W(100) = R_{100}/R_0$ 来表征铂的纯度,R_{100} 和 R_0 分别是 $100\ ℃$ 和 $0\ ℃$ 时的电阻值。国内工业用标准铂电阻要求其百度

电阻比 $W(100) \geqslant 1.391$。关于铂电阻的精度等级及其他几项指标可参见表 4-2。

目前,我国工业上用于测量 73 k 以上温度用铂电阻,分度号为 BA1 和 BA2 两种。BA1 和 BA2 的 R_0 分别为 46 Ω 和 100 Ω,铀的纯度为 $R_{100}/R_0 = 1.391$。选定铀电阻后,根据式 (4-9)和式(4-10)即可列出铂电阻分度表,使用时只要测出热电阻 R_t,通过查分度表就可确定被测温度。

表 4-2　铂电阻的电阻值和精度等级

分度号	R_0/Ω	等级精度	R_{100}/R_0	R_0 允许的误差/%	测量最大允许偏差/℃
BA1	46.00	Ⅰ	1.391 0±0.000 7	±0.05	Ⅰ级:−200~0 ℃时 ±(0.15+4.5×10⁻³t)
		Ⅱ	1.391 0±0.001	±0.1	0~500 ℃时±(0.15+3.0×10⁻³t)
BA2	100.00	Ⅰ	1.391 0±0.000 7	±0.05	Ⅰ级:−200~0 ℃时 ±(0.3+×6.0×10⁻³t)
		Ⅱ	1.391 0±0.001	±0.1	0~500 ℃时±(0.3+4.5×10⁻³t)

2) 铜电阻

铜电阻一般用于测量 −50~150 ℃ 的温度。在该测温范围内,其电阻值与温度间的关系呈近似线性关系,表达式为

$$R_t = R_0(1 + \alpha t) \tag{4-11}$$

铜电阻温度系数 α 高于其他金属的值,$\alpha = 4.25 \times 10^{-3}/℃$,价格低廉,易于提纯。其缺点是:电阻率小,$\rho = 0.017 \ \Omega \cdot mm^2/m$,故铜电阻丝必须做得细而长,从而使它的机械强度降低;易氧化,只能用于无侵蚀性介质中。铀电阻与铜电阻的分度关系见表 4-3。镍和铁电阻虽然也适合做热电阻,但由于易氧化、非线性严重,较少应用,在此不作介绍。

表 4-3　热电阻分度表

温度/℃	铂电阻 BA_1 $R_0=46\ \Omega$	铂电阻 BA_2 $R_0=100\ \Omega$	铜电阻 G $R_0=53\ \Omega$	温度/℃	铂电阻 BA_1 $R_0=46\ \Omega$	铂电阻 BA_2 $R_0=100\ \Omega$	铜电阻 G $R_0=53\ \Omega$
−200	7.95	17.28		−110	25.54	55.52	
−190	9.96	21.65		−100	27.44	59.65	
−180	11.95	25.98		−90	29.33	63.75	
−170	13.93	30.29		−80	31.21	67.84	
−160	15.90	34.56		−70	33.03	71.91	
−150	17.85	38.80		−60	34.94	75.96	
−140	19.79	43.02		−50	36.80	80.00	41.74
−130	21.72	47.21		−40	38.65	84.03	43.99
−120	23.63	51.38		−30	40.05	88.04	46.24

(续表)

温度/℃	铂电阻 BA_1 $R_0 = 46\ \Omega$	铂电阻 BA_2 $R_0 = 100\ \Omega$	铜电阻 G $R_0 = 53\ \Omega$	温度/℃	铂电阻 BA_1 $R_0 = 46\ \Omega$	铂电阻 BA_2 $R_0 = 100\ \Omega$	铜电阻 G $R_0 = 53\ \Omega$
−20	42.34	92.04	48.50	290	98.68	210.17	
−10	44.17	96.03	50.75	300	96.34	213.79	
0	46.00	100.00	53.00	310	100.01	217.40	
10	47.82	103.96	55.25	320	101.66	224.00	
20	49.64	107.91	57.50	330	103.31	224.59	
30	51.45	111.85	59.76	340	104.96	228.17	
40	53.26	115.78	62.01	350	106.60	231.73	
50	55.06	119.70	64.26	360	108.23	235.29	
60	56.86	123.60	66.53	370	109.86	238.83	
70	58.65	127.49	68.77	380	111.48	242.36	
80	60.43	131.37	71.02	390	113.10	245.88	
90	62.21	135.24	73.27	400	114.72	249.38	
100	63.99	139.10	75.52	410	116.32	252.88	
110	65.76	142.95	77.78	420	117.03	256.36	
120	67.52	146.78	80.03	430	119.52	259.83	
130	69.28	150.60	82.28	440	121.11	263.29	
140	71.03	154.41	84.54	450	122.70	266.74	
150	72.78	158.21	86.79	460	124.28	270.18	
160	74.52	162.00		470	125.86	273.60	
170	76.26	165.78		480	127.43	277.01	
180	77.99	169.54		490	128.99	283.41	
190	79.71	173.29		500	130.55	283.89	
200	81.43	177.03		510	132.10	287.18	
210	83.15	180.76		520	133.65	290.55	
220	84.86	184.48		530	135.20	293.91	
230	86.56	188.18		540	136.73	297.25	
240	88.26	191.88		550	139.27	300.58	
250	89.96	195.56		560	139.79	303.90	
260	91.46	199.23		570	141.32	307.21	
270	93.33	202.89		580	142.83	310.50	
280	95.00	206.53		590	144.34	313.79	

温度/℃	铂电阻 BA_1	铂电阻 BA_2	铜电阻 G	温度/℃	铂电阻 BA_1	铂电阻 BA_2	铜电阻 G
	$R_0=46\ \Omega$	$R_0=100\ \Omega$	$R_0=53\ \Omega$		$R_0=46\ \Omega$	$R_0=100\ \Omega$	$R_0=53\ \Omega$
600	145.85	317.06		630	150.33	326.80	
610	147.35	320.32		640	151.81	330.03	
620	148.84	323.57		650	153.30	333.25	

3）热敏电阻。

热敏电阻主要由热敏探头、引线、壳体组成。负温度系数热敏电阻的电阻值与温度的关系为

$$R_T=R_{T_0}\mathrm{e}^{B\left(\frac{1}{T}-\frac{1}{T_0}\right)} \tag{4-12}$$

式中，R_T、R_{T_0} 为温度是 $T(K)$ 和 $T_0(K)$ 时的电阻值；B 为热敏电阻的材料常数，一般 $B=2\,000\sim6\,000\ \mathrm{K}$。

为使用方便，通常取环境温度 25 ℃ 为参考温度（即 $T_0=25\ ℃$），将式（4-12）两边取对数，则负温度系数热敏电阻通常用式（4-13）表示电阻—温度关系

$$\ln R_T=B\left(\frac{1}{T}-\frac{1}{T_0}\right)+\ln R_{T_0} \tag{4-13}$$

材料或配方不同时，B 不同，当给定热敏电阻时，B 可作为常数。热敏电阻的缺点是性能不稳定，互换性差，导致测量精度不高。目前较多应用在要求精度不高的场合，如作为家用空调系统的温控元件等。

3. 电位计式电阻传感器

电位计是带有直线或旋转滑动触头的电阻性器件，其作用是把线位移或角位移转换为与其成一定函数关系的电阻或电压，主要用作线位移和角位移的测量。电位计种类很多，按输入、输出特性，可分为线性和非线性电位计；按结构形式可分为绕线式、薄膜式、光式等。

图 4-5 为线性绕线式电位计，当空载运行时，如果电位计长度为 L，电刷行程为 x，总电阻为 R，端点到电刷之间电阻为 r，则电阻与电刷行程成正比

$$r=R\frac{x}{L}=S_R x \tag{4-14}$$

如果输入电压为 U_i，对应的输出电压为

$$U_0=U_i\frac{r}{R}=U_i\frac{x}{l}=S_U x \tag{4-15}$$

式（4-14）和式（4-15）是电位计输出的理想表达式，显然，空载时电位计输出电阻和输出电压均与电刷行程 x 成正比，其中 S_R 和 S_U 分别为线性电位计的电阻灵敏度和电压灵敏度都是常数，与电位计的结构参数和材料有关。

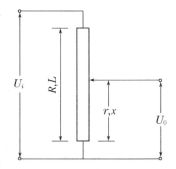

图 4-5 线性绕线式电位计

4. 电阻式传感器的应用

1) 应变式力传感器

被测物理量为载荷或力的应变式传感器统称为应变式力传感器。其主要用作各种电子衡器的测力元件，测量范围为 $1\ \text{mN} \sim 10^8\ \text{N}$，具有分辨率高、误差较小、测量范围大、静态与动态都可测、能在严酷环境工作的特点。

将力转换为应变的元件称为弹性敏感元件。按元件的形状可将力传感器分为柱(筒)式、环式、梁式等。

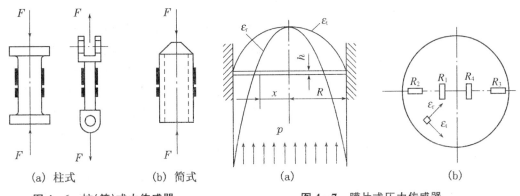

(a) 柱式　　(b) 筒式

图 4 - 6　柱(筒)式力传感器

图 4 - 7　膜片式压力传感器

柱(筒)式测力传感器是一种体积小、结构紧凑、构造简单的传感器，其构造如图 4 - 6 所示。图 4 - 6(a)为柱式，图 4 - 6(b)为筒式。它有受压和受拉两种工作方式，可以承受很大的载荷，量程为 $0.05 \sim 100\ \text{t}$。应变片粘贴在弹性体外壁应力分布均匀的中间部分，应变片阻值的变化是通过后续的电桥(电桥将在第 6 章进行详细介绍)进行测量的。如果圆柱体横截面积为 A，弹性敏感元件的杨氏弹性模量为 E，则所测力 $F = EA\varepsilon_t$。

2) 应变式压力传感器

应变式压力传感器主要用于液体、气体的动态和静态压力测量，如动力管道设备进、出口气体和液体的压力，发动机喷口压力，内燃机管道压力等。这类传感器主要采用膜片式或筒式弹性元件。图 4 - 7 为膜片式压力传感器结构示意图。在压力 p 作用下，圆膜片产生径向应变 ε_r 和切向应变 ε_t，其值为

$$\varepsilon_r = \frac{3p(1-\nu^2)(R^2 - 3x^2)}{8h^2 E} \tag{4-16}$$

$$\varepsilon_t = \frac{3p(1-\nu^2)(R^2 - x^2)}{8h^2 E} \tag{4-17}$$

式中，p 为膜片上均匀分布的压力；R、h 为膜片半径与厚度；ν 为膜片材料泊松比，x 为测点与圆心之间的距离。

由上面应变公式可知，当 $x = 0$ 时，$\varepsilon_r = \varepsilon_{rmax} = \varepsilon_{tmax} = 3pR^2(1-\nu^2)/(8h^2 E)$；当 $x = R$ 时，$\varepsilon_t = 0$，$\varepsilon_r = -2\varepsilon_{rmax}$。当膜片材料和尺寸已知时，压力与应变成正比。

3) 应变式扭矩传感器

扭矩是旋转机械的重要参数之一。应变式扭矩传感器是利用弹性元件在传递转矩时产生的应变来测量扭矩的。由材料力学可知，轴在受到扭矩作用时其切应力 τ 和切应变 γ 与

它所传递的扭矩有线性关系

$$\gamma = \frac{\tau}{G} = \frac{M_e}{GW} = \frac{16M_e}{G\pi d^3} = KM_e \tag{4-18}$$

式中,M_e 为转轴所受的扭矩;G 为剪切弹性模量;W 为困轴断面的抗扭模量,对于实心圆 $W = \pi d^3/16$;d 为圆轴外径;K 为扭矩灵敏系数。

对于一个已知几何尺寸的轴来说,只要测出切应变 γ 就可利用式(4-18)计算出扭矩。由材料力学可知,当轴受到扭矩作用时,最大应力为切应力,且主应力方向分别与轴线成 $45°$ 和 $135°$,因此,沿主应力方向粘贴应变片,测出主应变后即可算出主应力和扭矩。

4) 热电阻式温度传感器

图4-8所示为负温度系数热敏电阻在温度测量和控制方面的某些应用。图中,R_T 为负温度系数热敏电阻,R_r 为调节电阻,R 为仪表线圈电阻,E 为电源。图4-8(a)中所示电路由电池、可调电阻、热敏电阻以及微安表组成。由于热敏电阻是温度的非线性函数,微安表面板可根据式(4-13)关系刻度,以便直接读出温度值。图4-8(b)电路用于温度补偿电路,通常用于仪表。由于仪表中的线圈 R 为铜导线,具有正的电阻温度系数,r 为锤铜电阻,电阻温度系数接近0,其作用是减小由于串联 R_T 引入的附加电阻,这种电路结构使得电路总电阻几乎与温度无关,可以有效地减少仪表的温度误差。图4-8(c)所示为一个温度控制电路,由可调电阻、负温度系数热敏电阻和继电器线圈串联组成。温度升高时,R_T 减小,电流增大,达到继电器 K 控制电流阈值时,继电器动作,控制形态改变。可调电位器用于调整切换点。

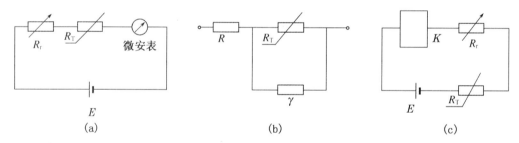

图 4-8　热敏电阻在温度测量与控制中的应用

5) 电位计式压力传感器

电位计式压力传感器是以电位计作为传感器件的一类传感器,由弹性敏感元件和电位计组成。敏感元件将被测量转换为机械位移,再由电位计将位移转换为与之成对应关系的电阻或电压信号输出。表4-4给出了常用电位计的技术指标。

表 4-4　直线型和旋转型电位计的技术指标

技术参数	直线型	旋转型
输入范围	2~8 mm	10~60 圈
分辨率	50 μm	0.2°~2°
线性度	0.002%~0.1% FS	
最高频率	3 Hz	

（续表）

技术参数	直线型	旋转型
额定功率	0.1～50 W	
总电阻	20～200 kΩ	
温度系数	$20 \times 10^{-6}/℃ \sim 1\ 000 \times 10^{-6}/℃$	
寿命	10^8 次循环	

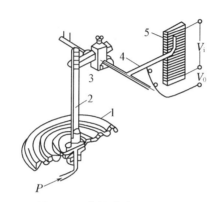

图 4 - 9　电位计式压力传感器

1—膜盒；2—连杆；3—曲柄；4—电刷；5—电阻元件

图 4 - 9 所示是电位计式压力传感器，弹性膜盒内腔通入被测气体或流体后，在压力作用下，膜盒中心点产生位移，推动连杆上移，使得曲柄带动电位计电刷滑动，电位计输出与压力成比例的电压信号。

4.1.2　电容式传感器

容式传感器是将被测量的变化转换为电容变化的一类传感器。这类传感器的特点是结构简单，分辨率高，工作可靠，可非接触测量，并能在各种恶劣环境下工作。主要用于位移、振动、加速度、压力、液位、成分含量等方面的测量。

1. 电容式传感器工作原理

电容式传感器可做成任何形式，但最常用的是平行极板电容器。从物理学知识可知，平行极板电容器的电容量 C 为

$$C = \varepsilon A/d = \varepsilon_r \varepsilon_0 A/d \tag{4-19}$$

式中，ε 为极板间介质的介电常数；ε_r 为相对介电常数；ε_0 为真空介电常数，$\varepsilon_0 = 8.85 \times 10^{-12}\ \text{F/m}$；$A$ 为极板的面积；d 为极板间的距离。

由式(4-19)可知，平行极板电容器的电容量 C 与电容器的 ε、A、d 三个结构参数有关。如果保持其中两个参数不变，仅改变其中一个参数，就可把该参数的变化转换成电容量的变化，通过测量电路转换为电量输出。因此，电容式传感器可分为变极距型、变面积型和变介电常数型。

1) 变极板间距型电容传感器

图 4 - 10(a)为变极板间距型电容传感器的结构示意图,上极板为固定极板,下极板为动极板。当平行极板中的动极板上移时,极板间距由初始距离 $d_0 \rightarrow d_0 - \Delta d$,由公式(4 - 19)可知,电容量也由 $C_0 = \varepsilon_r \varepsilon_0 A / d_0$ 变化到 $C = \varepsilon_r \varepsilon_0 A / (d_0 - \Delta d)$,电容的相对变化量

$$\frac{\Delta C}{C_0} = \frac{\Delta d}{d_0} \left(1 - \frac{\Delta d}{d_0}\right)^{-1} \tag{4 - 20}$$

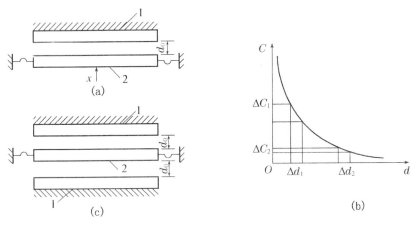

图 4 - 10 变极板间距型电容传感器

(a) 变极距型;(b) 电容与极板间距之间关系;(c) 差动式结构形式

1—定极板;2—动极板

因为 $\Delta d / d_0 \ll 1$,将式(4 - 20)按级数展开并忽略二次以上高次项后可得

$$\frac{\Delta C}{C_0} = \frac{\Delta d}{d_0} \left[1 + \frac{\Delta d}{d_0} + \left(\frac{\Delta d}{d_0}\right)^2 + \cdots\right] \approx \frac{\Delta d}{d_0} \tag{4 - 21}$$

说明变极板间距型电容传感器电容的变化与位移之间的关系是非线性的,线性关系仅在小位移时成立,因此此类传感器适合测量微小位移(0.001 mm 至零点几毫米)。

电容传感器的灵敏度

$$S = \frac{\Delta C}{\Delta d} \approx \frac{C_0}{d_0} = \frac{\varepsilon_r \varepsilon_0 A}{d_0^2} \tag{4 - 22}$$

式(4 - 22)表明,灵敏度 S 与 d_0 平方成反比,减小距离 d_0 可提高灵敏度。但 d_0 减小,会导致 $\Delta d / d_0$ 增大,非线性误差增大,并且 d_0 过小容易引起电容器击穿,因此变极板间距型电容传感器通常采用差动式结构。

差动式结构如图 4 - 10(c)所示,中间一片极板为动片,两边的极板是定片。当动片在被测量 x 作用下发生位移 Δd 后,上、下两对极板间距离分别为 $d_0 - \Delta d$ 和 $d_0 + \Delta d$,电容为

$$C_1 = C_0 \left[1 + \frac{\Delta d}{d_0} + \left(\frac{\Delta d}{d_0}\right)^2 + \left(\frac{\Delta d}{d_0}\right)^3 + \cdots\right] \tag{4 - 23}$$

$$C_2 = C_0 \left[1 - \frac{\Delta d}{d_0} + \left(\frac{\Delta d}{d_0}\right)^2 - \left(\frac{\Delta d}{d_0}\right)^3 + \cdots\right] \tag{4 - 24}$$

这样构成差动平行极板电容器的总电容量变化为

$$\Delta C = C_1 - C_2 = C_0 \left[2 \frac{\Delta d}{d_0} + 2 \left(\frac{\Delta d}{d_0}\right)^3 + \cdots\right] \tag{4 - 25}$$

忽略三次以上高次项后得

$$\frac{\Delta C}{C_0} \approx 2\frac{\Delta d}{d_0} \qquad (4-26)$$

灵敏度为

$$S = \frac{\Delta C}{\Delta d} \approx 2\frac{C_0}{d_0} = 2\frac{\varepsilon_r \varepsilon_0 A}{d_0^2} \qquad (4-27)$$

将式(4-22)和式(4-27)比较可知,采用差动式结构不仅增大了输出电容,灵敏度也提高了一倍,并且由于$(\Delta d/d_0)^3 = 0$,忽略的是三次项,因此,非线性误差也大大减小。

2) 变极板工作面积型电容传感器

如图4-11(a)所示,当平行极板受被测量作用发生水平方向位移x,与位移方向垂直的极板宽度为b,两极板间面积变化$\Delta A = bx$,相应电容量也发生变化

$$\Delta C = C - C_0 = -\frac{\varepsilon_r \varepsilon_0 b}{d_0}x \qquad (4-28)$$

其灵敏度为

$$S = \frac{\Delta C}{\Delta x} = \frac{\varepsilon_r \varepsilon_0 b}{d_0} \qquad (4-29)$$

由式(4-29)可知,变面积型电容传感器的输出特性是线性的,灵敏度是常数,增大b,减小d_0。可以增大灵敏度。它常用于测量1～10 cm 中等大小的位移。同变极板间距的差动式电容传感器一样,变极板工作面积型电容传感器中也常采用差动工作方式,其结构形式如图4-11(b)和(c)所示,其中图4-11(b)为平板电容,图4-11(c)为圆筒电容。

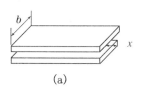 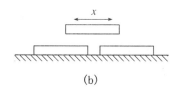 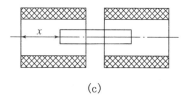

(a)   (b)   (c)

图 4-11 变面积型电容传感器

3) 变介电常数型

各种介质的介电常数不同,若两极板间的介质发生变化,则电容量也会发生改变。这种电容式传感器常用于检测容器中液面高度、片状材料的厚度等。图4-12为电容液面计原理,在被测介质中放入两个同心圆柱状极板1和2,如果外、内圆筒直径分别为d_1、d_2,液体介质的相对介电常数为ε_{r2},空气的相对介电常数为1,液面计高度为h_0,电容量为

$$C_0 = \frac{2\pi\varepsilon_0 h_0}{\ln(d_1/d_2)} \qquad (4-30)$$

当介质浸没电容极板高度变化为x时,总电容量为气体介质与液体介质电容量之和

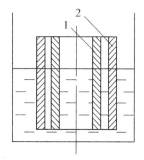

图 4-12 电容液面计

1—内圆筒;2—外圆筒

$$\Delta C = C_1 + C_2 = \frac{2\pi\varepsilon_0}{\ln(d_1/d_2)}\big[(h_0 - x) + \varepsilon_{r2}x\big] \qquad (4-31)$$

电容的相对变化量为

$$\frac{\Delta C}{C_0} = \frac{C - C_0}{C_0} = \frac{\varepsilon_{r2} - 1}{h_0} x \tag{4-32}$$

由此可见,通过测量该电容器总电容量的变化,可以判别电容器内液位高度。

2. 电容式传感器的应用

1) 电容式传感器等效电路

电容式传感器等效电路可用图 4-13 表示。考虑实际电容器的损耗和电感效应,用并联电阻 R_P 代表极板间泄漏电阻和介质损耗,这些损耗与频率有关,低频时影响较大,随工作频率增高,容抗减小时影响较弱;串联电阻 R_S 表征引线电阻、极板电阻,通常很小,它随频率增高而增大,只有在极高工作频率时才考虑;电感 L 包括电容器本身电感和外部接线电感。

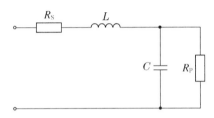

图 4-13　电容式传感器等效电路

由等效电路可见,该电路有一个谐振频率,通常为几十兆赫。当工作频率接近谐振频率时会严重影响电容器正常运行,因此,传感器工作频率应低于谐振频率(一般选为谐振频率的 $1/2 \sim 1/3$)。实际的电容式传感器的等效电容 C_e 在不计损耗电阻时可近似由下式得出:

$$\frac{1}{j\omega C_e} = j\omega L + \frac{1}{j\omega C}, \quad C_e = \frac{C}{1 - \omega^2 LC} \tag{4-33}$$

电容式传感器实际相对变化量为

$$\frac{\Delta C_e}{C} = \frac{\Delta C/C}{1 - \omega^2 LC} \tag{4-34}$$

式(4-34)表明电容式传感器实际相对变化与固有电感有关,因此,实际使用时必须与标定时的使用条件相同。电容式传感器在应用时,应注意下面几个问题:

① 由于电容式传感器的电容量很小(几至几十皮法),易受外界电场的干扰,这样,就要求采用高阻抗,低噪声的前置放大器;引出线应尽量短,采用屏蔽线,而且屏蔽线与壳体及可动电极应有可靠的接地,以尽量减小外电场的干扰。

② 应正确选择极板的绝缘材料,通常要求绝缘电阻在 100 MΩ 以上,以减小漏电阻对测量精度的影响。

③ 关于环境温度变化对电容式传感器的影响问题,可以采用补偿电桥以抵消介电常数随温度的变化。尽量选择膨胀系数低的材料制造电容式传感器,以减小尺寸随温度的变化。

2) 电容式差压传感器

电容式差压传感器是一种典型的变间隙式电容传感器。图 4-14 是电容式差压传感器结构示意图。这种传感器结构简单,灵敏度高,响应速度快(约 100 ms),能测微小压差($0 \sim 0.75$ Pa)。

电容式差压传感器由两个玻璃圆盘和一个金属(不锈钢)膜片组成。在两玻璃圆盘上的凹面上镀金作为电容式传感器的两个固定极板,而夹在两凹圆盘中的膜片则成为传感器的可动电极,两个定极板和一个动极板构成传感器的两个差动电容 C_1、C_2。当两边压力 p_1、p_2 相等时,膜片处在中间位置,左、右固定电极与动极板之间间距相等,因此两个电容相等;当 $p_1 \neq p_2$ 时,膜片弯向一侧,则两个差动电容一个增大、一个减小,且变化量大小相同;当压差反向时,差动电容变化量也反向。这种差压传感器也可以用来测量真空或微小绝对压力,此时只要把膜片的一侧密封并抽成高真空(10^{-5} Pa)即可。

3) 电容式微加速度传感器

利用微电子技术加工的加速度计一般也利用电容变化原理进行测量,它可以是变间距型,也可以是变面积型。图 4-15 所示的是一种变间距型硅微加速度计。微加速度计芯片外形如图 4-15(a)所示,其中 1 是加速度测试单元,2 是信号处理电路部分,两者加工在同一芯片上。图 4-15(b)和图 4-15(c)是加速度测试单元的结构示意图,它是在硅衬底上制造出三个多晶硅电极;3 是硅衬底;4 是底层多晶硅,称为下电极;5 是中间层多晶硅,称为振动片;6 是顶层多晶硅,称为上电极。

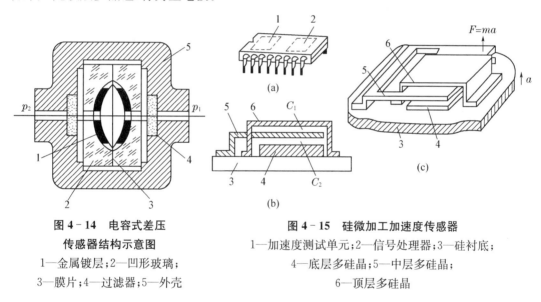

图 4-14 电容式差压
传感器结构示意图
1—金属镀层;2—凹形玻璃;
3—膜片;4—过滤器;5—外壳

图 4-15 硅微加工加速度传感器
1—加速度测试单元;2—信号处理器;3—硅衬底;
4—底层多硅晶;5—中层多硅晶;
6—顶层多硅晶

上、下电极固定不动,而振动片是左端固定在衬底上的悬臂梁,可以上下微动。当它感受到上下振动时,与上、下极板构成的电容器 C_1、C_2 差动变化。测得振动片位移后的电容变化就可以算出振动加速度的大小。与加速度测试单元封装在同一壳体中的信号处理电路将 ΔC 转换成直流电压输出。它的激励源也做在同一亮体内,所以集成度很高。由于硅的弹性滞后很小,且悬臂梁的质量很轻,所以频率响应可达 1 kHz 以上,允许加速度可达 10g 以上。如果在壳体内的三个相互垂直方向安装三个加速度传感器,就可以测量三维方向的振动或加速度。

4) 容栅式位移传感器

容栅式位移传感器是在变面积型电容传感器基础上发展起来的一种新型传感器。如图 4-16 所示,差动式梳齿形的容栅极板(栅尺)上有多个栅状电极,动栅尺和定栅尺以一定的间隙配置成差动结构,它实质上是多个差动式变面积电容传感器的并联。如果在动栅尺发射极上加上激励电压,当其沿定长方向移动时,通过电容耦合,在反射电极上将得到与被测位移成比例的调幅或调相信号,通过信号处理电路,即可得到待测的位移的大小。

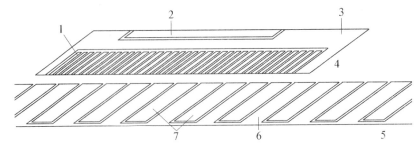

图 4－16　容栅式位移传感器结构示意图

1—发射电极;2—接收电极;3、6—屏蔽;4—动栅尺;5—定栅尺;7—反射电极

容栅式位移传感器在具有电容式传感器优点的同时,又具有多极电容带来的平均效应,而且采用闭环反馈式等测量电路,减小了寄生电容的影响,提高了抗干扰能力,提高了测量精度(可达 $5~\mu\mathrm{m}$),极大地扩展了量程(可达 1 m),是一种很有发展前途的传感器。特定的栅状电容极板和独特的测量电路使其超越了传统的电容传感器,适宜进行大位移测量。现已应用于数显卡尺、测长机等数显量具。

4.1.3　电感式传感器

电感式传感器是利用电磁感应将被测物理量如位移、压力、振动等转换为电感线圈自感 L 或互感 M 变化的传感器。电感式传感器种类很多,本节主要介绍自感型、感型与电涡流型三种。

1. 电感式传感器工作原理

1) 自感型(变磁阻)电感式传感器工作原理

变磁阻式传感器是典型的自感型传感器,其结构如图 4－17(a)所示,由线圈、铁芯、衔铁三部分组成。设线圈匝数为 N,线圈自感 L 的定义为

$$L=\frac{N^2}{R_\mathrm{m}} \tag{4-35}$$

式中,R_m 为磁路磁阻,它由铁芯磁阻 R_f 和气隙磁阻 R_δ 两部分组成,即 $R_\mathrm{m}=R_\mathrm{f}+R_\delta$,其中

$$R_\mathrm{f}=\sum_i\frac{l_i}{\mu_i S_i} \tag{4-36}$$

$$R_\delta=\frac{2\delta}{\mu_0 S} \tag{4-37}$$

式中,μ_i 为铁芯各段磁导率;l_i 为铁芯各段长度;S_i 为铁芯各段截面积;S 为气隙截面积;δ 为气隙长度;μ_0 为空气磁导率。

由于铁芯磁导率远远大于空气磁导率,$R_\mathrm{f}\ll R_\delta$,则该电感传感器的自感为

$$L\approx\frac{N^2\mu_0 S}{2\delta} \tag{4-38}$$

当外部作用量引起衔铁产生位移使气隙面积或气隙长度发生改变时,都会引起磁路磁

阻变化,从而导致自感的变化。因此,相应的变磁阻式电感传感器有两种工作方式:变面积式和变气隙式。此类传感器通常用于位移与速度的测量。变面积式电感传感器的工作特性是线性的,但灵敏度较低,较少使用;变气隙式传感器灵敏度很高,是常用的电感式传感器。

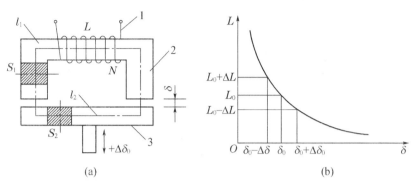

图 4-17 变磁阻式传感器及其工作特性

(a) 变磁阻式传感器结构;(b) 变气隙型传感器工作特性

1—线圈;2—铁芯;3—衔铁

由式(4-38)及图 4-17(b)可知,L 与 δ 之间是非线性关系。设电感传感器初始气隙长度为 δ_0,初始电感量为 L_0,衔铁位移引起的气隙变化量为 $\Delta\delta$,相应的电感变化量为 ΔL。当衔铁上移时,气隙减小,电感增大;反之,电感减小。上移时

$$L = L_0 + \Delta L = \frac{N^2 \mu_0 S}{2(\delta_0 - \Delta\delta)} = \frac{L_0}{1 - \Delta\delta/\delta_0} \tag{4-39}$$

当 $\Delta\delta/\delta_0 \ll 1$ 时,式(4-39)用泰勒级数展开可得电感相对增量

$$\frac{\Delta L}{L_0} \approx \frac{\Delta\delta}{\delta_0} \left[1 + \frac{\Delta\delta}{\delta_0} + \left(\frac{\Delta\delta}{\delta_0} \right)^2 + \cdots \right]$$

忽略高次项后,可得到变气隙式电感传感器的灵敏度

$$S_L = \frac{\Delta L/L_0}{\Delta\delta} = \frac{1}{\delta_0} \tag{4-40}$$

由式(4-40)可见,要增大灵敏度,则应减小 δ_0,但 δ_0 的减小要受到安装工艺的限制。为保证一定的测量范围和线性度,对变气隙式电感传感器,通常取 $\delta_0 = 0.1 \sim 0.5$ mm,$\Delta\delta = (1/5 \sim 1/10)\delta_0$,即一般用作小位移的测量。

2) 互感型(差动变压器)电感传感器工作原理

互感型电感传感器是将被测非电量转换为线圈互感变化的传感器,典型应用是差动变压器。螺线管式差动变压器是一种常用的互感型电感传感器,主要用于测量位移。其等效电路如图 4-18(a)所示。图中,N_1 为变压器初级线圈,次级线圈 N_{21} 与 N_{22} 是两个完全对称的线圈,反极性串联;衔铁插入螺线管并与测量头相连。

当次级开路时,初级电流 $i_1 = \dfrac{u_i}{r_1 + j\omega L_1}$,初级线圈与次级线圈之间的互感分别为 M_1 和 M_2,则次级开路时输出电压为

$$u_0 = u_{21} - u_{22} = -\frac{j\omega(M_1 - M_2)u_i}{r_1 + j\omega L_1} \tag{4-41}$$

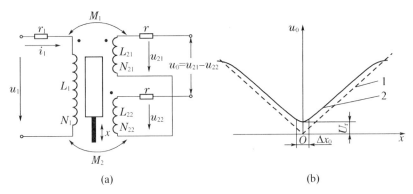

图 4-18　差动变压器等效电路与输出特性曲线

（a）差动变压器等效电路；（b）差动变压器输出特性

1—理论特性；2—实际特性

初始状态衔铁 P 处于中间位置，磁路两边对称，则与次级线圈的 N_{21} 与 N_{22} 对应的互感 $M_1=M_2$，因此，次级线圈产生的差动电动势 $u_0=0$；有位移时，衔铁偏离中间位置，$M_1 \neq M_2$，故输出电动势 $u_0 \neq 0$；输出电势大小决定于衔铁移动的距离 x，而输出电动势的相位决定于位移的方向。差动变压器的灵敏度一般可达 $0.5 \sim 5$ V/mm，行程越小，灵敏度越高。为了提高灵敏度，励磁电压为 10 V 左右为宜，电源频率以 $1 \sim 10$ kHz 为好。差动变压器线性范围为线圈骨架长度的 $1/10 \sim 1/4$，配用相敏检波电路测量。

图 4-18(b) 给出了输出电压 u_0 与位移 x 的关系曲线，虚线为理论特性曲线，实线为实际特性曲线。当衔铁位于中心位置时，差动变压器输出电压并不为零，我们将零位移时的输出电压称为零点残余电压，记作 U_r。零点残余电压主要是由于二次绕组电气参数和几何尺寸不对称造成的，一般在几十毫伏以下，实际使用时，应设法减小 U_r，否则会影响测量结果。

3）电涡流传感器工作原理

根据电磁感应定律，块状金属置于变化着的磁场中或者在固定磁场中运动时，金属体内会产生感应电流，这种电流在金属体内自身闭合，称为电涡流，此种现象称为电涡流效应。显然，电涡流效应与磁场变化特性有关，人们可以通过测量电涡流效应获得引起磁场变化的外界非电量。

根据电涡流效应制成的传感器就称为电涡流传感器。按电涡流在导体内贯穿情况，传感器分为高频反射式和低频透射式，两者原理基本相似。电涡流传感器最大特点是能够对位移、厚度、振动、表面温度、材料损伤等参数进行非接触测量，应用非常广泛。

图 4-19(a) 为高频反射式电涡流传感器原理图。当传感器线圈通入正弦交流电流 $\dot{I}_1$ 时，线圈周围产生交变磁场 H_1，该磁场在金属板中感应出电涡流 $\dot{I}_2$，而 $\dot{I}_2$ 又产生新的交变磁场 H_2，根据楞次定律，H_2 的方向总是抵抗 H_1 的变化。由于有了磁场 H_2 的反作用，最终导致传感器线圈阻抗发生变化。

电涡流传感器的等效电路如图 4-19(b) 所示。图中 R_1、L_1 为传感器线圈的电阻和电感，R_2、L_2 为电涡流短路环的等效电阻和电感，M 为互感。

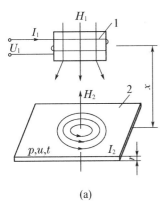

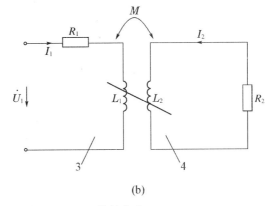

(a)   (b)

图 4-19 电涡流传感器原理及等效电路

(a) 电涡流传感器工作原理；(b) 电涡流传感器等效电路

1—线圈；2—金属板；3—传感器线圈；4—电涡流短路环

根据基尔霍夫第二定律，可列出回路电压方程：

$$\begin{cases} R_1 \dot{I}_1 + j\omega L_1 \dot{I}_1 - j\omega M \dot{I}_2 = \dot{U}_1 \\ -j\omega M \dot{I}_1 + R_2 \dot{I}_2 + j\omega L_2 \dot{I}_2 = 0 \end{cases} \tag{4-42}$$

将副边的电涡流短路环折算到原边，由式(4-42)解出原边线圈等效阻抗

$$Z = \frac{\dot{U}_1}{\dot{I}_1} = R_1 + \frac{\omega^2 M^2}{R_2^2 + \omega^2 L_2^2} R_2 + j\omega \left[L_1 - \frac{\omega^2 M^2}{R_2^2 + \omega^2 L_2^2} L_2 \right] = R_{eq} + j\omega L_{eq} \tag{4-43}$$

如果将电涡流线圈的等效阻抗 Z 用输入信号特征及传感器参数表示，则有

$$Z = R + j\omega L = f(\dot{I}_1、f、\mu、\rho、t、x) \tag{4-44}$$

式中，f 为激励源频率；ρ 为金属板的电导率；μ 为金属板材料磁导率；t 为金属板厚；x 为间距。

线圈阻抗 Z 的变化情况完全取决于电涡流效应，$\dot{I}_2$ 在金属导体的纵深方向并不是均匀分布的，而是只集中在金属导体的表面，这称为集肤效应(也称趋肤效应)。集肤效应与激励源频率、金属板的电导率、磁导率等有关。频率越高，电涡流的渗透深度就越浅，集肤效应越严重；频率越低，检测深度越深。因此，改变频率，可控制检测深度。激励源频率一般设定在 100 kHz～1 MHz。

由上面公式可知，电涡流传感器可用于间距 x 的测量。如果控制上式中的 $\dot{I}_1、f、\mu、\rho、t$ 不变，电涡流线圈的阻抗 Z 就成为间距 x 的单值函数，这样就成为非接触位移测量传感器。

除此之外，电涡流传感器还可用于其他用途的测量，如果控制 $x、\dot{I}_1、f$ 不变，就可以用来检测与表面电导率 ρ 有关的表面温度、表面裂纹等参数，或者用来检测与材料磁导率 μ 有关的材料型号、表面硬度等参数。

2. 电感式传感器的应用

1) 自感型压力传感器

图4-20是自感型压力传感器结构示意图。图4-20(a)是变隙式自感压力传感器,弹性敏感元件是膜盒,当压力变化时,膜盒带动衔铁位移,根据所测的自感变化量,可以计算出压力的大小。此类压力传感器适合测量较小压力。图4-20(b)是变隙差动式自感压力传感器结构示意图,由C形弹簧管充当弹性敏感元件。流体进入弹簧管后,其自由端向外伸展,带动衔铁7移动,引起电感变化。通过测量电感变化量,可计算出压力值。

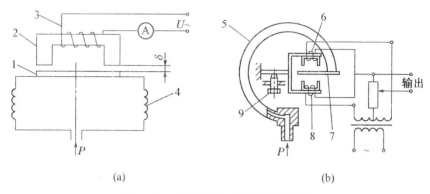

(a) (b)

图4-20 自感型压力传感器结构原理

(a) 变隙式自感压力传感器;(b)变隙差动式自感压力传感器

1、7—衔铁;2—铁芯;3—线圈;4—膜盒;5—C型弹簧管;6、8—线圈;9—机械零点调零螺钉

2) 互感型轴向电感测微计

轴向电感测微计是一种典型的互感型传感器。这是一种常用的接触式位移传感器,其核心是一个螺线管式差动变压器,常用于测量工件的外形尺寸和轮廓形状。图4-21给出了它的结构示意图,其中测端10将被测试件11的形状变化通过测杆8转换为衔铁3的位移,线圈4接受该信号获得相关信息。

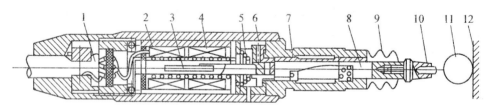

图4-21 轴向式电感测微计结构示意图

1—引线电缆;2—固定磁筒;3—衔铁;4—线圈;5—测力弹簧;6—防转销;7—钢球导轨(直线轴承);8—测杆;9—密封套;10—测端;11—被测试件;12—基准面

图4-22是电感测微计在滚柱直径分选中的应用,由振动料斗出来的滚柱首先由限位挡板挡住,经由互感式测微计测量头测量直径后将测量结果送入计算机;同时限位挡板升起,计算机根据工艺要求驱动电磁阀将滚珠推入不同的分选仓。

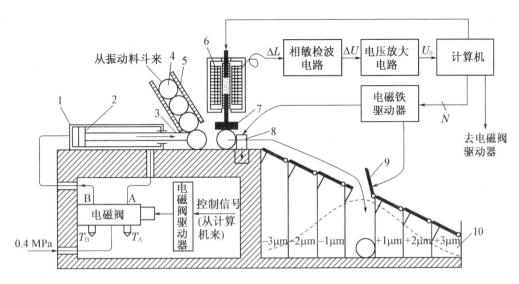

图 4-22　电感测微计在滚柱直径分选中的应用

1—气缸；2—活塞；3—推杆；4—被测滚柱；5—落料管；6—电感测微计；7—铬钢测头；8—限位挡板；9—
电磁翻板；10—容器（料斗）

3）电涡流传感器的应用

电涡流传感器因其可以实现非接触测量，主要用于位移、振动、转速、距离、厚度等参数的测量。图 4-23 是电涡流位移传感器结构示意图。电涡流传感器测量位移的范围为 0～5 mm，分辨率可达到测量范围的 0.1%。图 4-24 是电涡流传感器用于位移测量的示意图。

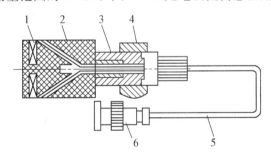

图 4-23　电涡流位移传感器结构示意图

1—线圈；2—框架；3—框架衬套；4—支架；5—电缆插头；6—插头

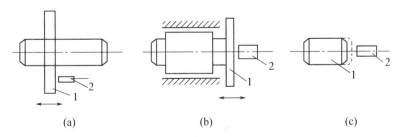

图 4-24　电涡流传感器用于位移测量示意图

（a）汽轮机主粮的轴向位移测量；（b）磨床换向阀、先导阀的位移测量；（c）属
试件的热膨胀系数测量

1—被测试件；2—电涡流传感器

电涡流传感器也可用于非接触的机械振动测量。图 4-25 是检测汽轮机等机械振动的测量示意图,测量范围可从几十微米到几毫米。

电涡流传感器还可用于非接触转速测量。4-26 是测量示意图,如果旋转体的槽(齿)数已知,则可以通过电涡流传感器测得的脉动频率获得被测轴的转速。

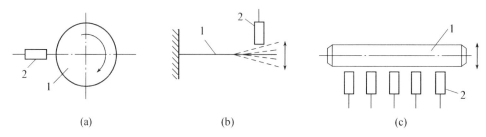

(a)　　　　　　　　(b)　　　　　　　　(c)

图 4-25　电涡流传感器用于振动测量示意

(a) 主轴径向振动测量;(b) 发动机涡轮叶片横向振动测量;(c) 轴向振动多点测量

1—被测试件;2—电涡流传感器

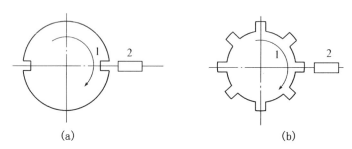

(a)　　　　　　　　　　(b)

图 4-26　电涡流传感器用于转速测量

1—旋转体;2—电涡流传感器

4.2　发电式传感器及应用

前面讲述了电参数式传感器及其应用,即被测量的变化首先通过敏感元件转换为电参数的变化,然后利用相应的后续电路将电参数转换为电信号。本节介绍些常用的发电式传感器及其工程应用。发电式传感器是指将被测量直接转换为电信号的传感器。

4.2.1　压电式传感器

1. 压电式传感器基本原理

压电式传感器是一种典型的发电式传感器,其传感元件是力敏感元件,它能测量那些最终能变为力的物理量,例如:力、力矩和加速度等。压电式传感器具有响应快、灵敏度高、信噪比大、结构简单、性能可靠等优点,因此,在机械工程领域中得到了广泛应用。通常压电式传感器包括:压力传感器、振动传感器及声传感器等多种类型。

压电式传感器是利用某些物质的压电效应制成的传感器。所谓压电效应是指,当某些电介质沿一定方向受到外力作用而发生变形时,在其一定方向的两个表面上将产生异号电荷,当外力去掉后,电介质又恢复到不带电的状态,这种现象称为电介质的正压电效应。相反,当在电介质的极化方向施加电场时,该介质在一定方向上将产生机械变形或机械力,当外电场撤去后,变形或应力也随之消失,这种现象称为逆压电效应。具有压电效应的物质很多,如天然的石英晶体、人工制成的压电陶瓷等。

为了提高压电式传感器的灵敏度,在传感器中,通常是将几片压电材料组合在一起使用,通常有两种组合方式,即串联与并联,如图4-27所示。在这两种接法中,并联接法输出电荷大,时间常数大,适于缓变信号的测量,或以电荷作为输出的场合;串联接法输出电压大,适用于电压输出场合,且电路输入阻抗高。

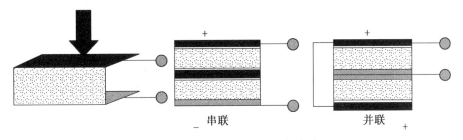

图4-27 压电式传感器连接方法

当压电式传感器中的压电晶体受被测力作用时,在它的两个极面上将出现极性相反、电量相等的电荷,于是可以将压电式传感器看成为两极板上聚集异性电荷,中间为绝缘体的电容器,其等效电路如图4-28所示。

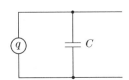

图4-28 压电式传感器等效电路

2. 压电式传感器的应用

1) 压电式压力传感器

如图4-29所示是压电式压力传感器结构示意图,它通常是根据正压电效应(习惯上也称为压电效应)的工作原理制作的。由于压电转换元件(如石英晶体)与传感器体这两种材料的温度膨胀系数不同,当温度变化时会产生附加力而成为测量误差的主要来源。为消除这种影响,在传感器设计上要采用一定的措施,例如,在压电元件与膜片之间可加装第三种材料构成温度补偿组件。

压电式压力传感器目前有两种方法可用于压力的实际测量中。一种方法是利用后续的电压放大器测量电荷在电容上的电压值 U;另一种方法是利用后续的电荷放大器直接测量电荷 Q 值。由于电压放大器自身存在着电压灵敏度随频率及

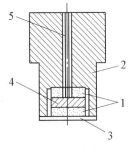

图4-29 压电式压力
传感器结构示意图

1—压电转换元件;2—传感器体;3—弹性膜片;4—电极;5—引线

电缆电容变化的不足之处,因此,电压放大器只用于精度要求不高的测量中,而在高精度测量中通常采用电荷放大器。

压电式压力传感器在工程应用中应注意以下问题:

(1)尽管人们在为扩展压电式传感器的使用频率下限方面做出了很大的努力,但将压电式传感器用于静态、准静态信号的测量仍是不可取的。从测量精度、性能稳定及成本的角度看,对于静态或准静态信号的测量,用压阻式、电容式或电感式等其他类型的压力传感器的性能将远远优于压电式传感器。

(2)电缆噪声是同轴电缆在振动或交变的弯曲变形时,电缆芯与绝缘体间、金属屏蔽套与绝缘体间发生相对滑移摩擦和分离,而在分离层之间产生的静电荷感应干扰,它将混入主信号中被放大而影响测量精度。减小电缆噪声的方法有两种:一是在使用中固定好传感器的引出电缆;二是选用低噪声的同轴电缆。

(3)接地回路噪声是压电传感器接入二次测量线路或仪表构成测试系统后,由于不同电位处多点接地,形成了接地回路和回路电流所致,克服的根本途径是消除接地回路。常用的方法是在安装传感器时,使其与接地的被测试件绝缘连接,并在测试系统的末端一点接地,这样就大大消除了接地回路噪声。

2)压电加速度计

所有加速度计都利用"质量—弹簧"系统,它的底座或与它相当的部位被固定在需要测量振动的点上,压电晶体片接受由质量块与底座的相对运动产生的加速度。压电晶体片经受机械应变时便会产生电荷,利用此特性,在片上放一质量块,顶部用一弹簧系统将其压住,整个系统装在具有厚底的金属壳中。图4-30是一种压电式加速度传感器的结构图,它主要由压电元件、质量块、预压弹簧、基座及外壳等组成。整个部件装在外壳内,并由螺栓加以固定。当加速度计接收振动时,质量块在压电晶体片上产生一交变力,由于质量M是常数,如果应变变化处在压电晶体片线性范围以内,则作用于压电

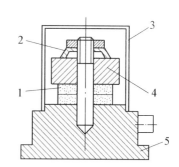

图4-30 压电式加速度传感器结构
1—压电元件;2—预压弹簧;3—外壳;
4—质量块;5—基座

晶体片的力所产生的电荷与加速度成正比,通过测量电荷大小便可得到加速度大小。

压电加速度计有压缩式、剪切式、弯曲式以及它们的组合。各式的主要差别是压电晶体承受应力的形式不相同。图4-31是几种常见的工作形式。

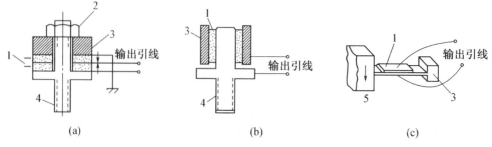

图4-31 压电加速度计工作形式
(a)压缩式;(b)剪切式;(c)弯曲式
1—压电元件;2—紧固螺母;3—质量块;4—安装螺钉;5—支座

图 4-31(a)所示的压缩式压电加速度计结构简单,装配方便,是目前最常见的一种结构。为便于装配和增大电容量,压电式传感器常用两片极化方向相反的晶片并联输出,石英晶片有时也采用四片晶片并联的方式。

　　图 4-31(b)所示的剪切式压电加速度计是采用切应力实现压电转换。图中,管式压电元件紧套在金属圆柱上,在压电元件外径上再套上惯性质量块,相互之间用导电胶黏结。当传感器感受向上的运动,金属圆柱向上运动,由于惯性质量环保持滞后,压电元件就受切应力作用,从而在压电元件的内外表面上产生电荷;如果传感器感受向下的运动,则压电元件内外表面上的电荷极性相反。这种结构形式的传感器灵敏度高,横向灵敏度小,而且能减小基座应变的影响。剪切式压电传感器容易小型化,有很高的固有频率,所以频响范围宽,适于测量高频振动。但是,由于压电元件、金属圆柱以及惯性质量环之间黏结较难,因此,装配成功率较低。

　　图 4-31(c)为弯曲式压电加速度计。压电晶体片粘贴在悬臂梁的侧面。悬臂梁的自由端装配质量块,固定端与基座连接。振动时,悬臂梁弯曲,侧面受到拉伸压缩,使压电元件发生形变 j 从而输出电信号。也可用圆板代替悬臂梁,在圆板装配质量块,在圆板表面上安装压电元件。弯曲式压电加速度计固有频率低,灵敏度高,适用于低频测量。其缺点是体积大,机械强度较前两种差。

　　图 4-32 所示为工程中常用的压电加速度计。

图 4-32　常见压电加速度计

　　压电加速度计的优点是:尺寸小、重量轻、坚固性好,测量频率范围一般为 1~22 kHz,加速度范围为 0~200 g,温度范围为 -150~260 ℃,输出电平为 5~72 mV/g。因此,在振动测量中,压电加速度计得到广泛应用。压电式加速度计的缺点是:低频性能差、阻抗高、测量噪声大,特别是用它测量位移时经过两次积分后会使信号减弱,噪声和干扰的影响相当大。为改善压电加速计的低频相应特性,必须采用高输入阻抗和低频输出阻抗的跟随器或电荷放大器。

　　在不同情况下测量振动,必须选择合适的加速度计安装方法,因为它们对于测量准确度的影响很大。如图 4-33 所示为压电加速计常用的六种附着安装方法,图(a)是将加速度计直接用螺栓安装在振动表面;图(b)是将加速度计与振动面通过绝缘螺栓或者云母片绝缘相连;图(c)是用蜡膜黏附;图(d)是手持探棒与振动表面接触;图(e)是通过磁铁与具有铁磁性质的振动表面磁性相连;图(f 和图 g)是用黏结剂连接。

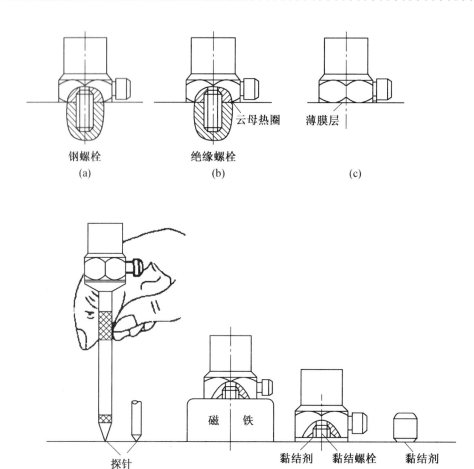

图 4-33 压电速度计安装方法

如图 4-33 所示安装方法中,图(a)可测量强振和高频率振动,是安装加速度计的理想方法;图(b)所示方法与图(a)所示方法相同,只是在需要绝缘的时候使用。但是这两种方法需要对被测物体钻孔攻螺纹,较为复杂,有时因条件不允许而常常受到限制。在精度要求不高的振动测量中常使用其他几种方法,但由于加速度计与振动不是刚性连接,会导致加速度计安装系统的共振频率低于加速度自身固有振动频率。图(e)所示方法是测试中常见的方法,该测试方便可靠,但只能测量加速度较小的振动;图(d)所示方法只适合测量低于 1 000 Hz 的振动,且往往由于手颤的影响,测量误差较大。

4.2.2 磁电式传感器

1. 磁电式传感器基本工作原理

磁电式传感器是利用电磁感应原理,将输入的运动速度转换成感应电动势输出,以实现速度测量的传感器。它不需要辅助电源就能把被测对象的机械能转换成易于测量的电信号,是一种发电式传感器,有时也称为电动式或感应式传感器。由于它有较大的输出功率,故调理电路较简单、性能稳定,工作频率一般为 10～1 000 Hz。

根据电磁感应定律,当 N 匝线圈在均恒磁场内运动时,设穿过线圈的磁通为 φ,则线圈内的感应电势 e 与磁通变化 $\frac{d_\varphi}{d_t}$ 有如下关系:

$$e = -N \frac{d_\varphi}{d_t} \qquad (4-45)$$

根据这一原理,可以设计成动圈式和变磁阻式两种结构形式的磁电式传感器。变磁阻式传感器常被用于测量角速度或转轴的转速,动圈式传感器则一般用于测量线圈与磁场之间的相对运动速度或物体的振动速度。

在动圈式结构中,工作气隙中的磁感应强度 B 恒定,线圈与磁铁间发生相对运动,从而在线圈中产生感应电动势。结构如图 4-34 所示。

线圈中感应电动势的大小与线圈和磁场间的相对运动速度有关,即

$$e = -NBL \frac{d_x}{d_t} \qquad (4-46)$$

图 4-34　动圈式磁电传感器

式中,x 为线位移;N 为线圈匝数;B 为磁感应强度;L 为磁场中导体的长度。

当传感器的结构确定后,B、L、N 均为常数,所以,线圈中感应电动势的大小与线圈对磁场的相对运动速度 $\frac{d_x}{d_t}$ 成正比。利用这个特点,磁电式传感器可以测量运动速度。如果在输出端加上一个微分电路或积分电路,就可以用来测量加速度和位移。

2. 磁电式传感器的应用

正如前文所述,磁电式传感器可以通过线圈运动或改变磁阻两种方式构成传感器,常用于以下几种物理量的测量。

1) 磁电式速度传感器

振动速度传感器一般为磁电式速度计,分绝对速度传感器和相对速度传感器两类。图 4-35 为磁电式绝对速度传感器结构图。磁铁与壳体形成磁回路,装在心轴上的线圈和阻尼环组成惯性系统的质量块并在磁场中运动。弹簧片径向刚度很大、轴向刚度很小,使惯性

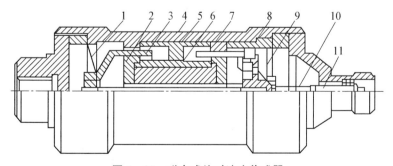

图 4-35　磁电式绝对速度传感器

1、9—弹簧;2—磁靴;3—阻尼环;4—外壳;5—铝架;6—磁钢;7—线圈;8—线圈架;10—导线;11—接线座

系统既可得到可靠的径向支承,又保证有很低的轴向固有频率。铜制的阻尼环一方面可增加惯性系统质量,降低固有频率,另一方面又利用闭合铜环在磁场中运动产生的磁阻尼力使振动系统具有合理的阻尼。作为质量块的线圈在磁场中运动,其输出电压与线圈切割磁力线的速度,即质量块相对于壳体的速度成正比。

根据振动理论可知,为了扩展速度传感器的工作频率下限,应采用 0.5~0.7 的阻尼比。此时,在幅值误差不超过 5% 的情况下,工作频率下限可扩展到 $\omega/\omega_n=1.7$。这样的阻尼比也有助于迅速衰减意外扰动所引起的瞬态振动,但是用这种传感器在低频范围内无法保证测量的相位精确度,测得的波形有相位失真。从使用要求来看,希望尽量降低绝对式速度计的固有频率,但是过大的质量块和过低的弹簧刚度不仅使速度计体积过大,而且使其在重力场中静变形很大。这不仅引起结构上的困难,而且易受交叉振动的干扰。因此其固有频率一般取 10~15 Hz,其可用频率范围一般为 15~1 000 Hz。

如果将壳体固定在一试件上,通过压缩弹簧片,使顶杆以力顶住另一试件,则线圈在磁场中的运动速度就是两试件的相对速度,此时的速度计就成为相对速度计。

2) 磁电式转速传感器

如图 4-36 所示为变磁阻式磁电传感器的典型结构图,其中永久磁铁和线圈均固定,动铁心(齿轮转子)的运动使气隙和磁路磁阻变化,引起磁通变化而在线圈中产生感应电势。当齿轮的转动轴旋转时,每转过一个齿牙时,在线圈中就感应一个电势脉冲。如果将单位时间内的脉冲数除以齿数,则表示该旋转轴的转速。

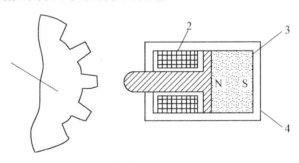

图 4-36 磁电式转速传感器
1—齿形圆盘;2—线圈;3—永久磁铁;4—铁芯

由于这种磁电式传感器对转轴有一定的阻力矩,并且低速时其输出信号较小,故不适用于低转速。

3) 磁电式扭矩传感器

如图 4-37 所示是磁电式扭矩传感器的工作原理图。在驱动源和负载之间的扭转轴两侧安装有齿形圆盘,它们旁边装有相应的两个磁电式传感器。与磁电式转速传感器工作原理相同,当齿形圆盘旋转时,圆盘齿凸凹引起磁路气隙的变化,于是磁通量也发生变化,在线圈中感应出交流电压,其频率等于圆盘上齿数与转速的乘积。

当扭矩作用在扭转轴上时,两个磁电式传感器输出的感应电压 u_1 和 u_2 存在相位差。这个相位差与扭转轴的扭转角成正比。这样传感器就可以把扭矩引起的扭转角转换成相位差的电信号,通过测量相位差就可以得到扭矩。

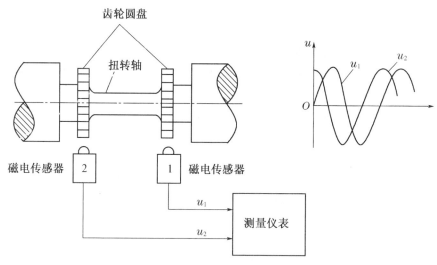

图4-37 磁电式扭矩传感器工作原理

4.2.3 光电式传感器

1. 光电式传感器基本工作原理

光电式传感器的基本工作原理是基于光电子元件的光电效应。半导体光电效应是半导体中束缚电子在吸收光子后所产生的电学效应,它是各类光敏器件工作的基本原理。当具有一定能量的光子投射到某些物质表面时,具有辐射能量的微粒将透过受光物质的表面层,赋予这些物质的电子以附加能量,或者改变物质的电阻大小,或者产生电动势,从而实现光电转换。

半导体光电效应可分为内光电效应和外光电效应两大类。半导体内的电子在吸收光子后,如能克服表面势垒逸出半导体表面,就会产生外光电效应。光电管、光电倍增管等就是基于外光电效应制成的光电器件。半导体内的电子吸收光子后不能跃出半导体,则所产生的电学效应称为内光电效应。内光电效应按其工作原理可分为光电导效应和光生伏特效应。内光电效应的种类很多,可据此制成不同的光敏器件,光敏电阻、光电池、光敏晶体管等就是基于内光电效应制成的光敏器件。

1) 光敏电阻

某些半导体材料(如硫化镉、硫化铝等)的电阻随光照强度的增大而减小。利用半导体材料的这一性质制成光敏电阻,当有光照射到光敏电阻上时,它的电阻值将降低,导致电路参数改变。因此,严格来讲,用它作为传感器属于参数式传感器。

光敏电阻在不受光照时的阻值称"暗电阻",暗电阻越大越好。一般是兆欧数量级;而光敏电阻在受光照时的阻值称"亮电阻",光照越强,亮电阻就越小,一般为千欧数量级。

光敏电阻的亮电阻与光照强度之间的关系,称为光敏电阻的光照特性。一般光敏电阻的光照特性曲线呈非线性,因此,光敏电阻常用在开关电路中作光电信号变换器。

光敏电阻同其他光电元件一样,对于不同波长的入射光,其灵敏度不同,并且光敏电阻的光学与电学性质受温度影响很大,因此,在高温环境中应用光敏电阻,应注意这个问题。

2）光电池

光电池是一种直接把光能转换成电能的元件。它有一个大面积的PN结,当光线照射到PN结上时,便在PN结两端出现电动势,P区为正极,N区为负极,这种因光照而产生电动势的现象称为光生伏特效应。

不同材料的光电池的灵敏度不同,应用光谱的范围也不同。硅光电池适用于波长$0.4\sim1.1\,\mu m$范围,硒光电池适用于$0.3\sim0.6\,\mu m$范围。因此在实际使用中,可根据光谱特性,选择光源性质或光电池。

光电池有两个主要参数指标,即短路电流与开路电压。短路电流在很大范围内与光照强度呈线性关系,而开路电压与光照强度是非线性关系。根据光照强度与短路电流呈线性这一关系,光电池在应用中常用作电流源。

3）光敏晶体管

光敏晶体管与普通晶体管相似,同样有e、b、c三个极,但基极不引线,而封装了一个透光孔。当光线透过光孔照到发射极e和基极b之间的PN结时,就能获得较大的集电极电流输出。输出电流的大小随光照强度的增强而增加。

一般说来,硅管常用于可见光的测试,而锗管常用于红外光的探测。光敏晶体管在使用时,应使光电流、极间耐压、耗散功率和环境温度等不超过最大限制,以免损坏。由于光敏晶体管的灵敏度与入射光的方向有关,应保持光源与光敏晶体管的相对位置不变,以免灵敏度发生变化。

光电式传感器常用于旋转机械的转速测量,或作为各种光电耦合器件。

2. 光电式传感器的应用

1）光电式转速传感器

光电式传感器用于转速测量系统中,通过安装在被测轴上的多孔圆盘,控制照于光电元件(如光电池、光电二极管、光敏晶体管、光敏电阻等)的光通量强弱,从而产生与被测轴转速成比例的电脉冲信号,该信号经整形放大电路和数字式频率计即可显示出相应的转速值。常用的光电式转速传感器有反射式和透射式两种。图4-38为反射式光电传感器结构示意图。被测轴8旋转时,光源1所发出的光束,经透镜2、6聚光到黑白相间的圆盘7上,当光束恰好与转轴上的白色条纹相遇时,光束被反射,经过透镜6,部分光线通过半透半反膜5和透镜3聚焦后照射到晶体管4上,使光敏电流增大。而当聚光后的光束照射到转轴圆盘7上的黑色条纹时,光线被吸收而不反射回来,此时流经光敏晶体管的电流不变,因此,在光敏晶体管上输出与转速成比例的电脉冲信号,其脉冲频率正比于转轴的转速和白色条纹的数目。

如图4-39所示为透射式光电传感器结构示意图。当多孔圆盘随转轴旋转时,光敏元件交替受到光照,产生交替变换的光电动势,从而形成与转速成比例的脉冲电信号,其脉冲信号的频率正比于转轴的转速和多孔圆盘的透光孔数。市场上的光电式传感器测速范围可达每分钟几十万转,使用方便,对被测轴无干扰。

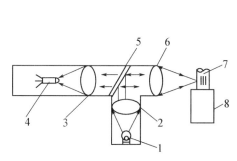

图 4-38 反射式光电传感器示意图

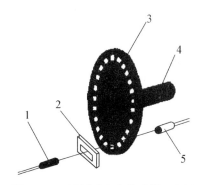

图 4-39 透射式光电传感器示意图

2) 光电耦合器

光电耦合器是利用发光元件与接受光信号的光敏元件封装为一体而构成电—光—电转换的器件。加到发光器件上的电信号为耦合器的输入信号,光敏元件的输出信号为耦合器的输出信号。

光电耦合器具有无机械触点、噪声低、执行动作快、体积小、寿命长的特点。根据结构和用途的不同,光电耦合器可分为光电隔离器和光电开关两大类。

(1) 光电隔离器。光电隔离器由发光二极管 LED 和光敏晶体管封装在同一个管壳内组成,在装配上要使 LED 辐射能量能有效地耦合到光敏晶体管上。光电隔离器的主要应用有:① 将输入与输出端两部分的地线分隔开,并各自使用一套电源供电;② 实现电平转换;③ 提高驱动能力以及抗干扰能力。

图 4-40 为一个光电隔离器的应用实例。隔离器左边输入端为发光二极管,一般只需 10 mA 左右的输入电流就可以发出足够的光,使光电隔离器右边光敏晶体管受光导通。一般光敏晶体管可输出几十毫安的电流,从而驱动负载,如图 4-40 中输出继电器电感 L。在光敏晶体管允许范围内,光电隔离器可以提高输出电压,如图中输入 5 V 信号,输出为12 V,同时,该器件实现了输入与输出两个电平的分离,从而提高了系统的抗干扰能力。

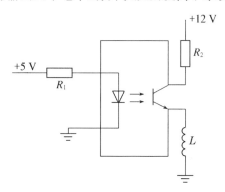

图 4-40 光电隔离器的应用

(2) 光电开关。光电开关是通过把光的强度变化转变为电信号变化,并以此来实现控制的一种电子开关。对金属或非金属都能做出反应,无机械磨损,无电火花,是一种安全、可靠、长寿命、无触点的开关。光电开关以其结构和工作方式的不同,可分为沟式、对射式、反光板反射式、扩散反射式、聚焦式、光纤式等类型。如图 4 - 41 所示为三种光电开关的工作示意图。在图 4 - 41(a)中,发光器与接收器分离,当接收器接受光变弱,说明被测物体位于光发射器与接收器之间;图 4 - 41(b)中,发光器与接收器则集成在一个光电器件内,发光器发出的光经反光板反射后,接收器可以接收光,当被测物体位于光电器件与反光板之间,发光器的光无法正常发射,于是,接受器无信号;图 4 - 41(c)中,发光器与接收器仍然集成在一个光电器件内,但它是利用被测物体反光使接收器产生信号。

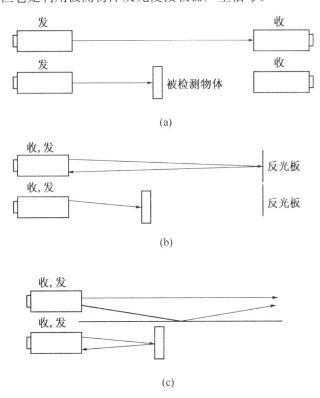

图 4 - 41　光电开关工作示意图
(a) 对射式光电开关;(b) 反射式光电开关;(c) 扩散式光电开关

3) 表面粗糙度光电传感器

如图 4 - 42 所示为反射式光电传感器用于检测工件表面粗糙度或表面缺陷的原理图。从光源 1 发出的光经过被测工件 3 的表面反射,由光电元件 5 接收。当被测工件表面有缺陷或表面粗糙度精度较低时,反射到光电元件上的光通量变小,转换成的光电流就小。检测时被测工件在工作台上可左右、前后移动。

4) 透射式光电测孔传感器

如图 4 - 43 所示为透射式光电传感器用于检测工件孔径或狭缝宽度的原理图。此法适用于检测小直径通孔。从光源 1 发出的光透过被测工件 2 的孔后,由光电元件 3 接收。被测孔径尺寸变化时,照到光电元件上的光通量随之变化。转换成的光电流大小由被测孔径大小决定。此方法也可用于外径的检测。

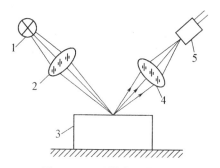

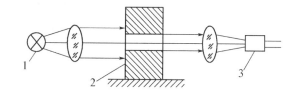

图 4 - 42　反射法测量原理
1—光源；2—物镜；3—被测工件；
4—聚光镜；5—光电元件

图 4 - 43　透射法测量原理
1—光源；2—被测工件；3—光电元件

4.2.4　固态图像传感器

固态图像传感器的原理从本质上也属于光电式传感器，但与前者有一定区别，故将其单独描述。

1. 固态图像传感器基本原理

固态图像传感器是一种固态集成元件，它的核心部分是电荷耦合器件（charge coupled device，简称 CCD）。CCD 是由以阵列形式排列在衬底材料上的金属—氧化物—半导体（metal oxide semiconductor，简称 MOS）电容器件组成的。它的每一个阵列单元具有光生电荷功能，因此是一种光电传感器。除此之外，由于每个阵列单元电容排列整齐，尺寸与位置十分准确，使其还具有积蓄和转移电荷的功能。

电荷耦合器件的基础是 MOS 电容器。MOS 电容器是在热氧化 P 型 Si(P-Si)衬底上淀积金属而构成的电容器，如图 4 - 44 所示。若在某一时刻给它的金属电极加上正向电压 U_G，P-Si 中的少数载流子(此时是空穴)便会受到排斥，于是，在 Si 表面处就会形成一个耗尽区。这个耗尽区与普通 PN 结一样，同样也是电离为主构成的空间电荷区。并且，在一定条件下，所加 U_G 越大，耗尽区就越深，这时 Si 表面吸收少数载流子(此时是电子)的势(即表面势 U_s)也就越大。显而易见，这时的 MOS 电容器所能容纳的少数载流子电荷的量就越大。据此，可以用"势阱"来比喻 MOS 电容器在 U_G 作用下存储信号电荷的能力。习惯上，把"势阱"想象为一个桶，把少数载流子(信号电荷)想象为盛在桶底的流体。

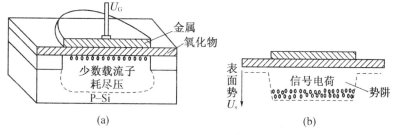

(a)　　　　　(b)

图 4 - 44　MOS 电容及其表面势阱
(a)结构；(b)势阱

具体来讲,固态图像传感器是指把布设在半导体衬底上的许多感光小单元的光电信号,用控制时钟脉冲或其他办法读取出来的一类功能器件。这许多小单元简称"像素"或"像点",它们本身在空间、电气上是彼此独立的。图 4－45 为固态图像传感器的工作原理。入射光图像照射到传感器上,其各位置的像素点所形成的光电信号能直接由自扫描(电荷转移)输出。不需一般图像传感器(如光导摄像管)的外加扫描器件。

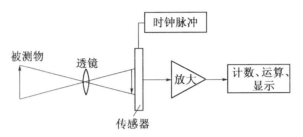

图 4－45　固态图像传感器

图 4－46 表示 CCD 的电荷转移过程。图 4－46(a)表示排列在一起的 MOS 电容器。如果 MOS 之间相邻很近,以致耗尽区相互交叠,那么,任何可以移动的少数载流子信号电荷都将力图堆积到表面势最大的位置。若用势阱比喻,则它们都将流向桶底处。图中 ϕ_1、ϕ_2 是两个控制栅极,若分别加以不同的正向脉冲,就可以改变它们各自所对应的下方 MOS 的表面势,亦即可以改变阱之深度,从而使信号电荷由浅阱向深阱自动转移。图 4－46(b)表示在 $t=t_0$、$t=t_1$、$t=t_2$ 时刻信号电荷的堆积情况。图 4－46(c)表示控制栅极 ϕ_1,ϕ_2 的电压变化,可见,信号电荷随栅极脉冲变化而沿势阱之间依次耦合前进。

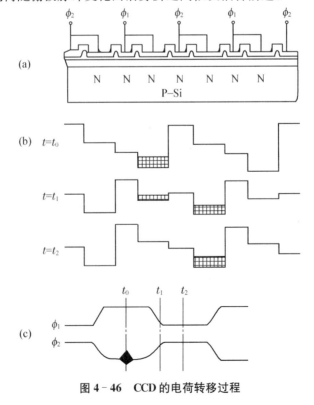

图 4－46　CCD 的电荷转移过程

固态图像传感器可依照其像素排列方式而分为线型、面型或圆型等,已作为工程应用的有:1 024、1 728、2 048、4 096 像素线型传感器,32×32、100×100、320×244、490×400 像素面型传感器等。

图 4-47 所示为一种线型 CCD 传感器。传感器的感光部是光敏二极管(photo-diode,简称 PD)的线阵列,1 728 个 PD 作为感光像素位于传感器中央,两侧设置 CCD 转移寄存器,寄存器上面覆以遮光物。奇数号位的 PD 的信号电荷移往下侧的寄存器;偶数号位的 PD 的信号电荷则移往上侧的寄存器。再以输出控制栅驱动 CCD 转移寄存器,把信号电荷经公共输出端,从光敏二极管 PD 上依次读出。

近来另一种图像传感器——互补金属氧化物场效应管 CMOS(complement metal oxide semiconductor)光电传感器也已在电脑、笔记本电脑、掌上电脑、视频电话、扫描仪、数码相机、摄像机、监视器、车载电话、指纹认证等图像输入领域得到广泛应用。CMOS 和 CCD 使用相同感光元件,具有相同的灵敏度和光谱特性,但光电转换后的信息读取方式不同。CMOS 光电传感器经光电转换后直接产生电流(或电压)信号,信号读取十分简单。

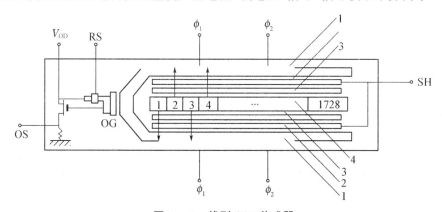

图 4-47　线型 CCD 传感器

1—CCD 转移寄存器;2—转移控制栅;3—积蓄控制电极;4—PD 阵列(1728);SH—转移控制栅输入端;RS—复位控制;V_{OD}—漏极输出;OS—图像信号输出;OG—输出控制器

2. 固态图像传感器的工程应用

固态图像传感器用于非电量测量,是以非接触方式进行测量,以光为媒介的光电转换,在传真、文字识别、图像识别等技术领域已获得广泛应用。由于它具有小型、质轻、高速、高灵敏、高稳定性、高寿命以及非接触等特点,因此,可以实现危险地点或人、机械不可到达场所的测量与控制。它广泛地应用于物体有或无的检测,形状、尺寸、位置等机械参数的非接触或远距离测量,特别是在自动控制、自动检测中,越来越显示出它的优越性。

1) 铝板宽度的自动检测

热轧铝板宽度的测量是 CCD 用于自动检测的典型实例。图 4-48 中,两个 CCD 线型传感器置于铝板的上方,板端的一小部分处于传感器的视场内,依据几何光学方法可以分别测知宽度 l_1、l_2,在已知两个传感器的视场间距 l_m 时,就可以根据传感器的输出计算出铝板宽度 L。图中 CCD 线型传感器 3 是用来摄取激光器在板上的反射光像的,其输出信号是用来补偿由于板厚的变化而造成的测量误差。整个系统由微处理机控制,这样可做到在线实时检测热轧板宽度。对于 2 m 宽的热轧板,最终测量精度可达板宽的±0.025%。

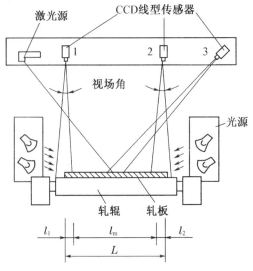

图 4‑48　热轧铝板宽度自动检测原理图

2) 二维零件尺寸的在线检测

图 4‑49 为用 CCD 线阵式摄像机作流水线零件尺寸在线检测的应用实例。当零件在生产线上一个接一个地经过 CCD 摄像机镜头时,CCD 传感器逐行扫过零件的整个面积,将零件轮廓形状转换成逐行数据(电平信号)进行存储,存储的数据再经过数据处理后最终可重构出零件的轮廓形状,并计算出零件的各部分尺寸。这种方法的前提条件是传送带与零件(一般为金属材料)之间有明显的光照对比度,才能将零件轮廓从传送带背景图像中区分开来。

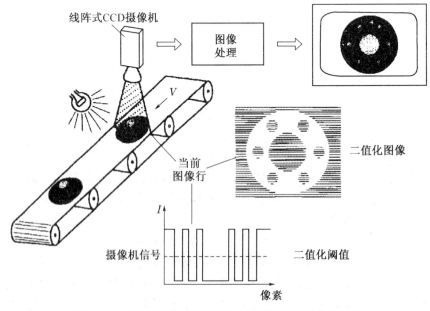

图 4‑49　CCD 线阵式摄像机作二维零件尺寸的在线检测

3）机器人视觉系统

机器人视觉系统可采用摄像机、CCD 图像传感器、超声波传感器等，其中 CCD 图像传感器是常采用的一种。图 4-50 所示是将 CCD 应用于机器人的目标定位系统中。其中，将 CCD 图像传感器置于末端执行器中，在机器人进行装配、搬运等工作时，利用 CCD 视觉系统对一组需装配的零部件逐个进行识别，并确定它在空间的位置和方向，引导机器人的手准确地抓取所需的零件，并放到指定位置，完成分类、搬运和装配任务。

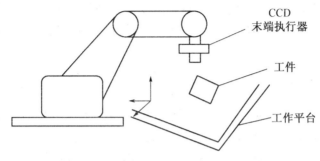

图 4-50　机器人目标定位系统

4.2.5　霍尔传感器

1. 霍尔传感器基本工作原理

霍尔传感器的工作原理是基于某些材料的霍尔效应。如图 4-51(a)所示，在和磁感应强度 B 垂直的半导体薄片中通以电流 I，设材料为 N 型半导体，则其中多数载流子为电子。电子 e 沿着和电流相反的方向在磁场中运动，因此受到洛仑兹力 F_L 的作用，电子在此力作用下向一侧偏转，并使该侧形成电子积累，与它相对应的一侧形成电子缺乏，这样就在两个横向一侧面之间建立起电场 E，因此电子又要受到此电场的作用，其作用力为 F_E。当 $F_L = F_E$ 时，电荷的积累就达到动平衡。

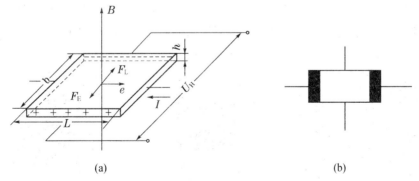

图 4-51　霍尔效应原理图

这时在两个横向侧面之间建立的电场称为霍尔电场 E_H，两侧面间的电位差称为霍尔电压 U_H。霍尔电压 U_H 与通过电流 I 和磁感应强度 B 成正比。即

$$U_H = K_H I B \tag{4.47}$$

式中，K_H 为霍尔灵敏度，表示在单位磁感应强度和单位控制电流下得到的开路霍尔电压。对给定型号的霍尔元件，K_H 是常数。图 4-51(b)是霍尔传感器的表示符号。

霍尔传感器的灵敏度受温度影响较大，这是因为一方面材料的特性参数受温度影响；另一方面，温度变化引起霍尔元件输入电阻变化，从而使控制电流变化。前者可以采用温度系数较小的材料，后者则可采用适当的补偿电路，如图 4-52 所示，采用恒流源提供恒定控制电流 I，减小温度误差，同时在输入回路中并联分流电阻 R_0，以提高输出电压的温度稳定性。

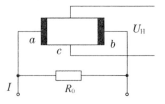

图 4-52　霍尔元件温度补偿

2. 霍尔传感器的应用

霍尔传感器是可以将各种磁场及其变化的量转变成电信号输出的装置。霍尔传感器具有结构简单、体积小、重量轻、频带宽、动态特性好、元件寿命长等优点。在应用中可以用于测量磁场以及能够产生或影响磁场的各种物理量，因此，霍尔传感器在位移、厚度、重量、速度、电流强度、磁感应强度与开关量等参数的测量中得到广泛的应用。

1) 霍尔式转速传感器

利用霍尔元件测量速度的方案较多。图 4-53 是美国 GM 公司生产的霍尔式曲轴转角传感器，通常安装在曲轴前端或后端。由图可见，传感器由信号轮的触发叶片 1、霍尔元件 2、永久磁铁 3、底板 4 和导磁板 5 等主要部件构成。其霍尔元件 2 上通有恒定电流 I，固定在底板 4 上，信号轮触发叶片 1 由内外两个带触发叶片的信号轮组成，并随旋转轴一起旋转。外信号轮外缘上均布着 18 个触发叶片和触发窗口，每个触发叶片和窗口的宽度为 10° 弧长；内信号轮外缘上设有三个触发叶片和三个窗口，其触发叶片和窗口的宽度均不相同。信号轮随旋转轴转动，当触发叶片 1 进入永久磁铁 3 和霍尔元件 2 之间的空气隙时[如图 4-53(b)]，霍尔元件 2 上的磁场被触发叶片 1 旁路（或称隔磁），这时由于霍尔元件上没有磁感应强度 B，故不产生霍尔电压 U_H；当触发叶片 1 离开空气隙时[如图 4-53(c)]，永久磁铁 3 的磁通便通过导磁板 5 穿过霍尔元件 2，此时由于霍尔元件上同时通过电流 I 和磁感应强度 B，所以产生霍尔电压 U_H。因此，每当信号轮的触发叶片转至图 4-53(c)位置时，霍尔元件便输出一个脉冲，单位时间的脉冲数便表示被测旋转体的转速。

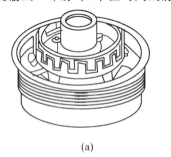
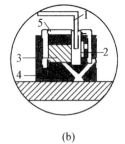
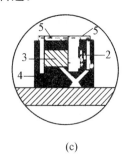

(a)　　　　　　　　　(b)　　　　　　　　　(c)

图 4-53　霍尔式曲轴转角传感器

(a)霍尔式曲轴转角传感器结构示意图；(b)触发叶片进入空气间隙，霍尔元件中的磁场被
　旁路；(c)触发叶片离开空气隙，霍尔元件被磁场饱和

1—信号轮的触发叶片；2—霍尔元件；3—永久磁铁；4—底板；5—导磁板

如图4-54所示是几种不同结构的霍尔式转速传感器。磁性转盘2的输入轴1与被测转轴相连,当被测转轴转动时,磁性转盘随之转动,固定在磁性转盘附近的霍尔传感器4便可在小磁铁通过时产生一个相应的脉冲,检测出单位时间的脉冲数,便可知被测转速。磁性转盘上小磁铁数目的多少决定了传感器测量转速的分辨率。

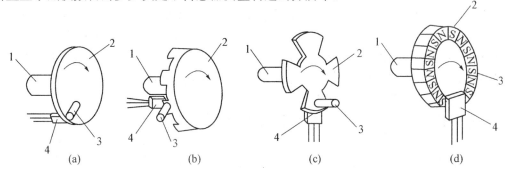

图4-54 几种霍尔式转速传感器的结构

1—输入轴;2—转盘;3—小磁铁;4—霍尔传感器

2) 霍尔位置开关

如图4-55所示是采用霍尔元件测量物体位置的原理。图中霍尔传感器1位于一由永磁铁2产生的磁场中。在上部的气隙中有一软铁片4可上下移动,由此来控制流经霍尔板的磁通量,该磁通则用来度量软磁铁片的位置。该霍尔电压通过一电子线路中进行检测,该电子线路仅产生两个离散的电平,即0 V和12 V。因此,上述装置可用作终端位置开关,用来无接触地监测机器部件的位置。

3. 霍尔式损伤检测

如图4-56所示是采用霍尔效应对钢丝

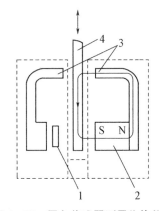

图4-55 霍尔传感器测量物体位置

1—带集成电路的霍尔探测器;2—永磁铁;3—导磁铁片;4—软磁

绳作断丝检测的例子。当钢丝绳通过霍尔元件时,钢丝绳中的断丝会改变永久磁铁产生的磁场,从而会在霍尔板中产生一个脉动电压信号。对该脉动信号进行放大和后续处理后可确定断丝根数及断丝位置。

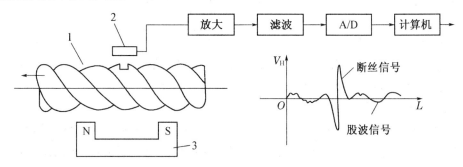

图4-56 采用霍尔效应的钢丝断丝检测装置

1—钢丝绳;2—霍尔元件;3—永久磁铁

4.2.6 热电偶传感器

1. 热电偶传感器原理

热电偶是一种热电型的温度传感器,它将温度信号转换成电势(mV)信号,配以测量毫伏信号的仪表或变换器,便可以实现温度的测量和温度信号的转换。热电偶温度传感器由于测温范围宽,在工程中的应用非常广泛。从 1 K 到 3 000 K 的温区,都可选择不同型号的热电偶温度传感器实现温度测量。除此以外,热电偶温度传感器还具有明显的优点:

① 结构简单,制造方便,价格便宜;

② 测温精确度较高,高温区的复现性和稳定性很好;

③ 由于测温显示电信号,便于信号的远传和记录,也有利于集中检测和控制;

④ 热电偶的体积、热容量及热惯性均小。热电偶温度传感器能用来测量点的温度和壁面温度,也能用来进行动态温度测量。如图 4-57 所示为实际工程中常见的几种热电偶传感器,其中,左端点与被测物接触。

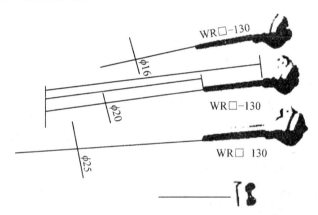

图 4-57 工程中常见的热电偶传感器

下面介绍热电效应中的几个基本概念。

1) 接触电势

金属导体由于材料不同,其内部的电子密度就不相同。电子密度不同的金属接触在一起就要发生自由电子的扩散现象,自由电子就会从密度大的金属中跑到密度小的金属中去。于是在两导体之间就形成了电位差,这个电位差就是接触电势。

2) 温差电势

温差电势是由于金属导体两端温度不同而产生的另一种热电势。温度不同,导体中自由电子能量就不同,温度越高,电子能量就越大。在导体中能量大的电子就会向低能级区扩散,于是就在导体的两端形成一个电位差,这就是温差电势。

3) 热电偶回路热电势

如果把两种不同的金属或合金导体 A 和 B 组合成如图 4-58 所示的闭合回路,就构成了简单的热电偶回路。当 A 和 B 相接的两处温度不同时,例如 $T > T_0$,在回路中就产生一定大小的电动势 $E_{AB}(T, T_0)$,这个物理现象被称为热电效应(又叫塞贝克效应),这个电动势被称为热电势。热电势 $E_{AB}(T, T_0)$ 是由接触电势和温差电势两部分组成的。

现在再分析一下图 4-59 示出的热电偶回路,它是由四个热电势串联而成的。热电偶回路的总电势即为四个电势的代数和,即

$$E_{AB}(T, T_0) = E_{AB}(T) + E_B(T, T_0) - E_{AB}(T_0) - E_A(T, T_0) \tag{4.48}$$

式中,右边第 1、3 项表示 T、T_0 处接触电势,第 2、4 项表示 A、B 的温差电势。

当材料选定以后,热电势的大小仅与两端温度有关,如果设法将其中一个端点温度固定,如使 $f(T_0)$ 为常数,则 $E_{AB}(T, T_0)$ 就与 T 建立起一一对应关系,这就是热电偶测温的原理。

由上面分析可知,热电偶测温原理是将温度信号直接转换成毫伏级电势信号。由于测量电势的方法很多,实际测量中可根据不同精度要求选用不同的测量电路。

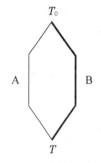

图 4-58　热电偶原理图

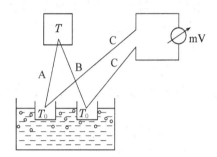

图 4-59　热电偶测温原理

2. 热电偶的分类

理论上讲,凡是不同的金属材料均可组成热电偶,但在实际中并非如此。首先是热电极材料的要求,一般要求物理化学性质稳定,电阻温度系数小,力学性能好,所组成的热电偶灵敏度高,复现性好;其次是希望热电势与温度之间的函数关系能呈线性关系。目前,被选做热电偶电极的材料已有许多种,不同材料具有不同的特性,所组成的热电偶在不同温度范围内所表现出的性能有较大差异。热电偶的分类没有严格的标准,但根据使用习惯会有以下几种不同的方法。

① 按其热电势与温度的关系以及使用性能可分为常用热电偶和特殊热电偶。

② 按其适应的温度范围不同可分为高温热电偶、中温热电偶和低温热电偶。

③ 按其结构形式不同可分为铠装式、插入式和裸线式热电偶。

1) 铂铑—铂热电偶(LB 型)

铂铑—铂热电偶正极为铂铑合金丝,负极为纯铂丝,其物理化学性能稳定,测量精度高,常用于精密温度测量和作为基准温度计使用。它可用于中、高温区的温度测量,通常使用范围为 300~1 300 ℃,短期可达 1 600 ℃,但灵敏度较低,且价格昂贵。

2) 镍铬—镍铬热电偶(EU 型)

镍铬—镍铬热电偶以镍铬为正极,镍硅为负极,化学性能很稳定,灵敏度高(室温下为 41 $\mu V/℃$),成本低,价格低廉,非常适合于中高温的测量,常用工作范围为 100~1 000 ℃,短期可达 1 300 ℃。

3) 铜—康铜热电偶(CK 型)

铜—康铜热电偶以铜和康铜作为正负电极,由于铜丝和康铜丝材质均匀,性能稳定,复

现性好,而且价格便宜,其室温下灵敏度达 40 μV/℃,在液氮温度下为 16 μV/℃,故广泛应用于液氮温区(80 K)至室温的测量。在中、低温区铜—康铜热电偶是科研工作首选的测温仪表之一。

4) 镍铬—康铜热电偶

镍铬—康铜热电偶以镍铬为正极,康铜为负极,综合了镍铬—镍硅热电偶和铜—康铜热电偶的一些优点,可以适应 80~773 K 的温区。它的最大优点是灵敏度高,室温下达 70 μV/℃,对测量小温差是有利的。

5) 镍铬—金铁热电偶

几乎所有热电偶随着温度下降,热电势减小,且灵敏度也下降。这一特性对于低温测量是不利的,一般热电偶最低只能用于 80 K 以上温区。而近几十年发展起来的镍铬—金铁热电偶却较好地克服了这一缺点,可以工作在 1~300 K 温区,1 K 时灵敏度为 10 μV/K,为康铜的 30 倍。此外,它具有稳定性好、热导率低的优点,对低温测量是有利的。

镍铬—金铁热电偶正极为镍铬,负极为金铁。金铁丝是在纯金中掺入微量的铁原子融合而成。随着掺入铁原子比例的增加,热电偶在低温段的灵敏度下降,而在高温段的灵敏度上升。

铂铑—铂热电偶和镍铬—镍硅热电偶作为中高温温度计,铜—康铜、镍铬—康铜以及镍铬—金铁热电偶作为中低温温度计。

4.2.7 红外探测器

红外探测器的原理本质上也属于热电式传感器,但由于其工作原理是由光转化为热,进而转化为电,与前者有一定区别,故将其单独描述。

1. 红外探测器基本工作原理

1) 红外辐射

任何物体,当其温度高于绝对零度(−273.15 ℃)时,都将有一部分能量向外辐射,物体温度愈高,则辐射到空间去的能量愈多。辐射能以波动的方式传播,其中包括的波长范围很宽,可从几微米到几千米,包括有 γ 射线、X 射线、紫外线、可见光、红外线,一直到无线电波,它们构成了整个无限连续的电磁波谱,如图 4-60 所示,红外辐射是其中的一部分。红外线的波长在 0.76~1 000 μm 的波谱范围,相对应的频率为 4×10^4~3×10^{11} Hz。通常又按红外线与红色光的远近分为四个区域,即近红外、中红外、远红外和极远红外。

红外线和所有电磁波一样,具有反射、折射、干涉、吸收等性质,它在空中传播的速度为 3×10^8 m/s。红外辐射在介质中传播时,会产生衰减,主要原因是介质的吸收和散射作用。由普朗克定律可知,低温或常温状态的种种物体都会产生红外辐射。此性质使红外测试技术在工业、农业、军事、宇航等各领域获得了广泛应用。

2) 红外探测器的工作原理

红外探测器是将红外辐射能转换为电能的一种传感器。按其工作原理可分为热探测器和光子探测器。

(1) 热探测器。它是利用红外辐射引起探测元件的温度变化,进而测定所吸收的红外辐射量。热探测器通常有热电偶型、热敏电阻型、气功型、热释电型等。

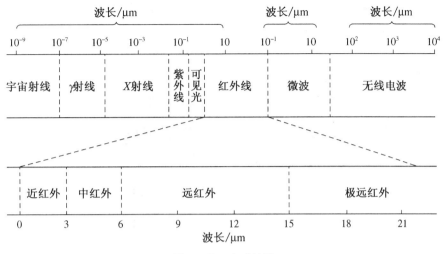

图 4 - 60　电磁波谱

① 热电偶型。将热电偶冷端置于环境温度下,将热端涂上黑层置于辐射中,可根据产生的热电势来测量入射辐射功率的大小。这种热电偶多用半导体材料制成。

为了提高热电偶探测器的探测率,通常采用热电堆型,如图 4 - 61 所示。热电堆是由数对热电偶以串联形式相接,冷端彼此分离又靠近并屏蔽起来,热端分离但相连,用来接收辐射能。可由银—铋或锰—康铜等金属材料制成块状热电堆;或用真空镀膜和光刻技术制造薄膜热电堆,常用材料为锦和销。热电堆探测器的探测率约为 1×10^9 cm · $Hz^{1/2}$ · W^{-1},响应时间从数毫秒到数十毫秒。

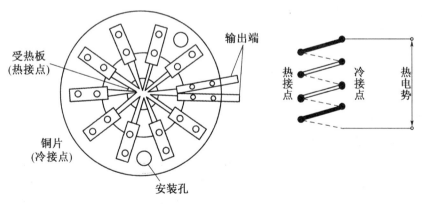

图 4 - 61　热电堆型探测器

② 气动型。气动型探测器是利用气体吸收红外辐射后温度升高、体积增大的特性,来反映红外辐射的强弱,其结构原理如图 4 - 62 所示。红外辐射通过透镜 11、外窗口 2 照射到吸收薄膜 3 上,此薄膜将吸收的能量传送到气室 4 内,气体温度升高,气压增大,致使柔镜 5 膨胀。在气室的另一边,来自光源 8 的可见光束通过透镜 12、栅状光栏 6 聚焦在柔镜上,经柔镜反射回来的栅状图像 7 又经过栅状光栏 6、反射镜 9 投射到光电管 10 上。当柔镜因气体压力增大而移动时,栅状图像与栅状光栏发生相对位移,使落到光电管上的光量发生变化,光电管的输出信号反映了入射红外辐射的强弱。气动型探测器的光谱响应波段很宽,从

可见光到微波,其探测率约为 $1\times10^{10}\,\mathrm{cm\cdot Hz^{1/2}\cdot W^{-1}}$,响应时间为 15 ms,一般用于实验室内,作为其他红外器件的标定基准。

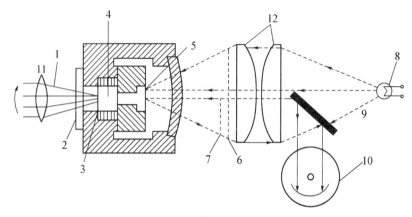

图 4 - 62　气动型探测器

1—红外辐射;2—透红外窗口;3—吸收薄膜;4—气室;5—柔镜;6—光栏;7—光栅
图像;8—可见光源;9—反射镜;10—光电管;11—红外透镜;12—光学透镜

③ 热释电型。热释电型探测器的工作原理是基于物质的热释电效应。某些晶体[如硫酸三甘肽、锯酸锦坝、钮酸铿(LiTaO$_3^-$)等]是具有极化现象的铁电体,在适当外电场作用下,这种晶体可以转变为均匀极化的单畴。在红外辐射下,由于温度升高,引起极化强度下降,即表面电荷减少,这相当释放一部分电荷,因此称为热释电效应。通常沿某一特定方向,将热释电晶体切割成一种薄片,再在垂直于极化方向的两端面镀以透明电极,并用负载电阻将电极连接。在红外辐射下,负载电阻两端就有信号输出。输出信号的大小决定于晶体温度变化,从而反映出红外辐射的强弱。通常对红外辐射进行调制,使恒定的辐射变成交变辐射,不断地引起探测器的温度变化,导致热释电产生,并输出交变信号。热释电型探测器的技术指标为:响应波段 1~38 μm,探测率(3~10)$\times10^{10}\,\mathrm{cm\cdot Hz^{1/2}\cdot W^{-1}}$,响应时间 10^{-2} s,工作温度 300 K。这种探测器一般用于光谱仪、测温仪以及红外摄像等。

(2) 光子探测器。光子探测器的工作原理是基于半导体材料的光电效应。一般有光电、光电导及光生伏打等探测器。制造光子探测器的材料有硫化铅、锦化铟、暗铺柔等。由于光子探测器是利用入射光子直接与束缚电子相互作用,所以灵敏度高,响应速度快。又因为光子能量与波长有关,所以光子探测器仅对具有足够能量的光子有响应,存在着对光谱响应的选择性。光子探测器通常在低温条件下工作,因此,需要制冷设备。光子探测器的性能指标一般为:响应波段 2~14 μm,探测率(0.1~5)$\times10^{10}\,\mathrm{cm\cdot Hz^{1/2}\cdot W^{-1}}$,响应时间 10^{-5} s,工作温度(70~300)K。这种探测器一般用于测温仪、航空扫描仪、热像仪等。

2. 红外探测器的应用

1) 红外测温仪

红外测温仪常由光学系统、红外探测器、信号处理系统、温度指示器等组成。光学系统用来收集被测目标的辐射能量,使之汇聚于红外探测器的接收光敏面上;红外探测器把接收到的红外辐射能量转换成电信号输出;信号处理系统则完成探测器产生的微弱信号的放大、线性化处理、辐射率调整、环境温度补偿、抑制噪声干扰以及输出供计算机处理的数字信号等项功能。

如图 4 - 63 所示是某种红外测温仪的原理框图。被测物体的热辐射线由光学系统聚焦，经光栅盘调制后变为一定频率的光能，落在热敏电阻探测器上，经电桥转换为交流电压信号，放大后输出显示或记录。光栅盘是由两片扇形光栅板组成，一块为定板，另一块为动板。动板受光栅调制电路控制，按一定频率正、反向转动，实现开(光可透过)关(光不通过)，使入射线变为一定频率的能量作用在探测器上。这种红外测温仪可测 0～600 ℃ 范围内的物体表面温度，时间常数为 4～10 ms。

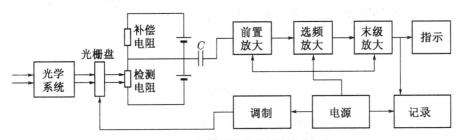

图 4 - 63　红外测温仪的原理方框图

2) 红外热像仪

红外热像仪的作用是将人眼看不见的红外热图形转变成人眼可见的电视图像或照片。红外热图形是由被测物体各点温度分布不同，因而红外辐射能量不同而形成的热能图形，其原理如图 4 - 64 所示。

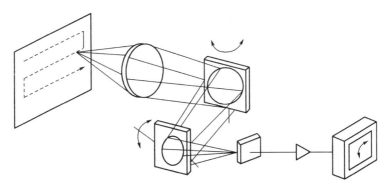

图 4 - 64　红外热像仪原理

热像仪的光学系统将辐射线收集起来，经过滤波处理之后，将景物热图形聚集在探测器上。探测器位于光学系统的焦平面上。光学机械扫描器包括两个扫描镜组，一个垂直扫描，一个水平扫描。扫描器位于光学系统和探测器之间。扫描镜摆动达到对景物进行逐点扫描的目的，从而收集到物体温度的空间分布情况。当镜子摆动时，把被测物体各点的红外信息依次聚焦在探测器上，实现对被测物体各点的扫描。然后由探测器将光学系统逐点扫描所依次搜集的景物温度空间分布信息，变为按时序排列的电信号，经过信号处理之后，由显示器显示出可见图像。

红外测温仪及红外热像仪在军事、空间技术及工农业科技领域里发挥了重大作用。在机械制造中，已被用于机床热变形、切削温度、刀具寿命控制等试验研究中。

思考题与习题

1. 传感器按输入输出功能分类方法,传感器可分为哪些?
2. 电阻应变式传感器通常有几种用法? 分别是什么?
3. 简述自感型(变磁阻)电感式传感器结构组成以及工作原理?
4. 简述热电偶传感器优点和工作原理。
5. 简述气动型探测器工作原理以及画出红外测温仪的原理方框图。

扫码获取
习题答案

扫码获取
本章电子资源

第 5 章　汽车性能测试

5.1　汽车性能测试

5.1.1　汽车动力性能测试

汽车的动力性能测试是指汽车在良好路面直线行驶时,由汽车受到的纵向外力决定的、所能达到的平均行驶速度。汽车是一种高效的运输工具,运输效率的高低取决于汽车的动力性。动力性能好,汽车就会具有较高的行驶速度、较好的加速能力。提高汽车平均行驶车速,就会提高汽车的运输效率,所以动力性是汽车各种性能最基本、最重要的性能。

从获得尽可能高的平均行驶速度的观点出发,汽车动力性能主要有下列 3 个方面的指标来评定:① 汽车的最高车速 U_{amax};② 汽车的加速时间 t;③ 汽车能爬上的最大坡度 i_{max}。

1. 汽车动力性能检测标准

汽车动力性能检测项目有加速性检测、最高车速检测、滑行性能检测、发动机输出功率检测和汽车底盘输出功率检测。

动力性能实验可依据的标准主要包括 GB/T 12534—1990《汽车道路试验方法通则》、GB/T 12544—2012《汽车最高车速试验方法》、GB/T 12543—2009《汽车加速性能试验方法》、GB/T 12547—2009《汽车最低稳定车速试验方法》、GB/T 12539—1990《汽车爬陡坡试验方法》和 GB/T 12537—1990《汽车牵引性能试验方法》。

2. 主要试验设备及工作原理

汽车动力性能试验使用的设备主要包括汽车底盘测功机、第五轮仪、非接触时车速仪、汽车综合测试仪及数据采集系统。

1) 汽车底盘测功机

底盘测功机包括加载装置(功率吸收装置、水力测功机、电力测功机、电涡流测功机)、测量装置(测力装置、测速装置、功率值标度)、转鼓组件(转鼓、飞轮)、纵向约束装置(从动轮固定、钢丝绳固定)、车辆举升装置、轮胎冷却装置、发动机冷却装置等。

底盘测功机的工作原理如图 5-1 所示,试验汽车的驱动轮放在转鼓上,转鼓轴端有液力或电力测功机。测功机能产生一定的阻力矩并调节转鼓的转速(即汽车的速度)。由测力装置可测出施加于转鼓的转矩 T 值,即 $T=FL$,其中 F 为由拉力表测出的作用于测功机外壳长臂上的拉力(N),L 为测功机外壳长臂的长度(m)。为了固定汽车,应有钢丝绳拉住实验汽车。从装有钢丝绳中的拉力表可读出汽车的挂钩拉力 F_d。而

$$F_d = F_{X2} \tag{5-1}$$

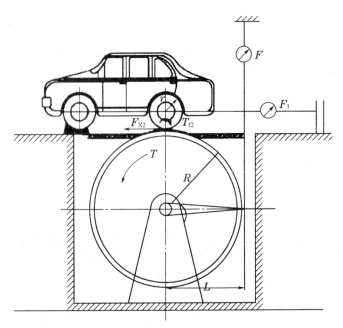

图 5-1 底盘测功机的工作原理图

式中，F_{X2} 为车轮与转鼓间的摩擦力（N）。

根据汽车驱动轮和转鼓的力矩平衡，可以得出驱动轮上的驱动力矩 T_t 为

$$T_t = F_d(r+R) - FL \qquad (5-2)$$

故汽车的驱动力为

$$F_t = \frac{T_t}{r} = \frac{F_d(r+R) - FL}{r} \qquad (5-3)$$

测出各个排挡、各种车速下节流阀全开时的 F_d 和 F 值，即能表征出汽车动力性能的驱动力图。

汽车测功机通过模拟汽车在道路行驶时的阻力，测量其驱动轮输出功率及加速、滑行等性能。有的测功机还带有汽车燃料消耗量检测装置。底盘测功机具有如下功能：测量汽车驱动轮输出功率；检验汽车滑行性能；检验汽车加速性能；校验车速表；校验里程表；配备油耗仪的测功机可以在室内模拟道路行驶、测量等速油耗。

2）第五轮仪

在进行车辆道路试验时，为了测量车辆的行驶距离和速度，尽管可以利用由传动系驱动的里程表和速度表，但不准确，因为车辆驱动轮的滚动半径直接接受驱动力矩、地面对轮胎的切向反作用力、车轴载荷、轮胎气压及其磨损程度等的影响。此外，车用里程表和速度表的精度也较低。为消除这些因素对测量精度的影响，在车辆旁边或后边附加一个测量的轮子，对于四轮汽车来说，安装上去的充气轮胎就像汽车的第五轮一样，故称为第五轮仪。第五轮仪是从动轮，行驶时无滑转，故能在平坦的路面上精确地测量车辆行驶距离和时间。

第五轮仪一般由传感器部分和记录仪两部分组成。传感器部分与记录仪部分由导线相连接。传感器部分的作用是把汽车行驶的距离变成电信号；记录仪部分的作用是把传感器部分送来的电信号和内部产生的时间信号进行控制、计数并计算出车速，然后指示出来。第

五轮仪主要有机械式、电子式和微机式 3 种。

第五轮仪的传感器部分一般由充气车轮、传感器、支架、减振器和连接装置等组成,如图 5 - 2 所示。充气车轮为轮胎式,安装在支架上,支架通过连接装置固定在汽车的侧面或尾部的车身上。在减振器压簧的作用下,充气车轮紧贴地面,并随汽车的行驶而滚动。当充气车轮在路面上滚动一周时,汽车行驶了充气车轮周长的距离。在充气车轮中心安装有传感器,可以把轮子在路面上滚动的距离通过传感器转变成电信号,常用传感器有磁电式和光电式两种。

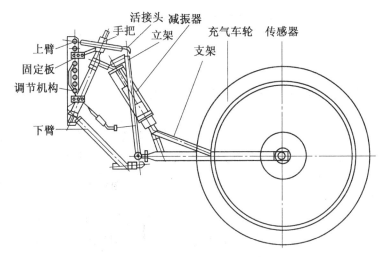

图 5 - 2　第五轮仪的结构

3) 非接触式车速仪

第五轮仪有时因路面状态不好而打滑或跳离地面,也会因轮胎气压等原因使测试精度降低。第五轮仪因其结构上的限制,不适用于 180 km/h 以上的高速测试。非接触式车速仪采用光电相关滤波技术,是第五轮仪换代产品。

非接触式车速仪测试范围可达 1.5～250 km/h,不需要特殊的工夹具,只需将光电传感器安装在汽车前、后保险杠上,或用真空吸盘吸附于前、后车体上,方向对正汽车车身的纵轴线,光学镜头垂直对准灯光照明的地面。

非接触式车速仪由光电传感器和以计算机为核心部件的二次仪表组成,配以相应的 I/O 接口及外设,不需要接触路面或在路面上设置任何测量标记。光电传感器由照明组件、梳状光电器件、放大器及外壳支架等部件组成。照明组件的强光射在地面上,由于地面凹凸不平,形成明暗对比度不同的反射斑纹(凸凹斑或色斑等),由梳状光电器件接收,并产生感应电流。汽车运动时,地面的明暗变化引起梳状光电器件的感应电流变化,经滤波及整形等处理后,转换为脉冲输出,一个脉冲就严格对应于汽车在地面上走过的一段距离,输入二次仪表进行速度运算和距离计数。

非接触式车速仪的传感器在路面有积雪或水的时候,会引起测量误差,目前已开始采用 GPS 进行速度测量。

4) 汽车综合测试仪

汽车综合测试仪是一种以微型计算机为核心的智能化仪器,配以不同的传感器,可用于

测定汽车、拖拉机、工程机械等车辆的动力性能（如滑行性能、加速性能、最高车速、最小稳定车速等）、经济性（如等速油耗、加速油耗、多工况油耗、100 h 油耗等）、制动性能、牵引性能等多种技术性能参数，并具有数据处理、显示、存储、打印等功能。图 5 - 3 是汽车综合测试仪的原理框图。

图 5 - 3　汽车综合测试仪的原理框图

3. 试验方法

汽车动力性能试验方法可以分为道路试验与台架试验两种。

1）试验准备

一般试验条件按 GB/T 12534—1990《汽车道路试验方法通则》有关规定执行。动力性能的大部分试验在汽车试验场的综合性能道路或飞机场跑道上进行，要求路面平坦、坚硬、干燥、清洁，用沥青或混凝土铺装，直线段长度不少于 2 km，对于大型汽车，要求更长，宽度不小于 8 m，纵向坡度在 0.1% 以内。

最大爬坡度试验，要求坡道长度不少于 25 m，坡度均匀，坡前应有 8～10 m 的平直路段；坡度大于或等于 30% 的路面应用水泥铺装，小于 30% 的坡道可用沥青铺装，允许以表面平整、坚实、坡度均匀的自然坡道代替。

按试验车技术条件规定的额定装载量装载。试验前，检查汽油发动机化油器的阻风阀和节气阀以保证功能全开；柴油发动机喷油泵齿条行程应能达到最大位置（必要时进行调整）；允许更换空气滤清器和燃油滤清器的滤芯。

2）道路试验

通过道路试验测试汽车动力性能，其结果接近实际运行情况。汽车动力性能在道路试验中的检测项目一般有高速挡加速时间、起步加速时间、最高车速、陡坡爬坡车速、长坡爬坡车速，有时为了评价汽车的拖挂能力，还进行汽车牵引力检测。另外，有时为了分析汽车动力平衡问题，采用高速滑行试验测定滚动阻力系数及空气阻力系数，但道路试验受到道路条件、风向、风速、驾驶技术等因素的影响，而且这些因素可控性差。

（1）最高车速试验。汽车的最高车速，是指汽车满载时在水平、路面良好的直线路段上（混凝土或沥青路面），所能达到并保持的最高车速。它不是瞬时值，而是可连续行驶一定距离的最高车速。

最高车速试验的速度测试路段要求 200 m 长，并且在两端用标杆准确标记。要求速度测量路段的后端留有足够的供制动的路段，一般此路段要求长 200 m 以上，并且有足够的加速行驶区段，因此，最高车速试验最好在汽车试验场的高速环形跑道上进行。

如果没有上述条件，在进行最高车速试验时，应在无干扰的直线跑道上进行，要求供加速用的直线路段长至 1～3 km（视汽车质量大小和加速性能而定）。

测量最高车速时，变速器挡位置于汽车设计最高车速的相应挡位，一般是最高挡。如果最高挡速比设置不能使汽车达到最大行驶车速（如某些超速挡），可以在次低挡进行测试对于使用自动变速器的车辆,最高车速在"D"前进挡测量。试验汽车在加速路段行驶时,油门全开,以最佳的加速状态行驶。

最高车速反映了车辆依靠动力所能达到的车速极限,试验时,要关闭车窗和附加设施,如空调系统等。为了消除道路的微小坡度影响,提高测量准确性,应进行往返两个方向测试,行驶路段应重合,试验结果取平均值。

行驶时间 $t(s)$ 和车速 $v(\text{km/h})$ 的关系如下,即

$$v=\frac{200}{t}\times3.6=\frac{720}{t} \tag{5-4}$$

(2) 最低稳定车速试验。最低稳定车速一般指汽车以直接挡能够稳定行驶的最低车速,对未设直接挡的汽车,是指最接近直接挡速比的挡位能够稳定行驶的最低车速。最低稳定车速反映了汽车以直接挡作低速行驶,发动机及传动系能够正常工作的最低限度。如果这一速度低,汽车在行驶中遇到情况减速后,可不必换入低挡而能够保持正常行驶,简化驾驶员的操作。

在试验路段上选定两段长 100 m 的测量路段,两段之间相隔 200~300 m。汽车挂直接挡,在测量路段前保持可以稳定行驶的最低稳定车速驶入测量路段,通过第五轮仪或车速行驶记录装置观察车速,测定通过第一个测量路段的时间;驶离第一个测量路段后,急速踩下加速踏板,发动机不应熄火,传动系不应颤动,加速至 20~25 km/h,并在第二个测量路段前再稳定至最低稳定车速驶入测量路段,测量通过第二个测量路段的时间。根据试验情况,适当提高或降低驶入测量路段前的稳定车速,重复试验。

试验中,在测量路段上不允许切断离合器,使离合器打滑或使用制动。试验往返各进行 2 次,按 4 次通过测量路段的时间取算术平均值,计算出汽车直接挡的最低稳定车速。

(3) 汽车加速性能试验。加速性能是指汽车从较低车速到较高车速时获得最短时间的能力。它主要用加速时间来衡量。表征汽车加速能力的指标有起步换挡加速时间和超车加速时间,相应的测试汽车加速性能的试验方法有两种。

① 最高挡和次高挡加速性能试验。最高挡和次高挡加速性能反映了汽车在行进中提速的快慢程度。汽车在正常行驶时,以最高挡和次高挡行驶居多,汽车由较低车速过渡到较高车速时,动力性能好的车能在较短时间内达到预定的车速。

试验车经充分预热行驶后,变速器挂预定挡位,以稍高于该挡的最低稳定车速为初速度(选 5 的整倍数,如 20 km/h、25 km/h、30 km/h、35 km/h、40 km/h)匀速行驶,当车速稳定后(偏差±1 km/h),驶入试验路段,立即迅速将加速踏板踏到底,并保持此状态一直到加速结束,使汽车加速至该挡最高车速的 80% 以上,对于轿车,应加速至 100 km/h 以上,记录加速全过程。试验时,汽车变速器置于预定挡位,加速中不换挡。试验往返各进行一次,往返试验的路段应重合,试验结果取平均值。

② 汽车起步连续换挡加速试验。汽车起步连续换挡加速试验是指汽车在平直道路上用汽车的起步挡位起步,并以最大的加速度迅速过渡至最高挡,或者使汽车达到某一速度或行驶一定距离的试验。汽车起步连续换挡加速性,表征汽车从起步开始快速达到较高行驶车速的能力。

令换挡时发动机转速分别为发动机额定转速的 90%、95%、100%,试验车从起点开始,油门全开,按上述一种发动机转速换挡,测定汽车通过同一 500 m 路段的加速时间。每种换

挡车速往返预试一次,取加速时间的算术平均值。加速时间最短者,其换挡车速最佳。

试验时,汽车停在加速试验路段起点(保险杠与标杆线重合),变速器预先置于起步挡位,然后迅速起步,并将加速踏板踩到底,使汽车尽快加速行驶。当发动机达到最大功率转速时,力求迅速无声地换至高挡位(一般换挡时间 1~1.5 s),换挡后立即将加速踏板踩到底,直到车速升至最高挡最高车速的 80% 以上(对于轿车,应加速至 100 km/h 以上)。试验往返各进行一次,往返试验的路程应重合,试验结果取平均值。

(4) 爬陡坡试验。爬陡坡试验的评价指标是汽车的最大爬坡度。汽车的最大爬坡度是指汽车处于最大总质量状态时,变速器挂最低挡,在坚硬路面上所能克服的最大坡度(不允许动力冲坡)。开始试验前,试验车预热行驶,使油温、水温达到正常的工作状态,而后停于接近坡道的平直路段上。将试验车的变速器置于最大牵引力输出挡(通常是第一挡)。汽车起步后,立即迅速将加速踏板踩到底,要保持节气门全开(或喷油泵齿条行程最大),不允许换挡,爬至坡顶。

如果试验车克服了该坡道,再到大一级坡度的坡道上进行上述试验。依此类推,直到汽车不能克服的坡道为止。如果第一次爬不上去,可进行第二次,但不允许超过两次。最后以能爬至坡顶最陡坡道的坡度作为该车的最大爬坡度。

3) 台架试验

台架试验与实车道路试验相比,有以下优点:① 不受外界试验条件与环境条件的影响;② 试验周期短;③ 节省人力;④ 精度高。

室内的动力性能试验主要是测定驱动力、传动系机械效率、轮胎滚动阻力系数及汽车空气阻力系数等参数,通常在底盘测功机上进行。汽车的动力性能、燃料经济性、制动性能和振动特性等,均可在底盘测功机上进行测定。测功试验时,应选择几个有代表性的工况测试汽车驱动轮的输出功率或驱动力,如发动机额定功率所对应的车速(或转速)、发动机最大转矩所对应的车速(或转速)、汽车常用车速或经济车速,或根据交通管理部门的要求选择检测点。

在动力性能检测过程中,控制方式处于恒速控制,当车速达到设定车速(误差 12 km/h)并稳定 5 s 后(如时间过短,检测结果重复性较差),计算机方可读取车速与驱动力数值,并计算汽车底盘输出功率。

检测发动机额定功率和最大转矩转速下的输出功率或驱动力时,将变速器挂入选定挡位,松开驻车制动,踩下加速踏板,同时调节测功机制动力矩对滚筒加载,使发动机在节气门全开情况下以额定转速运转。待发动机转速稳定后,读取并打印驱动车轮的输出功率(或驱动力)值、车速值。在节气门全开情况下继续对滚筒加载,至发动机转速降至最大转矩转速稳定运转时,读取并打印驱动力(或输出功率)值、车速值。测量驱动车轮在变速器不同挡位下的输出功率或驱动力时,要依次挂入每一挡位,按上述方法进行测试。当发动机发出额定功率,挂直接挡,可测得驱动车轮的额定输出功率;当发动机发出最大转矩,挂第一挡,可测得驱动车轮的最大驱动力。

发动机全负荷运转,在选定车速下进行输出功率或驱动力的测试时,是在踩下加速踏板的同时,调节测功机制动力矩对滚筒加载,使发动机在节气门全开情况下以选定的车速稳定运转进行的。发动机部分负荷选定车速下输出功率或驱动力的检测与此相同,只不过发动机是在选定的部分负荷下工作的。

5.1.2 汽车制动性能测试

汽车的制动性是指汽车行驶时,能在短距离内停车且维持行驶方向稳定和下长坡时能维持较低车速的能力。

1. 汽车制动性能检测标准

国家标准 GB 7258—2012《机动车运行安全技术条件》对检验制动性能做出了规定,检验方法分为道路试验和台架试验两类。本节主要介绍这两类试验的方法和要求。此外,规定了汽车制动系统结构、性能的试验方法。GB/T 13594—2003《机动车和挂车防抱制动性能和试验方法》规定了汽车防抱制动系统的性能要求和试验方法。

1)制动性能的评价指标

汽车的制动性主要由以下 3 个方面来评价:

(1)制动效能。制动效能是指汽车迅速降低车速直到停车的能力,通常用制动距离、制动减速度和制动力等参数来评价。

(2)制动效能的恒定性。制动效能的恒定性主要指的是抗热衰退性能,一般用一系列连续制动时制动效能的保持程度来衡量。

(3)制动时汽车的方向稳定性。制动时汽车的方向稳定性是指汽车在运动过程中维持直线行驶或预定弯道行驶的能力。汽车试验中常规定一定宽度的试验通道,制动时方向稳定性合格的车辆在试验过程中不允许产生不可控制的效应使它离开这条通道。

2)制动时车轮的受力

(1)地面制动力。汽车只有受到与行驶方向相反的外力时,才能从一定速度制动到较小的车速或停车。这个外力只能由地面或者空气提供,但是由于空气阻力相对较小,使汽车制动的外力主要由地面提供,被称为地面制动力。对同一辆汽车来说,地面制动力越大,制动减速度就越大,制动距离就越短,所以地面制动力对汽车的制动性能有着至关重要的影响。

图 5-4 所示是汽车在良好的硬路面上的制动时车轮的受力情况。从力矩平衡可得

$$F_{xb} = \frac{T_\mu}{r} \qquad (5-5)$$

式中:F_{xb} 为地面制动力(N);T_μ 为车轮制动器中的产生的摩擦力矩(N·m);r 为车轮半径(m)。

地面制动力是使汽车制动而减速行驶的外力,但是地面制动力取决于两个摩擦副的摩擦力,一个是制动器内制动摩擦片与制动鼓或与制动盘间的摩擦力;另一个是轮胎与地面间的摩擦力即附着力。

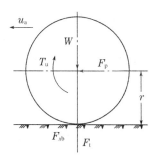

图 5-4 汽车在良好硬路面上的制动时车轮的受力情况

(2)制动器制动力。在轮胎周缘为了克服制动器摩擦力矩所需的力称为制动器制动力,以符号 F_μ 表示。它相当于把汽车架离地面,并踩住制动踏板,在轮胎周缘沿切线方向推动车轮直至车轮能转动所需要的力,如式(5-6)所示,即

$$F_\mu = \frac{T_\mu}{r} \tag{5-6}$$

式中, r 为车轮半径(m)。

(3) 地面制动力、制动器制动力与附着力之间的关系。在制动过程中,如果只考虑车轮的运动为滚动与抱死拖滑两种状况,当制动踏板力较小时,制动器摩擦力矩不大,地面和轮胎之间的摩擦力即地面制动力,足以克服制动器摩擦力矩而使车轮滚动。显然,车轮滚动时的地面制动力就等于制动器制动力,且随着制动踏板力的增大而增大。但地面制动力是滑动摩擦力的约束反力,其值不能超过附着力,因此,当制动器踏板力或制动系压力上升到某一个数值,地面制动达到附着力时,车轮即抱死不转而出现拖滑现象。若制动器踏板力或制动系压力继续增大,则制动器制动力也按原有关系继续增大,但若作用在车轮上的法向载荷为常数,地面制动力 F_{xb} 达到附着力之后就不再增加了。

汽车的地面制动力首先取决于制动器制动力,但同时又受地面附着条件的限制,所以只有当汽车具有足够的制动器制动力,同时地面又能提供足够的附着力的时候,才能获得足够的地面制动力。

3) 汽车的制动效能及其恒定性

(1) 制动距离。制动距离是指汽车速度为 v 时,从驾驶员开始操纵制动控制装置(制动踏板)到汽车完全停住为止所驶过的距离,包括制动器起作用和持续制动两个阶段中汽车行驶的距离。

在制动器起作用的阶段,汽车行驶过的距离 S_1(m)可由式(5-7)求得

$$S_1 = \frac{v}{3.6}(t_1 + t_2) \tag{5-7}$$

式中: v 为制动初速度(km/h); t_1 为驾驶员反应时间(s); t_2 为机构滞后时间(s)。在持续制动阶段,汽车行驶过的距离 S_2(m)一般可用式(5-7)估算,即

$$S_2 = \frac{v^2}{25.9} \times \frac{m(1+\varepsilon)}{F} \tag{5-8}$$

式中, m 为汽车的质量(kg); ε 为汽车旋转零件的当量质量与汽车质量的比值 $\Delta m/m$, Δm 为汽车旋转零件的当量质量(kg); F 为各轮制动力总和(N)。

所以,制动距离 S(m)可以表示为

$$S = S_1 + S_2 = \frac{v}{3.6}(t_1 + t_2) + \frac{v^2}{25.9} \times \frac{m(1+\varepsilon)}{F} \tag{5-9}$$

从式(5-7)~式(5-9)中可以看出,决定汽车制动距离的因素有制动器起作用的时间、最大制动减速度、整车质量等。附着力和制动器制动力越大,起始制动速度越低,制动距离越短。汽车应保证制动系统可以产生足够的制动力,并且使制动力在汽车前后桥分配合理,以便充分利用各桥的垂直载荷,保证汽车在一定初速度下的制动距离在规定范围以内。汽车在规定的初速度下的制动距离和制动稳定性应符合表5-1的要求。

表 5-1　制动距离和制动稳定性要求

车辆类型	制动初速度/ (km·h^{-1})	满载检验制动距离要求①/m	空载检验制动距离要求②/m	制动稳定性要求车辆任何部位不得超出的试车道宽度
座位数≤9 的载客汽车	50	≤20	≤19	2.5
其他总质量≤4.5 t 的汽车	50	≤22	≤21	2.5
其他汽车、汽车列车及无轨电车	30	≤10	≤9	3.0
四轮农用运输车	30	≤9	≤8	2.5
三轮农用运输车	20	≤5	≤4.5	2.3
两轮摩托车	30	≤7		—
边三轮摩托车	30	≤8		2.5
正三轮摩托车	30	≤7.5		2.3
轻便摩托车	20	≤4		—
轮式拖拉机组	20	≤6.5	≤6.0	3.0
手扶变型运输机	20	≤6.5		2.3

注:对总质量大于 3.5 t 并小于等于 4.5 t 的汽车试车道宽度为 3 m;
① 气压制动系统:气压表的指示气压≤额定工作气压;液压制动系统:座位数小于或等于 9 的载客汽车踏板力≤500 N;对于其他车辆,踏板力≤700 N;
② 气压制动系统:气压表的指示气压≤600 kPa;液压制动系统:座位数小于或等于 9 的载客汽车,踏板力≤400 N;对于其他车辆,踏板力≤450 N

（2）制动减速度。制动减速度是制动时车速相对于时间的导数。在持续制动阶段,若制动器最大制动力 $F_{\mu,\max}$ 尚未达到（或不能达到）附着力 F_ϕ 的值,且假设在制动过程中 $F_{\mu,\max}$ 不变,则汽车在此阶段内减速度 $j(\mathrm{m/s^2})$ 为

$$j = \frac{F_{\mu,\max}}{G/g} \tag{5-10}$$

式中,G 为车身重量(N)。

汽车走过的距离 $S(\mathrm{m})$ 为

$$S = \frac{v^2}{25.9} \cdot \frac{G/g}{F_{\mu,\max}} \tag{5-11}$$

在持续制动阶段,由于轮胎与地面摩擦时轮胎温度升高,导致附着系数下降,所以,$F_{\mu,\max}$ 也将发生变化,在此阶段,汽车并不是匀减速运动,用平均减速度(MFDD)来检测汽车的制动性能更能符合实际,MFDD 由式(5-12)计算,即

$$\mathrm{MFDD} = \frac{v_b^2 - v_e^2}{25.92(S_e - S_b)}(\mathrm{m/s^2}) \tag{5-12}$$

式中,v 为试验车的制动初速度(km/h);试验车速 $v_b = 0.8v(\mathrm{km/h})$;试验车速 $v_e = 0.1v(\mathrm{km/h})$;$S_b$ 为试验车速从 v 到 v_e 的行驶距离(m);S_e 为试验车速从 v 到 v_e 的行驶速度。

显然,平均减速度越大,制动力也就越大,制动效果越好。反之,如果平均减速度很小,

则制动距离相应延长,制动效果变差。所以,采用平均减速度能有效评价汽车的制动效能。

汽车在规定的初速度下急踩制动时充分发出的平均减速度和制动稳定性应符合表5-2的要求。

表5-2　平均减速度和制动稳定性要求

车辆类型	制动初速度/ $(km \cdot h^{-1})$	满载测试充分发出的平均减速度/ $(m \cdot s^{-2})$	空载测试充分发出的平均减速度/ $(m \cdot s^{-2})$	制动稳定性要求车辆任何部位不得超出的试车道宽度/m
座位数≤9的载客汽车	50	≥5.9	≥6.2	2.5
其他总质量≤4.5 t的汽车	50	≥5.4	≥5.8	2.5
其他汽车、汽车列车及无轨电车	30	≥5.0	≥5.4	3.0
注:对总质量大于3.5 t并小于等于4.5 t的汽车试车道宽度为3 m				

4)制动时汽车的方向稳定性

制动过程中,有时会出现制动跑偏、后轴侧滑或者前轮失去转向能力而使汽车失去控制,离开原来的行驶方向,甚至发生撞入其他车辆行驶轨迹、驶进沟中、滑下山坡的危险情况。一般称汽车在制动过程中维持直线行驶或按照预定弯道行驶的能力为制动时汽车的方向稳定性。制动时汽车自动向右或者向左偏驶称为"制动跑偏"。侧滑是指制动汽车的某一轴或两轴发生横向移动。制动跑偏、侧滑与前轮失去转向能力是造成交通事故的重要原因。

在制动过程中,若是只有前轮抱死或前轮先抱死拖滑,则汽车基本上沿直线行驶,汽车处于稳定状态,但失去转向能力。若后轮比前轮提前一定的时间先抱死拖滑,且车速超过某一个数值,汽车在轻微的侧向力作用下就会发生侧滑。

所以,从保证汽车行驶方向稳定性的角度出发,首先不能出现只有后轮抱死或后轮比前轮先抱死的情况,以防止危险的后轮的侧滑;其次,尽量少出现只有前轮抱死或前轮和后轮同时抱死的情况,以维持汽车的转向能力。最理想的状态是防止任何车轮抱死,前后车轮都处于滚动状态,这样就能保持制动汽车的稳定性。

汽车的制动性可采用道路试验和室内试验进行测试。道路试验一般要测定冷制动及高温下汽车的制动距离、制动减速度、制动时间等参数及在转弯与变更车道时汽车制动的方向稳定性,使用的仪器主要有五轮仪、减速器仪和压力传感器。室内试验主要是通过室内试验装置测试汽车制动器的摩擦力矩来检查汽车制动性,使用的制动试验台根据支撑(车轮形式)的不同,分为滚筒式和平板式。

2. 主要试验设备及工作原理

1)主要试验设备

主要仪器设备有第五轮仪或非接触式车速仪、制动减速仪、反力式滚筒制动试验台、平板式制动试验台等。

2)制动试验台的结构与工作原理

(1)反力式滚筒制动试验台。反力式滚筒制动试验台的结构简图如图5-5所示,由结构完全相同的左右两套对称的车轮制动力测试单元和一套指示、控制装置组成。每一套车轮制动力测试单元由框架(多数试验台将左、右测试单元的框架制成一体)、驱动装置、滚筒组、举升装置、测量装置等构成。

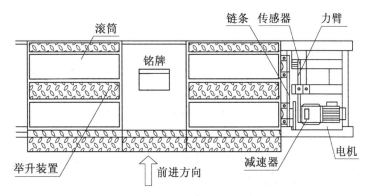

图 5 - 5　反力式制动试验台结构简图

　　滚筒相当于移动的路面,各对滚筒分别带有飞轮,产生相当于汽车质量的惯性。制动时滚筒依靠惯性相对于车轮移动一定距离,因此这种试验台的主要测试参数是各轮的制动距离,同时还可以测得制动时间或减速度。反力式滚筒制动试验台的优点在于试验条件接近实际行驶条件,可在任何车速下进行测试。但是,旋转部分的转动惯量大,结构复杂,占地面积大,测试车型受限,也是这种试验台的不足之处。

　　有的滚筒制动试验台在主、从动滚筒之间设置一个直径较小、既可自转又可上下摆动的第三滚筒,平时由弹簧使其保持在最高位置。而在许多设置有第三滚筒的制动试验台上取消了举升装置,在第三滚筒上装有转速传感器。在测试时,被测车辆的车轮置于主、从动滚筒上,同时压下第三滚筒,并与其保持可靠接触。控制装置通过转速传感器即可获知被测车轮的转动情况。

　　制动力测试装置主要由测力杠杆和传感器组成。测力杠杆一端与传感器连接,另一端与减速器壳体连接,被测车轮制动时测力杠杆与减速器壳体将一起绕主动滚筒(或绕减速器输出轴、电动机枢轴)轴线摆动。传感器将测力杠杆传来的、与制动力成比例的力(或位移)转变成电信号输送到指示、控制装置。传感器有应变测力式、自整角电机式、电位计式、差动变压器式等多种类型。

　　进行车轮制动力测试时,被测汽车驶上制动试验台,车轮置于主、从动滚筒之间,放下举升装置(或压下第三滚筒,装在第三滚筒支架下的行程开关被接通),通过延时电路启动电动机,经减速器、链传动和主、从动滚筒带动车轮低速旋转,待车轮转速稳定后驾驶员踩下制动踏板,车轮在车轮制动器的摩擦力矩作用下开始减速旋转。此时电动机驱动的滚筒对车轮轮胎周缘的切线方向作用制动力克服制动器摩擦力矩,维持车轮继续旋转。与此同时,车轮轮胎对滚筒表面切线方向附加一个与制动力方向反向等值的反作用力,在反作用力矩作用下,减速器壳体与测力杠杆一起朝滚筒转动相反方向摆动,测力杠杆一端的力或位移量经传感器转换成与制动力大小成比例的电信号。从测力传感器送来的电信号经放大滤波后,送往 A/D 转换器转换成相应的数字量,经计算机采集、存储和处理后,测试结果由数码显示或由打印机打印出来。一般可以把左、右轮最大制动力、制动力和、制动力差、阻滞力和制动力时间曲线等一并打印出来。

目前,采用的反力式滚筒制动试验台对具有防抱死(ABS)系统的汽车制动系的制动性能,还无法进行准确的测试。主要原因是这些试验台的测试车速较低,一般不超过5 km/h,而现代防抱死系统均在车速10~20 km/h以上起作用,所以在上述试验台上测试车轮制动力时,车辆的防抱死系统应不起作用,只能相当于对普通的液压制动系统的测试过程。

(2) 平板式制动试验台。平板式制动试验台是一种新型的制动检测设备。它利用汽车低速驶上平板后突然制动时的惯性力,来检测制动效果,属于一种动态惯性式制动试验台。它除了能检测制动性能外,还可以测试轮重、前轮侧滑和汽车的悬架性能,也是一种综合性试验台。

这种试验台结构比较简单,主要由几块测试平板、传感器和数据采集系统等组成。轿车测试线一般由4块前制动—悬架—轴重测试用平板及一块侧滑测试板组成。数据采集系统由力传感器、放大器、多通道数据采集板等组成。该试验台不需要模拟汽车转动惯量,较容易将制动试验台与轮重仪、侧滑仪组合在一起,测试过程接近实际路试条件,车辆测试方便且效率高。但这种试验台存在测试操作难度较大(测试重复性主要取决于车况及测试员踩刹车快慢),对不同轴距车辆适应性差、占地面积大、需要助跑车道等缺点。其测试原理如图5-6所示。

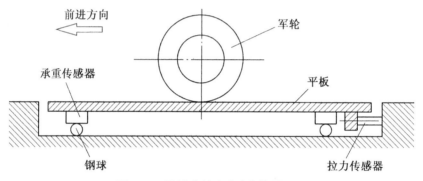

图5-6　平板式制动试验台的原理图

平板制动试验台是一种低速动态测试车辆制动性能的设备。其测试原理基于牛顿第二定理,即制动力等于质量乘以(负)加速度,测试时只要知道轴荷与减速度即可求出制动力。从理论上讲,制动力与测试时车速无关,与刹车后的减速度相关。测试时汽车以5~10 km/h(或按出厂说明允许更高)速度驶上平板,置变速器于空挡并紧急制动。汽车在惯性作用下,通过车轮在平板上附加与制动力大小相等方向相反的作用力,使平板沿纵向位移,经传感器测出各车轮的制动力、动态轮重并由数据采集系统处理,计算出轮重、制动及悬架性能的各参数值,并显示检测结果。

3. 试验方法

1) 道路试验要求

(1) 进行道路试验的试验条件。试验路段应为干净、平整、坡度不大于1‰的混凝土路面。路面附着系数不宜小于0.72。实验时风速应小于5 m/s,气温为0~35 ℃。

(2) 试验车辆准备。满载状态:实验车辆处于厂定最大质量状态,其载荷分布均匀。空载状态:汽车油箱加至厂定容积的90%,加满冷却液和润滑剂,携带随车工具和备胎,另包括200 kg质量(驾驶员、一名试验员和仪器的重量)。试验开始前所用试验车辆应充分预热,以 0.8～0.9U_{amax}行驶 1 h 以上。

2) 试验方法

汽车制动性能的测试宜采用反力式滚筒试验台或平板制动试验台,其中前轴驱动的乘用车更适合采用平板制动试验台测试制动性能不宜采用制动试验台测试制动性能的汽车也可以采用路试测试制动性能。

(1) 用反力式滚筒试验台测试。制动试验台滚筒表面应干燥,没有松散物质及油污,滚筒表面附着系数不应小于 0.75。驾驶员将车辆驶上滚筒,位置摆正,变速器置于空挡,启动滚筒,在 2 s 后测取车轮阻滞力;使用制动,测取制动力增长全过程中的左右轮制动力差和各轮制动力的最大值,并记录左右车轮是否抱死。

在测量制动时,为了获得足够的附着力以避免车轮抱死,允许在车辆上增加足够的附加质量和施加相当于附加质量的作用力(附加质量和作用力不计入轴荷);也可采取防止车轮移动的措施(例如,加三角垫块或采取牵引等方法)。

(2) 用平板制动试验台测试。制动试验台平板表面应干燥,没有松散物质及油污,平板表面附着系数不应小于 0.75。驾驶员将试验车辆对正平板制动试验台,并以 5～10 km/h 的速度(或制动试验台制造厂家推荐的速度)驶上平板,置变速器于空挡(自动变速器的车辆可置变速器于 D 挡),急踩制动,使试验车辆停止,测得各轮制动力、每轴左右轮在制动力增长全过程中的制动力差、制动协调时间、车轮阻滞力和驻车制动力等参数值。

(3) 冷态制动效能试验方法。试验分四种车速,即 20 km/h,30 km/h,40 km/h,50 km/h,允许误差±0.5 km/h。每次试验开始时使车速略高于预定车速(一般高出 3～5 km/h)后,置变速器于空挡(自动变速器的车辆可置变速器于 N 挡),急踩制动,使试验车辆停止。用制动距离测试行车制动性能时,测量制动距离,对除气压制动外的机动车还应同时测取踏板力(或手操纵力)。充分发出的平均减速度测试行车制动性能时,测量机动车充分发出的平均减速度(MFDD)和制动协调时间,对除气压制动外的机动车还应同时测取踏板力(或手操纵力)。

5.1.3　测试汽车燃料经济性

汽车燃料经济性是指在保证动力性的条件下,汽车以尽量少的燃料消耗量行驶的能力。燃料经济性好,可以降低汽车的使用费用,也降低了汽车排放污染物对大气的污染。同时,汽车的燃料经济性又与汽车发动机和底盘的技术状况密切相关,因此汽车的燃料经济性可作为综合指标评价汽车的技术状况。汽车燃料经济性试验有道路试验和台架试验两种基本方法。

1. 汽车燃油经济性测试标准

燃料消耗量试验方法根据 GB/T 12534—1990《汽车道路试验方法通则》、GB/T 12545.1—2008《汽车燃料消耗量试验方法》(适用于 M1 类车辆和最大总质量小于 2 t 的 N1 类车辆)、GB/T 12545.2—2001《商用车燃料消耗量试验方法》(适用于 M2、M3 类和最大总质量大于或等于 2 t 的 N 类车辆)和 GB/T 19233—2008《轻型汽车燃料消耗量试验方法》(适用于以点燃式发动机或压燃式发动机为动力,最大设计车速大于或等于 50 km/h 的 M 类车辆,也可用于最大设计质量不超过 3.5 t 的 M2 类和 N1 类车辆)进行测试。

GB/T 12545.1—2008《汽车燃料消耗能量试验方法》、GB/T 12545.2—2001《商用车燃料消耗能量实验方法》和 GB/T 19233—2008《轻型汽车燃料消耗能量试验方法》(本书以下简称"汽车燃料消耗量试验方法")对汽车在路试条件下燃料消耗量试验的规范和项目的规定如下：

（1）试验规范,汽车路试的基本规范按照 GB/T 12534—1990《汽车道路试验方法通则》。

（2）试验项目：① 直接挡全节气门加速燃料消耗量试验；② 等速燃料消耗量试验；③ 多工况燃料消耗量试验；④限定条件下的平均使用燃料消耗量试验。

一般而言,汽车监测站因受到场地条件的限制,而无法用道路试验检测汽车的燃料经济性,因此,常在底盘测功机上参照有关规定模拟道路试验来测试汽车的燃料经济性。行业标准《营运车辆技术等级划分和评定要求》规定如下：

（1）检测项目,汽车等速百公里油耗。

（2）检测方法,用底盘测功机检测等速百公里油耗。

在底盘测功机上,将变速器置于直接挡（无直接挡的用最高速挡）,底盘测功机加载至限定条件,使汽车稳定地测试车速、测量燃油消耗量,并换算成百公里燃料消耗量。

采用自动控制的底盘测功机,也可按规定的试验循环测定汽车的多工况燃料消耗量。

2. 主要试验设备及工作原理

汽车测定燃料消耗量时,须采用车用油耗仪。油耗仪由油耗传感器和显示装置构成,二者采用电缆线连接。油耗仪的种类很多,按测试方法不同可分为容积式油耗仪、质量式油耗仪、流量式油耗仪和流速式油耗仪。目前常用的主要为容积式和质量式油耗仪。

1）质量式油耗仪

质量式油耗仪由称量装置、计数装置和控制装置构成,如图 5-7 所示。

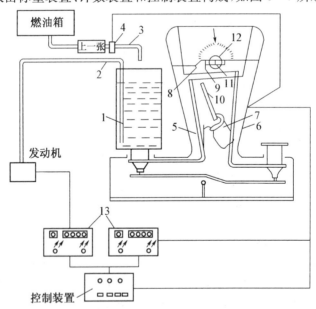

图 5-7 质量式油耗仪

1—油杯；2—出油管；3—电磁阀；4—加油管；5、10—光电二极管；6、7—限位开关；8—限位器；9—光源；11—鼓轮机构；12—鼓轮；13—计数器

质量式油耗仪通过测量消耗一定质量的燃油所用的时间来计算油耗,燃油消耗量可按式(5-13)来计算,即

$$G=3.6\times\frac{\omega}{t} \qquad\qquad (5-13)$$

式中,ω 为燃油质量(g);t 为测量时间(s);G 为燃油消耗量(kg/h)。

称量装置上的秤盘上装有油杯 1,燃油经电磁阀 3 加入油杯。电磁阀的开闭由装在平衡块上的行程限位器 8 拨动两个微型限位开关 6 和 7 进行控制。光电传感器由两个光电二极管 5、10 和装在棱形指针上的光源 9 组成,用于给出油耗始点和终点信号。光电二极管 5 为固定式,光电二极管 10 装在活动滑块上,滑块通过齿轮齿条机构移动,齿轮轴与鼓轮 12 相连,计量的燃油量通过转动鼓轮 12 从刻度盘上读出。计量开始时,光源 9 的光束射在光电二极管 5 上,光电二极管发出信号使计数器 13 开始计数,随着油杯中燃油的消耗,指针移动。当光束射在光电二极管 10 上时,光电二极管发出信号,使计数器停止计数。

2) 容积式油耗仪

容积式油耗仪的工作原理是使被测燃油充满一定容量的测量室,通过充满测量室的次数,可得出被测燃油的总量,再除以测定时间间隔或行驶里程即可得平均燃油消耗量。

图 5-8 为行星式油耗传感器的流量转换机构的工作原理图。该装置由 4 个互成 90°的活塞(相当于 4 个滑阀)和旋转曲轴构成,进油室内充有一定压力的燃油,燃油存储在传感器的曲轴箱中。由滑阀开闭时刻的巧妙配合,实现了油缸吸排油的连续进行,用于将一定容积的燃油流量转变为曲轴的旋转。

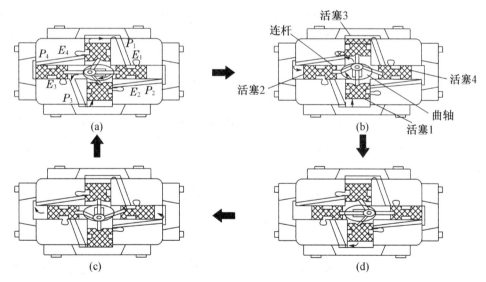

图 5-8　行星式油耗传感器原理图
P_1、P_2、P_3、P_4—油道;E_1、E_2、E_3、E_4—排油口

在泵油压力作用下,燃油推动活塞往复运动,4 个活塞各往复运动一次则曲轴旋转周完成一个进排油循环。活塞在油缸中处于进油行程或者排油行程,取决于活塞相对进、排油口的位置。图 5-8(a)表示活塞 1 处于进油行程,来自传感器曲轴箱的燃油经油道 P_3 推动其上行,并使曲轴作顺时针旋转。此时,活塞 2 处于排油行程终了状态,活塞 3 处于排油行程

中,燃油从活塞 3 上部经 P_1 从排油口 E_1 排出,活塞 4 处于进油终了状态;当活塞和曲轴位置如图 5-8(b)时,活塞 1 处于进油行程终了状态,活塞 2 处于进油行程,油道 P_4 导通,活塞 3 处于排油行程终了,活塞 4 处于排油行程,燃油从油道 P_2 经排油口 E_2 排出。

图 5-9(c)和图 5-9(d)的进排油状态及曲轴旋转方向如图中箭头所示。如此循环往复,曲轴每旋转一周,各缸分别泵油一次,从而具有连续定容量泵油的作用。曲轴旋转一周的泵油量为

$$V=4\times\frac{\pi d^2}{4}\times 2h=2h\pi d^2 \tag{5-14}$$

式中,h 为曲轴偏心距(cm);d 为活塞直径(cm)。

可见,经上述流量转换机构的转换后,燃油消耗量的测量转化为流量变换机构曲轴的旋转圈数测量,这可由装在曲轴一端的信号转换装置完成。一般采用光电测量装置进行信号转换,把曲轴旋转圈数转化为电脉冲信号。

3. 试验方法

台架试验时,汽车燃料经济性是由底盘测功机和油耗仪配合使用完成的。底盘测功机用于提供活动路面并模拟汽车在道路上行驶时的阻力,油耗仪则用于燃油消耗量的测量。汽车燃料经济性测试结果的准确性除了与油耗仪的测量精度有关之外,还取决于底盘测功机对汽车行驶阻力的模拟是否准确。

1)等速行驶百公里油耗试验

行业标准 JT/T 198—2004《营运车辆技术等级划分和评定要求》规定了用底盘测功机监测汽车的等速百公里油耗时的测试条件为:汽车为正常热状态;变速器挂直接挡或最高挡加载至限定条件并使汽车稳定在试验车速。

"汽车燃料消耗量试验方法"规定限定条件下的试验车速为:轿车 (60 ± 2) km/h,铰接式客车 (35 ± 2) km/h,其他车辆 (50 ± 2) km/h。

在台架试验汽车的等速百公里油耗时,合理确定底盘测功机的加载量以模拟汽车在Ⅲ级以上平直道路上以规定车速行驶时所受到的阻力极为重要。此时,汽车克服滚动阻力和空气阻力所消耗的驱动轮功率为

$$P_K=\left(G\cdot f+\frac{1}{21.15}C_D\cdot A\cdot v^2\right)\cdot v/3\,600 \tag{5-15}$$

式中,P_K 为驱动轮输出功率(kW);G 为汽车总重量(N);f 为滚动阻力系数;C_D 为空气阻力系数;A 为迎风面积(m^2);v 为试验车速(km/h)。

合理确定式(5-15)中各系数并求出试验车速下驱动轮功率,以此作为底盘测功机的模拟加载量。试验时,把汽车驱动轮驶入底盘测功机滚筒装置,把油耗仪油耗传感器接入汽车的燃油管路;设定好试验车速,启动发动机,变速器挂直接挡,逐渐踩下加速踏板,使底盘测功机指示的功率值等于计算值并使之稳定;此时按下油耗测量按钮,当驱动力在滚筒上驶过不少于 500 m 的距离时,即可从显示装置上读出汽车的等速百公里油耗值。为消除偶然因素的影响,应重复测试 3 次,取其平均值作为被测汽车在给定测试条件下的百公里油耗值。

参照"汽车燃料消耗量试验方法"的有关规定,可在不同试验车速下进行汽车的等速百公里油耗试验,并做出汽车的等速百公里油耗特性曲线。在实验室条件下,汽车使用常用挡

位,试验车速从 20 km/h(最小稳定车速高于 20 km/h 时,从 30 km/h 开始)起测,以 10 km/h 的整数倍递增,均匀选取试验车速,直到达到最高车速的 90%。至少测定 5 个试验车速。

显然,在不同试验车速下,底盘测功机所对应的加载功率不同。在不同试验车速和所对应加载功率的条件下,每个试验车速测试 3 次,取其测试值的平均值作为被测汽车在给定试验车速时的百公里油耗量。每个规定车速下的百公里油耗量测出后,便可在以车速为横坐标,百公里油耗为纵坐标的坐标系中给出该车的百公里油耗特性曲线图。图 5-9 为部分车型的等速百公里油耗特性曲线。

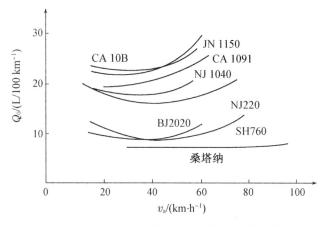

图 5-9　部分车型的等速百公里油耗特性曲线

2) 多工况循环燃料消耗量试验

多工况循环包括六工况循环(适用于城市客车和双层客车以外的车辆,如图 5-10 所示)和四工况循环(适用于城市客车和双层客车,如图 5-11 所示),可以进行道路试验,也可以在底盘测功机上进行。这里重点介绍道路试验方法。

道路试验进行多工况循环燃料消耗量测试时,汽车尽量用高挡位进行试验,当高挡位达不到工况要求,超出规定偏差时,应降低一挡进行;当车辆进入可使用高挡行驶的等速行驶段和减速行驶段时,再换入高挡进行试验。换挡应迅速、平稳。减速行驶中,应完全放松加速踏板,离合器仍接合。当试验车速降至 10 km/h 时,分离离合器,必要时,减速工况中允许使用车辆的制动器。

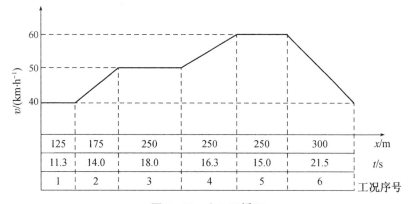

图 5-10　六工况循环

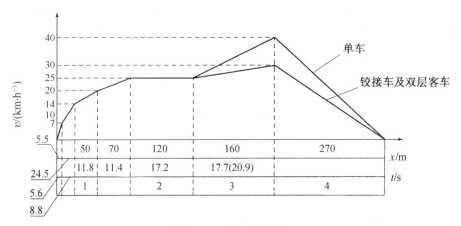

图 5-11 四工况循环

试验车辆在多工况的终速度的偏差为±3 km/h,其他各工况速度偏差±1.5 km/h。在各种行驶工况改变过程中允许车速的偏差大于规定值,但在任何条件下超过车速偏差的时间不大于 1 s,即时间偏差为±1 s。

3) 注意事项

(1) 为使汽车燃料经济性测试结果准确可靠,应注意以下几点:

① 发动机冷却液温度应为 80~90℃,温度过高时应使用冷却风扇降温;轮胎气压应符合规定,误差不超过±0.01 MPa,且左右轮胎的花纹一致;被测车底盘温度应随室温变化严格控制,室温低于 10 ℃时,底盘温度应控制在 25 ℃以上。

② 试验仪器的精度应满足要求,车速测定仪器和燃料流量计精度为 0.5%;计时器最小读数为 0.1 s。

③ 正确连接油耗仪传感器,并注意排除油路中的空气泡。

④ 测试车速、挡位、载荷、试验循环等应满足"汽车燃料消耗量试验方法"的规定。

(2) 为保证台架试验汽车燃油经济性时的安全,应注意以下几点:

① 被测车辆旁必须配备性能良好的灭火器。

② 油耗传感器所用油管应透明、耐油、耐压,油管接头用合格的环形夹箍,不得用铅丝缠绕,并确保无泄漏。

③ 拆卸油管时,必须用沙盘接油,不允许用棉纱或其他易燃物接油,不允许燃油流到发动机排气管上。

④ 测试时,发动机盖应打开,以便观察有无渗漏现象,测试完毕安装好原管路后启动发动机,在确保无任何渗漏时,方可盖上发动机盖。

4) 试验数据的重复性及其校正

(1) 数据的重复性。汽车的燃料消耗量测试数据必须满足式(5-16)的要求,即

$$\frac{Q_{max} - Q_{min}}{Q_A} \leqslant R \tag{5-16}$$

式中,Q_{max} 为百千米油耗量测试数据中的最大值($L/100$ km);Q_{min} 为百千米油耗量测试数据中的最小值($L/100$ km);Q_A 为百千米油耗量测试数据的算术平均值($L/100$ km);R 为比例系数,其取值见表 5-3。

表 5-3 比例系数 **R** 的取值

试验次数	2	3	4	5	10
R	0.053	0.063	0.069	0.073	0.085

若测量数据的重复性达不到上述要求,必须排除测试仪器及发动机或者底盘的有关故障,重新进行检测。

(2) 数据的校正。每一实际试验车速燃料消耗量的测量值均应按照公式校正到标准状态下的数值。标准状态是指:气温为 20 ℃,气压 100 kPa,汽油密度为 0.742 g/mL,柴油密度为 0.830 g/mL。校正公式为

$$Q_0 = \frac{Q_A}{C_1 C_2 C_3} \tag{5-17}$$

式中,Q_0 为校正后的燃料消耗量($L/100$ km);Q_A 为实测燃料消耗量的均值($L/100$ km);C_1 为环境温度校正系数,$C_1 = 1 + 0.0025(20 - T)$;C_2 为大气压力校正系数,$C_2 = 1 + 0.021(P - 100)$;C_3 为燃料密度校正系数,$C_3 = 1 + 0.8(0.742 - G_s)$(汽油机,$C_3 = 1 + 0.8(0.830 - G_d)$(柴油机);$T$ 为试验时的环境温度(℃);P 为试验时的大气压力(kPa);G_s 为试验用的汽油平均密度(g/mL);G_d 为试验用的柴油平均密度(g/mL)。

5.2 纯电动汽车的测试与评价

纯电动汽车是完全由二次电池(如铅酸电池、镍镉电池、镍氢电池或锂离子电池)提供动力的汽车。纯电动汽车被认为是电动汽车发挥作用的技术基础和未来。现在纯电池技术发展已经相当成熟,国外发达国家和我国都进行了小批量生产。纯电动汽车完全消除了车辆在运行中的废气排放,完全使用二次能源——电能,使其更符合能源持续利用战略,因而随着技术水平的进步,纯电动汽车具有较为广阔的发展前景。

纯电动汽车被公认为是最有发展前途的交通工具。随着电池性能的提高、研究开发新型电池、采用先进的驱动推进系统、减轻车体重量、降低阻力等诸多方面都有重大进展,如通用公司推出的 EVI、S-10,丰田公司的 RAV4EV,福特公司的 RCOSTAR、RANGER,雪铁龙公司的 AX106、SAXO,它们的续驶里程可达 200~300 km,采用快速充电只要十几分钟。

根据国家标准 GB 以及 ISO、SAE、EAT、JEVS 等国际标准进行电动汽车整车运行检测试验的基本项目归纳起来可以分为动力性、经济性、制动性能、操纵稳定性以及整车运行可靠性等几大类。

5.2.1 纯电动汽车测试基本术语

1. 基本术语

1) 电动汽车整车整备质量(complete electric vehicle kerb mass)指包括车载储能装置在内的整车整备质量。

2) 电动汽车试验质量(test mass of electric vehicle)指电动汽车整车整备质量与试验所需附加质量的总和。其中附加质量分别为:① 如果最大允许装载质量小于或等于 180 kg,

该质量为最大允许装载质量;② 如果最大允许装载质量大于 180 kg,但小于 360 kg,该质量为 180 kg;③ 如果最大允许装载质量大于 360 kg,该质量为最大允许装载质量的一半。最大允许装载质量包括驾驶员质量。

3) 动负荷半径(轮胎)[dynamic loaded radius (tyre)]指轮胎在负荷下行驶且倾角为零时,从轮轴中心至支撑面的垂直距离。

4) 最高车速(1km)[maximum speed (1 km)]指电动汽车能够往返各持续行驶 1 km 以上距离的最高车速的平均值。电动汽车的最高车速是指汽车在无风的条件下,在水平、良好的硬路面上所能到达的最高车速。

5) 30 min 最高车速(maximum 30 minutes speed)指电动汽车能够持续行驶 30 min 以上的最高平均车速。

6) 加速能力(V_1 到 V_2)[acceleration ability(V_1 to V_2)]指电动汽车从速度 V_1 加速到速度 V_2 所需的最短时间。电动汽车的加速能力用汽车原地起步的加速能力和超车加速能力来表示,通常采用汽车加速过程中所经过的加速时间和加速距离作为评价汽车加速性的指标。

7) 爬坡车速(speed uphill)指电动汽车在给定坡度的坡道上能够持续行驶出 1 km 以上的最高平均车速。

8) 坡道起步能力(hill starting ability)指电动汽车在坡道上能够起动且 1 min 内向上行驶至少 10 m 的最大坡度。电动汽车的爬坡能力是指汽车在良好道路上以最低行驶车速上坡行驶的最大坡度。

9) 能量消耗率(reference energy consumption)指电动汽车经过规定的试验循环后对动力蓄电池重新充电至试验前的容量,即从电网上得到的电能除以行驶里程所得的值,单位为 W·h/km。

10) 续驶里程(range)指电动汽车在动力蓄电池完全充电状态下,以一定的行驶工况,能连续行驶的最大距离,单位为 km。

电动汽车的续驶里程短,是近一个世纪以来落后于内燃机汽车的重要原因,因此,如何降低不同行驶工况下电动汽车的能量消耗,提高电动汽车的效率,增加续驶里程是发展电动汽车必须解决的重要课题。国外对此进行了大量的研究工作,但是仍缺少系统深入的理论分析。

5.2.2 电动汽车安全性能的测试

电动汽车与燃油汽车不同,由于车上电源供给系统、电动机动力系统的电压无论是交流还是直流都大于安全电压,甚至超过 380 V,所以电动汽车安全性能的检测尤其重要。它位于其他性能试验之前,是电动汽车安全运行的前提。

电动汽车安全检测是以 GB/T 18384.1～3—2015《电动汽车安全要求》标准为依据的。标准第 1 部分:车载储能装置;第 2 部分:功能安全和故障防护;第 3 部分:人员触电防护。试验项目部分使用专用设备,要求有专门的测试仪器。这 3 部分共 25 个项目,主要有以下内容。

1) 车载能源装置安全性要求

当人员接近蓄电池时,应能看到警告标示;应清晰可见地标明动力蓄电池的化学类型以便识别;车辆制造厂应测定正常运行及与充电有关的设备突发故障时,由动力蓄电池排出的潜在危险气体最大输出量;试验用的伏特表应能测出动力蓄电池的直流电压,其内阻应大于 10 MΩ;在动力蓄电池的整个生命周期内,根据标准计算得到的绝缘电阻除以其标称电压,所得值应大于 100 Ω/V;为了防止爆炸、起火或有害物质的危害,车辆的任何地方不得有潜在危险气体的聚集,不允许乘客舱及封闭的货舱内的危险气体超过一定的浓度;在正常情况下,动力蓄电池排出的有害物质不能达到可能产生危险的量;动力蓄电池的电流(通)断装置应在车辆制造厂规定的条件下断开蓄电池的电路;在车辆发生碰撞时应有乘员保护、第三方保护和防止短路。

2) 功能安全和故障防护

至少经过两次有意识的不同的连续动作,才能完成从"电源切断"状态到"可行驶"状态;驱动系统关闭时,车辆不能有主动的行驶;只有在"可行驶"状态,使用加速踏板时车辆才可以行驶;当车辆与外部电路(例如:电网、外部充电器)连接时,不能通过其自身的驱动系统使车辆移动;驱动系统自动或手动关闭时,只能通过正常的电源接通程序重新启动;应使用一个明显的信号装置(例如:声或光信号)持久或间歇地显示驱动系统已处于准备工作状态。

车辆行驶时应有功率降低显示和动力电池剩余电量显示;如果是通过改变电动机旋转方向来实现倒车行驶,应防止当车辆行驶时开关转到不期望的倒车位置;当驾驶员离开车辆时,如果驱动系统处于"可行驶"状态,则应通过一个明显的信号装置来提醒驾驶员,如果车辆处于静止状态时,动力电动机还在旋转,这时切断电源后,车辆不可行驶;应使用一个主开关来断开车载电源中的至少一个电极,每次电源切断后,应能通过正常的电源接通程序来重新恢复驱动系统供电;电动汽车的最小实验场强为 30 V/(m·rms·min),电磁辐射发射应满足要求;当车辆运行时,辅助电路应符合其他相应的标准要求,特别是灯光、信号及安全功能;电动汽车应避免不希望的车辆动作、电气连接、辅助电路及过电流切断装置的潜在危险。

3) 人员防触电保护

对于 A 级电压(表 5-4)的电路不要求提供触电防护,对于 B 级电压(表 5-4)电路的带电部件,都应提供危险接触的保护,直接接触防护应由带电部件的基本绝缘提供或有遮挡外壳,或两者的结合来提供,应防止人员与外露可导电部件接触而导致的触电危害。

表 5-4　电路的电压分级

电压级别	工作电压	
	直流系统	交流系统(15~150)Hz
A	0<U≤60	0<U≤25
B	60<U≤1 000	25<U≤600

用一个不超过 60 V 的无负载电压,动力电路最大电流的 1.5 倍或 25 A 的电流(取其较大值)通过任何两个外露可导电部件,至少 5 s,测量其电压降。根据电流和电压降计算得到的电阻值不超过 0.1 Ω;应通过一个绝缘电阻监控系统提供防水监控,或通过屏蔽 B 级电压设备防止其暴露在水中,或依靠其他方式;如果提供绝缘电阻监控系统,发现绝缘电阻低于 100 Ω/V 时,应使其自动断开。

5.2.3　整车动力性试验

电动汽车在行驶中,由蓄电池输出电能给电动机,电动机输出功率用于克服电动汽车本身的机械装置的内阻力,以及由行驶条件决定的外阻力消耗的功率。与燃油汽车一样,电动汽车的动力性也可以用最高车速、加速性能和最大爬坡度来进行描述,但是与燃油汽车不同的是,电动机存在不同的工作制,如1 min工作制、30 min工作制等,即存在连续功率、小时功率和瞬时功率,因此在描述或评价电动汽车的动力性时要做说明。

电动汽车动力性能的试验标准按GB/T 18385—2005《电动汽车动力性能试验方法》进行。测试的内容包括:最高车速、加速性能、最大爬坡度等评价指标。测试设备有五轮仪,现在国际上普遍采用的是非接触式传感器;记录和分析设备有日本小野、德国DA-TRON、瑞士KIS TLER等公司的产品。

1)道路条件

(1)一般条件

试验应该在干燥的直线跑道或环形跑道上进行。路面应坚硬、平整、干净且要有良好的附着系数。

(2)直线跑道

测量区的长度至少1 000 m。加速区应足够长,以便在进入测量区前200 m内达到稳定的最高车速。测量区和加速区的后200 m的纵向坡度均不超过0.5%。加速区的纵向坡度不超过4%。测量区的横向坡度不超过3%。为了减少试验误差,试验应在试验跑道的两个方向上进行,尽量使用相同的路径。

(3)环形跑道

环形跑道的长度应至少1 000 m。环形跑道与完整的圆形不同,它由直线部分和近似环形的部分相接而成。弯道的曲率半径应不小于200 m。测量区的纵向坡度不超过0.5%。为计算车速,行驶里程应为车辆设计时所驶过的里程。

(4)单一方向试验

如果由于试验路面布置特点的原因,车辆不可能在两个方向达到最高车速,允许只在一个方向进行测量,但应该满足以下条件:

① 试验跑道应满足要求;

② 测量区内任何两点的高度差不能超过1 m;

③ 试验应尽快重复进行两次;

④ 风速与试验道路平行方向的风速分量不能超过2 m/s。

2)试验车辆准备

(1)蓄电池充电

按照车辆制造厂规定的充电规程,使蓄电池达到完全充电状态,或按下列规程为蓄电池充电。

① 常规充电。在环境温度为20~30 ℃下,使用车载充电器(如果已安装)为蓄电池充电,或采用车辆制造厂推荐的外部充电器(应记录充电器的型号、规格)给蓄电池充电。不包括其他特殊类型的充电,例如蓄电池翻新或维修充电。车辆制造厂应该保证试验过程中车辆没有进行特殊充电操作。

② 充电结束的标准。12 h 的充电即为充电结束的标准；如果标准仪器发出明显的信号提示驾驶员蓄电池没有充满，在这种情况下，最长充电时间为：3×制造厂规定的蓄电池容量（kW·h）/电网供电（kW）。

③ 完全充电蓄电池。如果依据常规充电规程，达到充电结束标准，则认为蓄电池已充满。

（2）里程表的设定

试验车辆上的里程表应设置为 0，或记录里程表上的读数。

（3）预热

试验车辆应以制造厂估计的 30 min 最高车速的 80% 速度行驶 5 000 m，使电动机及传动系统预热。

3）30 min 最高车速试验

30 min 最高车速的试验可以在环形跑道上进行，也可以在设定的底盘测功机上进行。

将试验车辆加载到试验质量，增加的载荷应合理分布。按规定对车辆进行准备。使试验车辆以该车 30 min 最高车速估计值±5% 的车速行驶 30 min。试验中车速如有变化，可以通过踩加速踏板来补偿，从而使车速符合 30 min 最高车速估计值±5% 的要求。如果试验中车速达不到 30 min 最高车速估计值的 95%，试验应重做，车速可以是上述 30 min 最高车速估计值或者是制造厂重新估计的 30 min 最高车速。

测量车辆驶过的里程 S_1，m。并按下式计算平均 30 min 最高车速 V_{30}，km/h。

$$V_{30} = S_1/500 \tag{5-18}$$

4）蓄电池完全放电

完成 V_{30} 试验之后，试验车辆停放 30 min，然后以 V_{30} 的 70% 恢复行驶，直到车速下降到当加速踏板踩到底时，车速为（V_{30}±10）km/h 的 50%，或直到仪表板上的信号装置提示驾驶员停车，记录行驶里程。计算总的行驶里程 S_{30}，包括预热阶段的行驶里程、V_{30} 试验时的行驶里程、完全放电时的行驶里程。

5）最高车速试验

（1）标准试验程序

将试验车辆加载到试验质量，增加的载荷应合理分布。按规定对车辆进行准备。在直线跑道或环形跑道上将试验车辆加速，使汽车在驶入测量区之前能够达到最高稳定车速，并且保持这个车速持续行驶 1 km（测量区的长度）。记录车辆持续行驶 1 km 的时间 t_1。随即做一次反方向的试验，并记录通过的时间 t_2。

按下式计算试验结果：

$$V = 3\ 600/t \tag{5-19}$$

式中，V 为实际最高车速，单位为 km/h；t 为持续行驶 1 km 两次试验所测时间的算术平均值（t_1+t_2）/2，单位为 s。

（2）单一方向试验程序

当用试验路面进行试验时，两次试验的结果按下式计算，这里最高车速 V 是两次 V_i 的算术平均值。如果考虑风速，最高车速应该按下式修正：

$$V_i = V_r \pm V_v \times f \tag{5-20}$$

$$V_r = 3\,600/t \tag{5-21}$$

式中,如果风的水平分量与车辆行驶方向相反,选"+";如果风的水平分量与车辆行驶方向相同,选"-"。V_r 为每次测量的最高车速 km/h;t 为通过测量区的时间,s;V_v 为风的水平分量,m/s;f 为修正系数,一般取 0.6。

6) 蓄电池的 40% 放电

将试验车辆以 $(V_{30} \pm 5)$ km/h 的 70% 的恒定速度在试验跑道或测功机上行驶使蓄电池放电,直到行驶里程达到 S_{cot} 的 40% 为止。

7) 加速性能试验

(1) M_1 和 N_1 类纯电动汽车加速性能试验

① 0~50 km/h 加速性能试验。将试验车辆加载到试验质量,增加的载荷应合理分布;将试验车辆停放在试验道路的起始位置,并起动车辆;将加速踏板快速踩到底,使车辆加速到 (50 ± 1) km/h;如果装有离合器和变速器,将变速器置入该车的起步挡位,迅速起步,将加速踏板快速踩到底,换入适当挡位,使车辆加速到 (50 ± 1) km/h;记录从踩下加速踏板到车速达到 (50 ± 1) km/h 的时间;以相反方向行驶再做一次相同的试验。

0~50 km/h 加速性能是两次测得时间的算术平均值(单位:s)。

② 50~80 km/h 加速性能试验。将试验车辆加载到试验质量,增加的载荷应合理分布;将试验车辆停放在试验道路的起始位置,并起动车辆;将试验车辆加速到 (50 ± 1) km/h,并保持这个车速行驶 0.5 km 以上;将加速踏板踩到底,或操纵离合器和变速杆将车辆加速到 (80 ± 1) km/h;记录从踩下加速踏板到车速达到 (80 ± 1) km/h 的时间或如果最高车速小于 89 km/h,应达到最高车速的 90%,并应在报告中记录下最后的车速;以相反方向行驶再做一次相同的试验。

50~80 km/h 加速性能是两次测得时间的算术平均值(单位:s)。

(2) M_2 和 M_3 类纯电动汽车加速性能试验(M_1、N_1 类车以外的纯电动汽车可参照)

① 0~30 km/h 加速性能试验。将试验车辆加载到试验质量,增加的载荷应均匀分布;将试验车辆停放在试验道路的起始位置,并起动车辆;将加速踏板快速踩到底,使车辆加速到 (30 ± 1) km/h;如果装有离合器和变速器的话,将变速器置入该车的起步挡位,迅速起步,将加速踏板快速踩到底,换入适当挡位,使车辆加速到 (30 ± 1) km/h;记录从踩下加速踏板到车速达到 (30 ± 1) km/h 的时间;以相反方向行驶再做一次相同的试验。

0~30 km/h 加速性能是两次测得时间的算术平均值(单位:s)。

② 30~50 km/h 加速性能试验。将试验车辆加载到试验质量,增加的载荷应合理分布;将试验车辆停放在试验道路的起始位置,并起动车辆;将试验车辆加速到 (30 ± 1) km/h,并保持这个车速行驶 0.5 km 以上;将加速踏板踩到底,或操纵离合器和变速杆(如果装有的话)将车辆加速到 (50 ± 1) km/h;记录从踩下加速踏板到车速达到 (50 ± 1) km/h 的时间,或如果最高车速小于 56 km/h,应达到最高车速的 90%,并应在报告中记录下最后的车速;以相反方向行驶再做一次相同的试验。

30~50 km/h 加速性能是两次测得时间的算术平均值(单位:s)。

8) 爬坡车速试验

将试验车辆加载到最大设计总质量,增加的载荷应合理分布。将试验车辆置于测功机上,并对测功机进行必要的调整使其适合试验车辆最大设计总质量值。调整测功机使其增加一个相当于 4% 坡度的附加载荷。将加速踏板踩到底使试验车辆加速或使用适当变速挡位使车辆加速。确定试验车辆能够达到并能持续行驶 1 km 的最高稳定车速,同时,记录持续行驶 1 km 的时间 t。调整测功机使其增加一个相当于 12% 坡度的附加载荷。重复试验。完成后,停车检查各部位有无异常现象发生,并详细记录。

用下式计算试验结果:

$$V = 3\ 600/t \tag{5-22}$$

式中,V 为实际爬坡最高车速,km/h;t 为持续行驶出 1 km 所测时间,s。

9) 坡道起步能力试验

(1) 原则

坡道起步能力应在有一定坡度角 α_1 的道路上进行。该坡度角 α_1 应近似于制造厂技术条件规定的最大爬坡度对应的角 α_0 实际坡度和厂定坡度之差,应通过增减质量 ΔM 来调整。

(2) 试验规程

将试验车辆加载到最大设计总质量。选定的坡道应有 10 m 的测量区,测量区前应提供起步区域。将试验车辆放置在起步区域。如果该坡道坡度与厂定最大爬坡度对应的坡度有差别,可根据以下公式通过增减装载质量的方法进行试验:

$$\Delta M = M \times \frac{\sin \alpha_0 - \sin \alpha_1}{\sin \alpha_1 + R} \tag{5-23}$$

式中,M 为试验时的车辆最大设计总质量,kg;R 为滚动阻尼系数,一般为 0.01;α_1 为实际试验坡道所对应的坡度角,(°);α_0 为制造厂技术条件规定的最大爬坡度对应的坡度角,(°)。ΔM 应该均布于乘客室和货箱中。

以每分钟至少行驶 10 m 的速度,通过测量区。如果车辆装有离合器和变速器的话,应用最低挡起动车辆并以每分钟至少行驶 10 m 的速度,通过测量区。

(3) α_0 的计算

已知最大动力轴转矩,计算车轮的转矩:

$$C_r = C_a \times T \times \eta_\tau \tag{5-24}$$

已知轮胎动载半径,计算平衡力

$$F_t = C_r/r = M \times g \times (\sin \alpha_0 + R) \tag{5-25}$$

式中,C_r 为车轮转矩;C_a 为最大动力轴转矩;T 为总的齿轮传动比;η_τ 为齿轮传动效率;F_t 为平衡车辆载荷所要的牵引力矩,N·m;r 为轮胎动负荷半径,m;g 为重力加速度,m/s²;$\tan \alpha_0 \times 100\%$ 为爬坡能力,%。

从式(5-25)中可计算出 α_0,最大爬坡能力用 $\tan \alpha_0 \times 100\%$ 表示。

5.2.4　电动汽车能量消耗率和续驶里程测试

评价电动汽车经济性的指标与燃油汽车不同。由于没有发动机,所以不能以燃料消耗率来衡量,而应以充电一次的续驶里程来评价。试验标准按 GB/T 18386—2005《电动汽车能量消耗率和续驶里程试验方法》进行。以 km 表示的续驶里程和用 W·h/km 表示的从电网上得到的能量消耗率来描述。

电能消耗率的试验是电动汽车的重要专项,如何测试电动汽车的各个电参数,特别是在运行状态下获得准确的实时参数是研究电动汽车电能消耗的准确依据。

纯电动汽车能量消耗受多种因素影响,包括充电动机效率、控制系统能耗、电动机效率、其他能耗等,这些都是总的能量消耗。

混合动力汽车则不相同,它分为有外源充电和无外源充电.有外源充电除了测量外源充电电量外,还要测量燃油油耗,总的能量消耗是包括燃油油耗和电耗两部分。无外源充电即是由混合动力汽车自身的发电机给电池充电,总的能量消耗应该是总的燃油油耗。确定能量消耗率和续驶里程应该使用相同的试验程序,试验程序包括以下 4 个步骤:

① 对动力蓄电池进行初次充电,测量来自电网的能量;

② 进行工况或等速条件下的续驶里程试验;

③ 试验后再次为动力蓄电池充电,测量来自电网的能量;

④ 计算能量消耗率。

在每两个步骤执行之间,如果车辆需要移动,不允许使用车上的动力将车辆移动到下一个试验地点(不允许使用制动能量回收)。

试验循环上的速度公差和时间公差应该满足图 5-12 给出的公差和基准曲线的要求。图 5-12 中的每一个点给出的速度公差为 ±2 km/h,时间公差为 ±1 s。在每个行驶循环中,允许存在超出这些公差范围,总时间应不超过 4 s。

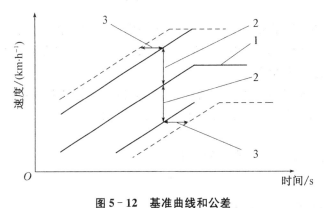

图 5-12　基准曲线和公差
1—基准曲线;2—速度公差,km/h;3—时间公差,s

1) 工况法

在底盘测功机上进行规定的工况循环试验。在车速小于等于 70 km/h 时,不能满足规定的公差要求时,应停止试验;在车速大于 70 km/h 时,将加速踏板踩到底,允许超出规定的公差范围,但要满足相应要求。除非有其他的规定,工况试验循环期间的停车不允许超过 3 次(工况循环外停车),总的停车时间累计不超过 15 min。在工况试验循环结束时,记录试验车辆驶过的距离 D,用 km 来表示,测量值按四舍五入圆整到整数,该距离即为工况法测量的续驶里程。同时记录用小时(h)和分钟(min)表示的所用时间。应该在报告中给出工况试验循环期间车辆所达到的最高车速、平均车速和行驶时间(h 和 min)。

试验循环由 4 个市区循环和 1 个市郊循环程序组成,理论试验距离为 11.022 km,时间为 19'40"。另外,允许只采用市区循环进行试验。图 5-13 所示为试验循环的组成。

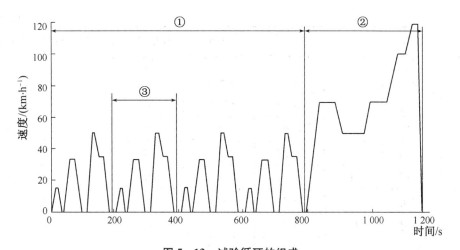

图 5 - 13 试验循环的组成

①—市区循环；②—市郊循环；③—基本的市区循环

（1）市区循环

市区循环由图 5 - 14 显示的和表 5 - 5 中所示的 4 个基本的市区循环组成。图中序号为表 5 - 5 中给出的运转次序号。

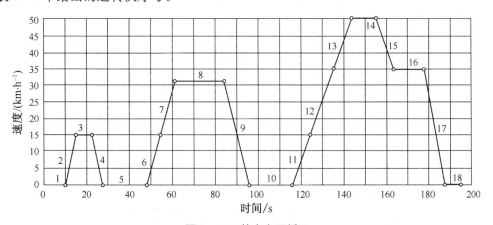

图 5 - 14 基本市区循环

表 5 - 5 基本市区循环表

运转次序	操作状态	工况序号	加速度 /(m·s⁻²)	速度 /(km·h⁻¹)	操作时间 /s	工况时间 /s	累计时间 /s
1	停车	1	0.00	0	11	11	11
2	加速	2	1.04	0～15	4	4	15
3	等速	3	0.00	15	8	8	23
4	减速	4	−0.83	15～0	5	5	28
5	停车	5	0.00	0	21	21	49

（续表）

运转次序	操作状态	工况序号	加速度 /(m·s⁻²)	速度 /(km·h⁻¹)	操作时间 /s	工况时间 /s	累计时间 /s
6	加速	6	0.69	0～15	6	12	55
7	加速		0.79	15～32	6		61
8	等速	7	0.00	32	24	24	85
9	减速	8	−0.81	32～0	11	11	96
10	停车	9	0.00	0	21	21	117
11	加速	10	0.69	0～15	6	26	123
12	加速		0.51	15～35	11		134
13	加速		0.46	35～50	9		143
14	等速	11	0.00	50	12	12	155
15	减速	12	−0.52	50～35	8	8	163
16	等速	13	0.00	35	15	15	178
17	减速	14	−0.97	35～0	10	10	188
18	停车	15	0.00	0	7	7	195

工况统计	单位	数值	百分比/%
停车	s	60	30.77
加速	s	42	21.54
等速	s	59	30.26
减速	s	34	17.44
总时间	s	195	100.00
平均车速	km/h	18.77	—
一个基本城市循环的工作时间	s	195	—
一个城市循环的工作时间	s	780	—
一个基本城市循环的理论行驶距离	m	1 017	—
一个城市循环的理论行驶距离	m	4 067	—

（2）市郊循环

市郊循环由图 5-15 显示的和表 5-6 所示的一个市郊工况组成。

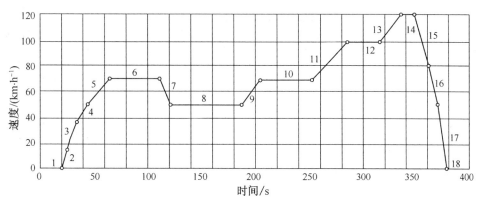

图 5 - 15 市郊循环图

表 5 - 6 市郊循环表

运转次序	操作状态	工况序号	加速度/($m \cdot s^{-2}$)	速度/($km \cdot h^{-1}$)	操作时间/s	工况时间/s	累计时间/s
1	停车	1	0.00	0	20	20	20
2	加速		0.69	0～15	6		26
3	加速		0.51	15～35	11		37
4	加速	2	0.42	35～50	10	41	47
5	加速		0.40	50～70	14		61
6	等速	3	0.00	70	50	50	111
7	减速	4	−0.69	70～50	8	8	119
8	等速	5	0.24	50	69	69	188
9	加速	6	0.43	50～70	13	13	201
10	等速	7	0.00	70	50	50	251
11	加速	8	0.24	70～100	35	35	286
12	等速	9	0.00	100	30	30	316
13	加速	10	0.28	100～120	20	20	336
14	等速	11	0.00	120	10	10	346
15	减速		−0.69	120～80	16		362
16	减速	12	−1.04	80～50	8	34	370
17	减速		−1.39	50～0	10		380
18	等速	13	0.00	0	20	20	400
工况统计		单位		数值		百分比/%	
停车		s		40		10.00	
加速		s		109		27.25	

运转次序	操作状态	工况序号	加速度/$(m \cdot s^{-2})$	速度/$(km \cdot h^{-1})$	操作时间/s	工况时间/s	累计时间/s
工况统计		单位	数值			百分比/%	
等速		s	209			52.25	
减速		s	42			10.50	
总时间		s	400			100.00	
平均车速		km/s	62.60			—	
工作时间		s	400			—	
理论行驶距离		m	6 956			—	
整个循环的平均速度		km/h	33.6			—	

2) 等速法

在道路上进行(60 ± 2) km/h 的等速试验。试验过程中允许停车两次,每次停车时间不允许超过 2 min,当车辆的行驶速度达不到 54 km/h 时停止试验。记录试验期间试验车辆的停车次数和停车时间。试验结束后,记录试验车辆驶过的距离 D,用 km 来表示,测量值按四舍五入圆整到整数,该距离即为等速法测量的续驶里程。同时记录用小时(h)和分钟(min)表示的所用时间。

对于 M_1、N_1 类以外的纯电动汽车,在道路上进行(40 ± 2) km/h 的等速试验。试验过程中允许停车两次,每次停车时间不允许超过 2 min,当车辆的行驶速度达不到 36 km/h 时停止试验。记录试验期间试验车辆的停车次数和停车时间。试验结束后,记录试验车辆驶过的距离 D,用 km 来表示,测量值按四舍五入圆整到整数,该距离即为等速法测量的续驶里程。同时记录用小时(h)和分钟(min)表示的所用时间。

3) 动力蓄电池充电和能量测量

完成以上试验后,在 2 h 之内将车辆与电网连接,按照规定的充电规程为车辆的动力蓄电池充满电。在电网与车辆充电器之间连接能量测量装置,在充电期间测量来自电网的用 W·h 表示的能量 E。如果电网断电,其断开的时间应该根据停电时间,适当延长相应时间。车辆制造厂和认证试验室的技术服务部门应该探讨充电的有效性。

4) 能量消耗率的计算

应该使用式(5-26)计算能量消耗率 C,用 W·h/km 表示,并圆整到整数:

$$C = \frac{D}{E} \tag{5-26}$$

式中,E 为充电期间来自电网的能量,W·h;D 为试验期间行驶的总距离,即续驶里程,km。

5) 电动机、电池及调速系统的测试

由于汽车在道路行驶过程中的工况比较复杂,路面输入为随机输入,且受行驶环境的干扰和影响较大,所以必须对电动机、电池及调速系统的运行特性进行测试,以研究其参数间的匹配特性,并检验它们能否适应汽车复杂的行驶环境。这些电参数的测试是燃油汽车试验所没有的,一般的测试设备也不具备这种功能。因此,必须使用专门的设备满足车载式、大功率和高精度的测试。

6）其他性能试验

电动汽车的平顺性、通过性、操纵稳定性、制动性能以及噪声的试验与燃油汽车的试验方法基本相同,按照现有的国家标准能够完成电动汽车的各种试验。对于设置有能量回收装置的电动汽车,还需要对能量回收性能进行测试。

思考题与习题

1. 汽车动力性能试验方法中道路试验主要检测项目有哪些?

2. 试分析制动时车轮的受力状况。

3. 制动时汽车的方向稳定性的分析?

4. 为保证汽车燃料经济性测试结果准确可靠,有哪些注意事项?

5. 电动汽车能量消耗率和续驶里程测试的主要步骤?

扫码获取
习题答案

第6章　电动汽车动力系统测试

扫码获取
本章电子资源

6.1　动力蓄电池的测量

从世界各国的战略目标看,发展电动汽车和动力蓄电池被普遍确立为保障能源安全和转型低碳经济的重要途径。各国行动计划的共同特点是政府直接介入,组织能源、交通、制造多部门联合推动,研发投入、产业布局、政策优惠多管齐下,促进电动汽车与动力电池、新能源、智能电网等产业的交叉融合与综合发展,打造新兴战略产业链。要发展电动汽车,首先必须发展动力蓄电池,而动力蓄电池的测试与评价为其发展提供了有力的保证。

6.1.1　车用超级电容

1. 车用超级电容的基本原理

超级电容是20世纪60年代发展起来的一种新型储能元件,又称电化学双层电容,它是靠极化电解液来储存电能的一种新型储能装置。同一般的电容器相比,超级电容没有电介质,而是利用电双层的结构实现电解质的机能。当固体和液体这两个不同相态接触时,在接触界面上正负电荷为相对排列,形成电双层结构。通常状态下的超级电容,由于正极和负极采用相同的活性炭,因此没有电位差,同电池一样不产生电动势。但是充电时有大量电子流向负极使负极带电,而电极表面汇集了与此电量等量的正离子。正极与此相反,汇集负离子。以此保证各自电极和离子间的电位差。表示为等效电路时,正极、负极上的双电层各自等价于一个电容,可理解为通过电解液串联。

2. 车用超级电容的分类

超级电容器是一种介于普通电容器和电池之间的电化学储能器件。它具有功率密度很高、充电时间极短、使用寿命特别长等优异特性,近年来得到了飞快地发展。不仅其技术水平在日新月异地提高,而且应用范围也在不断扩大,特别适合于混合型电动车。

电动道路车辆用电容器分为能量型电容器和功率型电容器。能量型超级电容器(high energy density supercapacitors)以高比能量为特点,主要用于高能量输入、输出。功率型超级电容器(high power density supercapacitors)以高比功率为特点,主要用于瞬间高功率输入、输出。

超级电容器按其结构形式大致可分为两种:一种是柱状电容器,即把基片卷绕起来装进圆形金属外壳内,这种电容器适用于低电压大电流充放电的情况;另一种是叠层式的,即将电极基片叠起来,组装在塑料或金属壳内,这种电容器用在高电压小电流充放电的情况下比较合适。

超级电容按照电极材料的不同可分为三类:碳电极双电层超级电容、金属氧化物电极超级电容和有机聚合物电极超级电容。采用金属氧化物电极的优点是比功率很高,但这些超级电容价格高,是研究初期主要采用的电极材料,主要用于军事领域。随着研究的深入,碳材料成为商品化超级电容所采用的主要电极材料。它具有成本低、单位质量的表面积大、技术成熟等优点。有机聚合物电极技术还处于实验室研究阶段。

超级电容根据电解质材料不同可分为有机物电解液和水基溶液两类。

实际应用中的超级电容有很多种,通常可以根据超级电容的电极材料和电解质材料进行分类,不同的超级电容具有不同的特性。

3. 车用超级电容的基本术语及型号

本章除采用 GB/T 2900.11 中的术语外,还增加了下列术语和定义。

(1) 额定电压(rated voltage)电容器的最高工作电压,符号为 U_w,单位为 V。

(2) 静电容量(capacitance)电容器的静电容量是对电容器进行恒流放电时,其放电电量与放电电位变化值的比值,符号为 C,单位为 F。

电容器 1 倍率充放电电流数值等于 $C \times U_w/3\,600$,单位为 A。

(3) 储存能量(energy)电容器的储存能量是指该电容器自额定电压起进行恒电流放电至其 1/2 额定电压时止,电容器所累积放出的能量。

(4) 内阻(internal resistance)电容器的内阻是电容器断开恒流充电电路时起至 10 ms 后,端电压的变化量与充电电流的比值。

(5) 电压保持能力(voltage holding characteristics)将电容器恒流充电至额定电压,再以额定电压恒压充电 30 min,然后在室温条件下开路静置 72 h 后,电容器的端电压与额定电压的比值即为其电压保持能力。

(6) 型号 UC 代表超级电容器,P 代表功率型电容器,E 代表能量型电容器,F 代表方形单体电容器,Y 代表圆柱形单体电容器。电容器型号所表达的意义如图 6-1 所示。

4. 基本试验及要求

电容器检验时,外壳不得有变形及裂纹,表面平整、干燥,无电解液溢痕,且标志清晰。标志应清晰完整、准确无误。电容器的外形尺寸及质量符合生产企业提供的技术条件。

1) 试验条件

除另有规定外,一切测量、试验和恢复均在下列环境中进行:温度为(15~35)℃,相对湿度为 25%~85%,大气压力满足(86~106)kPa,如未特别指明,一般应将电容器在上述环境条件下放置 24 h,然后测量电容器的性能,以作为该产品试验后的对比依据,但应使试验前后的测试环境保持一致。

试验仪器、仪表的准确度应满足以下要求:电压测量装置的准确度不低于 0.5 级,输入阻抗不小于 1 kΩ/V;电流测量装置的准确度不低于 0.5 级;温度测量装置具有适当的量程,分度值不应大于 1 ℃,标定准确度不低于 0.5 ℃;测量尺寸的量具的分度值不大于 1 mm;称量质量的衡器的准确度为 ±0.05% 以上;计时器按时、分、秒分度,准确度为 1%。

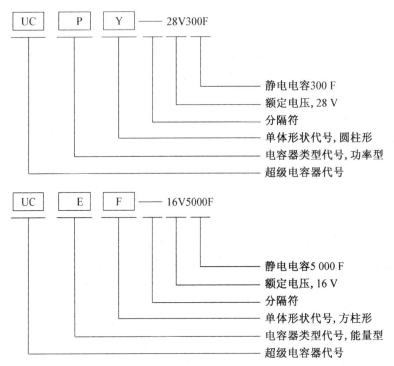

图 6-1　超级电容器型号示意图

2）试验方法和要求

（1）静电容量

用恒定电流对电容器充电到额定电压，然后以恒定电流对电容器放电到额定电压的 1/2，记录从额定电压的 80%(U_1)至额定电压的 1/2(U_2)之间的电压范围内电容器的放电时间，共循环 3 次。式（6-1）计算每次循环的静电容量，其平均值：

$$C = I_1 t/(U_1 - U_2) \tag{6-1}$$

式中，C 为静电容量，F；U_1、U_2 为采样电压，V；t 为放电时间，s。

电容器检验时，静电容量应为标称容量的 80%～150%。

（2）储存能量

用恒定电流对电容器充电到额定电压，再恒压充电 30 min，静置 5 s 后，用恒定电流对电容器放电到额定电压的 1/2，记录电流、电压和时间，共循环测试 3 次，取平均值，按式（6-2）计算储存能量：

$$W = \int U \mathrm{d}t \tag{6-2}$$

式中，W 为储存能量，J；U 为电容器即时电压，V；t 为电容器放电到 1/2 额定电压时所需的时间，s。

电容器检验时，储存能量应为标称能量的 80%～150%。

（3）内阻

以恒定电流对电容器充电到额定电压，静置 5 日，用恒定电流对电容器放电到额定电压的 1/2，记录停止充电时起 10 ms 后电压的变化值。测试 3 次，取平均值，按式（6-3）计算内

阻值:

$$R=(U_w-U_i)/I_1 \qquad\qquad (6-3)$$

式中,R 为电容器的内阻,Ω;U_1 为电容 U_w 器停止充电后 10 ms 时的电压,V。

电容器检验时,内阻应不大于其标称内阻。

(4) 大电流放电能

将电容器置于(25 ± 5)℃的环境中,用恒定电流对电容器充电到额定电压,再恒压充电 30 min,静置 5 s,并在该环境中用下列电流放电至额定电压的 1/2,记录放电容量。

能量型电容器:$10I_1$(可以采用更大倍率进行测试,但最低放电电流不小于 $10I_1$)。

功率型电容器:$100I_1$(可以采用更大倍率进行测试,但最低放电电流不小于 $100I_1$)。电容器放电时,其放电容量不应低于 30%$(C\times U_w)$。

(5) 电压保持能力

用恒定电流 I_1 对电容器充电到额定电压,再改为恒压充电 30 min,然后在室温下开路静置 72 h,两端电压应不低于额定电压的 80%。

(6) 高温性能

将电容器置于(55 ± 2)℃的高温箱中 6 h,然后,在此环境下对电容器进行检测。电容器试验时,其性能应满足下列条件要求:

① 静电容量不低于初始值的 80%;

② 储存能量不低于初始值的 80%;

③ 内阻小于或等于初始值的 1.5 倍。

(7) 低温特性

将电容器置于(-30 ± 20)℃的低温箱中 16 h,然后,在此环境下对电容器进行检测。电容器试验时,其性能应满足下列条件要求:

① 静电容量大于或等于初始值的 60%;

② 储存能量大于或等于初始值的 50%;

③ 内阻小于或等于初始值的 2 倍。

(8) 循环耐久能力

试验的环境温度为(25 ± 2)℃,充电终止电压是额定电压,放电终止电压为 1/2 额定电压,充放电电流:能量型为 $5I_1$;功率型为 $10I_1$。

用恒定电流对电容器充电到额定电压,静置 5 s,然后,以恒定电流对电容器放电到 1/2 额定电压,静置 5 s,即完成一个循环。5 000 个循环为一个阶段。一个阶段结束后,室温静置 24 h,对电容器进行检测,符合规定方可进行下一个阶段的循环,一个循环耐久试验由 10 个阶段组成。

电容器试验时,其性能应满足下列要求:

① 静电容量大于初始值的 70%;

② 储存能量大于初始值的 65%;

③ 内阻小于初始值的 2 倍;

④ 无电解液泄漏。

(9) 耐振动性

将电容器紧回到振动试验台上,按下列条件进行振动试验:

① 振动频率:10～55 Hz;

② 振动方向:上下单振动;

③ 最大加速度:30 m/s²;

④ 振动时间:2 h。

电容器经试验后,壳体应无变形、开裂,电解液无泄漏,测试内阻无突变。

（10）穿刺试验

对电容器单体以恒定电流 I_1 充电至额定电压。用 φ3～φ8 mm 的耐高温钢针以(10～40)mm/s的速度垂直于电容器极板的方向贯穿(钢针停留在电容器中),该试验应在有充分环境保护的条件下进行。

电容器试验时,应不爆炸,不起火。

（11）加热试验

将电容器置于(85±2)℃的恒温箱内,并保温 2 h。电容器试验时,应不爆炸,不起火。

5. 检验规则

检验分类、检验项目、要求章条号、试验方法章条号、样品数量和试验周期见表 6-1。每批产品出厂前应在该批产品中随机抽样进行出厂检验,并按表 6-1 的规定进行。在出厂检验中,若有一项或一项以上不合格时,应将该批产品退回生产部门返修普检,然后再次提交检验。若再次检验仍有一项或一项以上不合格,则判定该批产品为不合格。

表 6-1 检验项目

序号	检验分类	检验项目	要求章条号	实验方法章条号	样品数量	试验周期
1	出厂检验	外观	—	—	≤500 只抽 5 只 >500 只抽 10 只	—
2		静电容量	6.1.1-4-2)-(1)	6.1.1-4-2)-(1)		—
3		储存容量	6.1.1-4-2)-(2)	6.1.1-4-2)-(2)		—
4		内阻	6.1.1-4-2)-(3)	6.1.1-4-2)-(3)		—
5	型式检验	大电流放电	6.1.1-4-2)-(4)	6.1.1-4-2)-(4)	每项 2 只 (共 16 只)	每年一次
6		电压保持	6.1.1-4-2)-(5)	6.1.1-4-2)-(5)		
7		高温特性	6.1.1-4-2)-(6)	6.1.1-4-2)-(6)		
8		低温特性	6.1.1-4-2)-(7)	6.1.1-4-2)-(7)		
9		循环耐久能力	6.1.1-4-2)-(8)	6.1.1-4-2)-(8)		
10		耐振动性	6.1.1-4-2)-(9)	6.1.1-4-2)-(9)		
11		穿刺试验	6.1.1-4-2)-(10)	6.1.1-4-2)-(10)		
12		加热试验	6.1.1-4-2)-(11)	6.1.1-4-2)-(11)		

型式检验可选用某一规格为代表产品进行,但是产品鉴定试验不可选用某一规格为代表产品进行。型式检验共需抽样 20 只,其中 4 只为备份电容器。在下列情况下进行型式检验:

① 产品鉴定时；

② 产品在结构、材料、工艺上有较大变动时；

③ 产品停产半年后再进行生产时；

④ 正常生产每年一次。

在型式检验中，若有一项不合格时，应判定为不合格。在电容器产品上应有下列标志：

① 制造厂名；

② 产品型号或规格 P；

③ 额定电压 F；

④ 静电容量；

⑤ 极性标志；

⑥ 产品编号 F；

⑦ 出厂日期。

外壁应有下列标志：

① 产品名称、型号规格、数量、制造厂名、厂址、邮编；

② 每箱的质量；

③ 产品标准编号；

④ 标明防潮、不准倒置、轻放等标志。

电容器的包装应符合防潮防振的要求。包装箱内应装入随同产品提供的下列文件：

① 产品合格证；

② 产品使用说明书；

③ 装箱单（多只包装时）。

电容器运输时其荷电状态应低于 50%，在运输过程中，不得受剧烈机械冲撞、暴晒、雨淋、倒置。在装卸过程中，应轻搬轻放，严防摔掷、翻滚、重压。

电容器应存放在（－30～35 ℃）自然通风的地方。电容器不应受阳光直射，距离热源不得少于 2 m。电容器正负极间不得掉入任何金属杂物，避免与任何液体或有害物质接触。电容器不得倒置及卧放，避免受机械冲击或重压。

6.1.2　电动汽车用铅酸蓄电池

1. 铅酸蓄电池的基本原理

铅酸蓄电池的基本单元是单元电池，每个单体电池均由正极板、负极板和装在正极板和负极板之间的隔板组成。正极板表面上附着一层褐色的二氧化铅，这层二氧化铅由结合氧化的铅细粒构成，在这些细粒之间能够自由地通过电解液。将正极材料磨成细粒的原因是可以增大其与电解液的接触面积，这样可以增加反应的面积，从而减小了蓄电池的内阻。负极板是海绵状的铅板，颜色为深灰色。电解液是浓度为 27%～37% 的稀硫酸水溶液。将这两个电极板尽量靠近地平行放置，并保证其不接触，然后在两个电极板之间加入用绝缘材料构成的隔板。这种隔板上密布着细小的孔，既可以保证电解液的通过，又可以防止两电极板接触。隔板的种类大致分为合成树脂纤维隔板和玻璃纤维隔板两类。当电池两端加上负荷时，在外部电路电子流动形成电流，而在电池内部，化学能转换为电能，电以离子的形式，从一个电极到另一个电极。正电极在放电时,是由外界电路接收电子,形成还原反应;负电极释放电子到外界电路,形成氧化反应;电解液的作用是给正负电极之间流动的离子创造一个液体环境,或者说充当离子流动的介质。隔板的作用是隔离正负电极板防止其接触,控制反应速度,保护电池。

2. 铅酸蓄电池的分类

电动汽车用铅酸蓄电池分为免维护蓄电池和阀控密封式蓄电油两类。其中,免维护蓄电池是指在使用寿命期限内,除要保持表面清洁外,不需要其他维护的蓄电池。这与其自身的结构特点有关:

① 免维护蓄电池采用低锑合金或铅钙合金做极板栅架;

② 采用信封式隔板。这样可以有效避免正极板上活性物质脱落,延长蓄电池使用寿命 F;

③ 采用内装饰密度计。从密度计指示器指示的不同颜色,可以判断蓄电池的存电状态及液面高度 H;

④ 采用安全通气装置;

⑤ 联条采用穿壁式连接。这种连接方式可以减小蓄电池的内阻,提高蓄电池的容量。

3. 铅酸蓄电池的基本术语及型号

1)扫频循环(sweep cycle)

在规定的频率范围内往返扫描一次,例如:10 Hz~55 Hz~10 Hz

2)3 h 率额定容量

用 C_3 表示,单位是 A·h;3 h 率放电电流用 I_3 表示,数值等于 $C_3/3$,A。

3)型号

通常铅酸蓄电池型号用三段式来表示:第一段用数字表示串联的单体电池数,第二段用两组字母分别表示其用途和特征,第三段用数字表示额定容量。如型号 6DAW150 表示为由 6 个单体电池串联组合(通常单体电池电压为 2.0 V)成为额定电压 12 V,用于电动道路车辆干荷电式免维护,额定容量为 150 A·h 的蓄电池。其中特征就是按其结构和维护方式来划分的。表 6-2 列出了铅酸蓄电池型号中表示用途和特征的两组拼音字母的含义。

表 6-2　铅酸蓄电池的用途和特征

表示蓄电池用途		表示蓄电池特征	
字母	含义	字母	含义
Q	起动用(起动发动机,要求大电流放电)	A	干荷电式(极板处于干燥的荷电状态)
G	固定用(固定设备中作保护等备用电源)	F	防酸式(电池盖装有防酸栓)
D	电池车(作牵引各种车辆的动力电源)	FM	阀控式(电池盖设有安全阀)
N	内燃机车(用于内燃机车起动和照明等)	W	无须维护(免维护或少维护)
T	铁路客车(用于车上照明等电器设备)	J	胶体电解液(电解液使用胶状混合物)
M	摩托车用(摩托车起动和照明)	D	带液式(充电态带电解液)

（续表）

表示蓄电池用途		表示蓄电池特征	
字母	含义	字母	含义
KS	矿灯酸性（矿井下照明等）	J	激活式（用户使用时需激活方式激活）
JC	舰船用（潜艇等水下作业设备）	Q	气密式（盖子的注酸口装有排气栓）
B	航标灯（航道夜间航标照明）	H	湿荷式（极板在电解液中浸渍过）
TK	坦克（用于坦克起动及其用电设备）	B	半密闭式（电池槽半密封）
s	闪光灯（摄像机等用）	y	液密式

4. 基本试验及要求

蓄电池检验时，外壳不得有变形及裂纹，表面干燥、无酸液，且标志清晰、正确。电池极性应与标志的极性符号一致。蓄电池外形尺寸、质量参见企业提供的技术说明。端子的位置以及对端子的外观、结构等具体要求由用户与制造厂协商决定。

1) 试验条件

除另有规定外，试验应在温度为（15～35）℃，相对湿度为 25%～85%，大气压力为（86～106）kPa 的环境中进行。

测量电压用的仪表应是不低于 0.5 级准确度的电压表，电压表内阻至少应是 1 kΩ/V；测量电流用的仪表应是不低于 0.5 级准确度的电流表；测量温度的温度计应具有适当的量程，其分度值不应大于 1 ℃，标定准确度应不低于 0.50 ℃；测量时间用的仪表应按时、分、秒分度，至少应具有 ±0.1% 的准确度；测量蓄电池外形尺寸的量具，其分度值不应大于 1 mm；测量电解液密度用的密度计，应具有适当的量程，每个分度值不应大于 0.005 g/cm³；称量蓄电池重量的衡器，应具有 ±0.05% 以上的准确度；测量压力用的仪表应是不低于 0.25 级准确度的压力表。

干式荷电蓄电池电解液的具体要求由制造厂规定。受试的蓄电池应该是生产后不超过 60 d，未经使用过的蓄电池，并完全充电。干式荷电蓄电池要经注液。

蓄电池的完全充电方法为：

（1）恒流充电（适用于免维护蓄电池）：在温度为（20±5）℃的环境下，蓄电池以 $0.5I_3$（A）电流充电到 2.4 V/单体后，再继续以 $0.25I_3$（A）电流充电，在充电末期连续 3 h 内蓄电池电压变化不大于 0.05 V/h，此时确认蓄电池已完全充电；

（2）改进的恒压充电（适用于阀控密封式蓄电池）：蓄电池的完全充电采用恒压 2.4 V/单体、限流 I_3（A）充电 16 h 或当充电末期电流稳定 3 h 不变时，此时确认蓄电池已完全充电；

（3）采用由用户与制造厂协商认可的充电方法。

2) 试验方法和要求

（1）3 h 倍率额定容量

蓄电池完全充电后，在温度为（20±5）℃的环境中静置 5 h，然后以 I_3（A）的电流恒电流放电到 1.65 V/单体终止，记录放电时间。用放电电流乘以放电到终止电压的时间即为电池容量。

蓄电池试验时,第一次容量应不低于额定值的 90%。

蓄电池应在第 10 次容量试验或之前达到额定值,且最终放电容量不应高于企业提供额定值的 110%。

（2）大电流放电

完全充电的蓄电池在温度为（20±5）℃的环境中静置 5 h,然后以 $3I_3$（A）的电流恒电放电到 1.50 V/单体终止,记录放电时间。放电时间应不少于 40 min。

完全充电的蓄电池在温度为（20±5）℃的环境中静置 5 h,然后以 $9I_3$（A）的电流恒电流放电 3 min,测量电压。电压应不低于 1.40 V/单体。

（3）快速充电能力试验

完全充电的蓄电池在温度为（20±5）℃的条件下,以 I_3（A）放电至终止电压为 1.65 V/单体。放电结束后蓄电池以 $6I_3$（A）恒流充电到截止电压（企业提供的技术说明中规定值）,然后以此截止电压为基准转为恒压充电,两阶段充电时间总计为 1 h（或以企业提供的快速充电方式进行充电,时间不超过 1 h）。以 I_3（A）的电流,恒电流放电到放电终止,终止电压为 1.65 V/单体,记录放电时间。用放电电流乘以放电到终止电压的时间即为电池快速充电容量。

蓄电池放电时,放电容量应不小于额定值的 70%。

（4）−20 ℃低温放电

完全充电的蓄电池在（20±2）℃环境中搁置 20 h,并在该环境中以 $6I_3$（A）电流连续放电至 1.40 V/单体,记录放电时间。完全充电的蓄电池在（20±2）℃环境中搁置 20 h,并在该环境中以 I_3（A）电流连续放电至 1.40 V/单体,记录放电时间,计算放电容量。

蓄电池放电时,放电时间应不少于 5 min,容量应不低于额定值的 55%。

（5）安全性

蓄电池完全充电后,以 $0.7I_3$（A）的电流连续充电 5 h,然后目视检查蓄电池外观。

蓄电池试验时,外壳不得出现漏液、破裂等异常现象。

（6）密封反应效率（此条适用于阀控密封式蓄电池）

完全充电的蓄电池以 $0.3I_3$（A）的电流连续充电 48 h,然后再以 $0.015I_3$（A）的电流连续充电 29 h,并从第 25 h 起开始收集气体 5 h,气体收集装置示意图如图 6-2 所示。

按式（6-4）和式（6-5）计算密封反应效率：

$$\eta = \left(1 - \frac{V}{684}\right) \times 100\% \tag{6-4}$$

式中,η 为密封反应效率,%。

$$V = \frac{P}{101.3} \cdot \frac{298}{(t+273)} \cdot \frac{V'}{Q} \cdot \frac{1}{n} \tag{6-5}$$

式中,V 为在标准状态下,蓄电池充入 1 A·h 电量释放的气体量,mL/（A·h）;P 为收集气体时的大气压,kPa;t 为滴定管或量筒的环境温度,℃;Q 为收集气体期间充入的电量,A·h;V' 为收集的蓄电池放出的气体量,mL;n 为单体蓄电池数。

蓄电池试验时,其密封反应效率应不低于 90%。

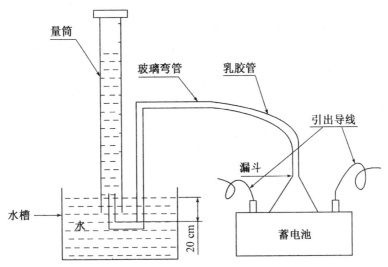

图6-2 气体收集装置示意图

（7）水损耗（此条适用于免维护蓄电池）

蓄电池完全充电后，擦净蓄电池全部表面，并称量质量。蓄电池放置在温度为（40±2）℃的环境中。蓄电池用恒压2.4 V单体充电500 h。蓄电池充电结束后，擦净蓄电池全部表面，立即称量，计算水损耗量。

蓄电池试验时，按额定容量计算，其水损耗应不大于3 g/A·h。

（8）荷电保持能力

① 常温荷电保持能力试验。

经试验，且符合规定，并得到储存前容量的蓄电池完全充电后，将蓄电池表面擦拭干净。然后将蓄电池在环境温度（20±5）℃中开路搁置28 d。蓄电池搁置结束后，不经充电进行容量试验，得到余容量C_c^n。常温荷电保持能力可以用百分数表示。

② 高温荷电保持能力试验。

经试验，且符合规定，并得到储存前容量的蓄电池完全充电后，将蓄电池表面擦拭干净。将蓄电池在（55±2）℃环境温度中开路搁置7天。蓄电池搁置结束后，不经充电进行容量试验，得到余容量C_c^h。高温荷电保持能力可以用百分数表示。

按式（6-6）计算荷电保持能力：

$$R = \frac{C_c^T}{C_c} \times 100\% \tag{6-6}$$

式中，R为荷电保持能力，%；C_c为蓄电池储存前容量，A·h；C_c^T为搁置后的余容量，A·h；T为储存温度，分为n（常温）、h（高温）。

蓄电池试验时，其常温容量应不低于储存前容量的85%，高温容量应不低于储存前容量的70%。

（9）循环耐久能力

蓄电池经试验，且符合规定方可进行本试验，整个试验在（20±5）℃的环境中进行。蓄电池完全充电后，以$1.5I_3$（A）的电流放电1.6 h，然后以恒电压2.4 V/单体，限流$1.5I_3$（A）充电4 h或采用制造厂推荐的充电方法充电，组成一次循环。上述连续循环每到第49次放充循环后,第 50 次进行放电检查容量,以后每 50 次进行一次容量检查放电,检查放电后的充电,应完全充电。重复试验,检查放电容量,若容量不低于额定值 80%,则继续进行循环试验。若容量确认低于额定值 80% 时,认为蓄电池寿命终止。该单元循环不列入循环次数以内。循环寿命次数应为上面循环次数加上循环前进行试验的次数。

蓄电池试验时,当蓄电池容量降至额定值的 80% 时,循环次数应不少于 400 次。

(10)耐振动性能

蓄电池完全充电后,紧固到振动试验台上,按下述条件进行试验:

① 放电电流:I_3(A);

② 振动方向:上下单振动;

③ 振动频率:10~55 Hz;

④ 最大加速度:30 m/s²;

⑤ 振动时间:2 h;

⑥ 扫频循环:10 次。

蓄电池按规定进行试验。试验期间,蓄电池放电电压应无异常;试验后,检查蓄电应无机械损伤,无电解液渗漏。

(11)限压阀(此条适用于阀控密封式蓄电池)

限压阀与蓄电池不为一体的蓄电池,可单独测定阀的开闭压力。限压阀与蓄电池为一体的蓄电池,对每一单体蓄电池逐渐充入空气,测定开阀压力,然后逐渐释放出空气测定关阀压力。

密封铅酸蓄电池检验时,限压阀开闭阀压力为(1~100)kPa。

3)试验程序

阀控密封式蓄电池及免维护蓄电池试验程序见表 6 - 3。

表 6 - 3 阀控密封式蓄电池及免维护蓄电池试验程序

序号	实验项目	电池编号			
		1	2	3	4
1	外观、极性	※	※	※	※
2	外形尺寸及重量	※	※	※	※
3	3 h 率额定容量	※	※	※	※
4	大电流放电	※			
5	快速充电能力		※		
6	-20 ℃低温放电	※			
7	安全性	※			
8	密封反应效率	※			
9	水损耗	※			
10	荷电保持能力		※		
11	循环耐久能力				※
12	耐振动性能		※		

注:(1)适用于阀控蓄电池;(2)适用于免维护蓄电池;※表示要进行此项试验。

5. 检验规则

检验分类、试验项目、要求章条号、试验方法章条号、样品数量及检验周期见表6－4。

表6－4　检验规则

序号	检验分类	实验项目	要求章条号	试验方法章条号	样品数量	检验周期
1	出厂分类	外观、极性检查	—	—	100％	—
2		外形尺寸及重量检查	—	—	1％	—
3		3h率额定容量	6.1.2－4－2)－(1)	6.1.2－4－2)－(1)	500只抽5只 >500只抽10只	半年一次
4	型式分类	大电流放电	6.1.2－4－2)－(2)	6.1.2－4－2)－(2)	各2只	每年一次
5		快速充电能力	6.1.2－4－2)－(3)	6.1.2－4－2)－(3)		
6		－20℃低温放电	6.1.2－4－2)－(4)	6.1.2－4－2)－(4)		
7		安全性	6.1.2－4－2)－(5)	6.1.2－4－2)－(5)		
8		密封反应效率	6.1.2－4－2)－(6)	6.1.2－4－2)－(6)		
9		水损耗	6.1.2－4－2)－(7)	6.1.2－4－2)－(7)		
10		荷电保持能力	6.1.2－4－2)－(8)	6.1.2－4－2)－(8)	常、高温各2只	
11		循环耐久能力	6.1.2－4－2)－(9)	6.1.2－4－2)－(9)	各2只	
12		耐振动性能力	6.1.2－4－2)－(10)	6.1.2－4－2)－(10)		
13		限压阀	6.1.2－4－2)－(11)	6.1.2－4－2)－(11)		

注：(1) 适用于阀控密封式蓄电池；(2) 适用于免维护蓄电池；(3) 限压阀与蓄电池不为一体的可直接检测限压阀，而不需抽取蓄电池；限压间与蓄电池为一体的需抽取2只蓄电池进行检验。

每批产品出厂前应在该批产品中随机抽样进行出厂检验。在出厂检验的3h率额定容量试验中，蓄电池的容量差应不大于±5％。在出厂检验中，若有一项或一项以上不合格，应将该批产品退回生产部门返修普验，然后再次提交验收。若再次检验仍有一项或一项以上不合格则判定该批产品为不合格。

有下列情况之一必须进行型式检验：

① 新产品投产和老产品转产；

② 转厂；

③ 停产后复产；

④ 结构、工艺或材料有重大改变；

⑤ 合同规定，在型式检验中，若有一项不合格，允许加倍抽样。若再不合格，应判定为不合格。

蓄电池产品上应有下列标志：

① 制造厂名；

② 产品型号或规格；

③ 制造日期；

④ 商标；

⑤ 极性符号；

⑥ 标明如图 6-3 所示的可循环使用标志；

⑦ 标明如图 6-4 所示的含铅，不可将电池等同生活垃圾处理。

图 6-3　可循环使用

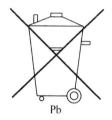

图 6-4　含铅，不可将电池等同生活垃圾处理

包装箱外壁应有下列标志：

① 产品名称、型号规格、数量、制造厂名、厂址、邮编；

② 产品标准编号；

③ 每箱的净重和毛重；

④ 标明防潮、不准倒置、轻放等标志；

⑤ 标明如图 6-3 所示的可循环使用标志；

⑥ 标明如图 6-4 所示的含铅，不可将电池等同生活垃圾处理。

蓄电池的包装应符合防潮防振的要求。包装箱内应装入随同产品提供下列的文件：

① 装箱单(指多只包装)；

② 产品合格证；

③ 产品使用说明书。

运输中，蓄电池荷电状态应低于 40%，不得受剧烈机械冲撞、暴晒、雨淋，不得倒置。在装卸过程中，产品应轻搬轻放，严防摔掷、翻滚和重压。

产品应储存在温度为 5~40 ℃的干燥、清洁及通风良好的仓库内。不应受阳光直射，远离热源不得少于 2 m。不得倒置及卧放，并避免机械冲击或重压。

6.1.3　电动汽车用锂离子蓄电池基本试验及要求

锂离子电池通过正极锂金属氧化物中产生的锂离子在负极活性炭中的嵌入与迁出来实现蓄电池的充放电过程。电动汽车用锂离子蓄电池分为方形蓄电池和圆柱形蓄电池两种。另又可分为卷绕式和平板式两种。

1. 锂离子蓄电池的基本术语及型号：

1) 容量恢复能力(charge recovery)　蓄电池在一定温度下，储存一定时间后再行充电，其后放电容量与额定容量之比。

2) 充电终止电流（end-of-charge current） 指定恒压充电时,蓄电池终止充电时的电流。

3) 爆炸（explosion） 电池外壳破裂,内部有固体物质从蓄电池中冲出,并发出声音。

4) 起火（fire） 蓄电池壳体中冒火。

5) 放电能量（discharge energy at I_3）蓄电池在(20 ± 5)℃温度下,以I_3(A)电流放电达到终止电压时所放出的能量(W·h)。

此值可从电压—容量曲线的覆盖面积积分求得,要求至少50个等值时间间隔点,或用积分仪直接求得。

6) 型号

根据国标 GB/Z 18333.1—2001《电动道路车辆用锂离子蓄电池》规定,锂离子蓄电池的额定容量用符号C_X表示,其下标X表示放电小时率,如C_3即表示在(20 ± 5)℃条件下,以I_3(A)$(I_3=C_3/3)$电流放电达到放电终止电压(最低为2.52 V)时,蓄电池所能输出的能量(W·h)。锂离子蓄电池的型号用6组数字或字母来表示;第1组用数字表示单体电池的个数;第2组用字母 I 代表锂离子蓄电池;第3组用字母 C、N 或 M 表示蓄电池的正极材料,其中 C 代表氧化钴锂正极,N 代表氧化镍锂正极,M 代表氧化锰锂正极;第4组用字母 P 或 R 分别代表方形单体电池或圆柱形单体电池;第5组用数字表示单体电池的宽度和厚度(中间用分隔符"/"分开),或表示单体电池的直径;第6组用数字表示单体电池的高度。第5组与第6组中间用分隔符"/"分开,表示尺寸的单位,除圆柱形电池的高度单位用0.1 mm,其余均用 mm,但是若尺寸小于1 mm 时,则在此尺寸前加字母 t,即该尺寸单位为0.1 mm,如图6-5所示。

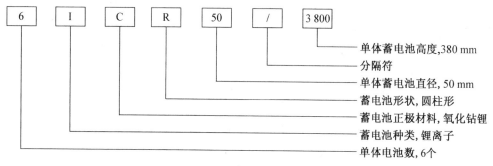

图6-5 锂离子蓄电池型号示意图

2. 基本试验及要求

蓄电池检验时,外观不得有变形及裂纹,表面应平整、干燥、无外伤、无污物等,且标志清晰、正确;端子极性应正确。并应有正负极的清晰标志。蓄电池外形尺寸、质量应符合生产企业提供的技术条件。

1) 试验条件

除另有规定外,试验应在温度为15～35 ℃、相对湿度为25％～85％,大气压力为86～106 kPa 的环境中进行。

电压表测量装置的准确度不低于0.5级,其内阻至少为1 kΩ/V;电流测量装置的准确度不低于 0.5 级;温度测量装置具有适当的量程,其分度值不大于 1 ℃,标定准确度不低于 0.5 ℃;计时器按时、分、秒分度,准确度为 0.1%;测量尺寸的量具的分度值不大于 1 mm;称量质量的衡器准确度为±0.05%以上。

2)试验方法和要求

(1)单体蓄电池

① 蓄电池充电

按厂家提供的专用规程进行充电。若厂家未提供充电器,在(20±5)℃条件下,蓄电池以 I_3(A)电流放电,至蓄电池电压达到 3.0 V(或企业技术条件中规定的放电终止电压)时停止放电,静置 1 h,然后在(20±5)℃条件下以 I_3(A)恒流充电,至蓄电池电压达 4.2 V(或企业技术条件中规定的充电终止电压)时转恒压充电,至充电电流降至 $0.1I_3$(A)时停止充电。充电后静置 1 h。

② 20 ℃放电容量

按要求给蓄电池充电。蓄电池在(20±5)℃下以 I_3(A)电流放电,直到放电终止电压 3.0 V(或企业技术条件中规定的放电终止电压)。用 I_3(A)的电流值和放电时间数据计算容量(以 A·h 计)。如果计算值低于规定值,则可以重复上述步骤直至大于或等于规定值,允许 5 次。

蓄电池检验时,其容量不低于企业提供的技术条件中规定的额定值,同时容量不应高于企业提供的技术条件中规定的额定值的 110%。

③ -20 ℃放电容量

按要求给蓄电池充电。蓄电池在(20±2)℃下储存 20 h。蓄电池在(20±2)℃下以 I_3(A)电流放电,直到放电终止电压 2.8 V(或企业技术条件中规定的放电终止电压)。用电流值 I_3(A)和放电时间数据计算容量(以 A·h 计),并表达为额定容量的百分数。

蓄电池试验时,其容量应不低于额定值的 70%。

④ 55 ℃放电容量

按要求给蓄电池充电,蓄电池在(55±2)℃下储存 5 h。蓄电池在(55±2)℃下以 I_3(A)电流放电,直到放电终止电压 3.0 V(或企业技术条件中规定的放电终止电压)。用电流值 I_3(A)和放电时间数据计算容量(以 A·h 计),并表达为额定容量的百分数。

蓄电池试验时,其容量应不低于额定值的 95%。

⑤ 20 ℃倍率放电容量

a. 能量型蓄电池。

按要求给蓄电池充电。蓄电池在(20±5)℃下以 $4.5I_3$(A)电流放电,直到放电终止电压 3.0 V(或企业技术条件中规定的放电终止电压)。用放电电流值和放电时间数据计算容量(以 A·h 计),并表达为额定容量的百分数。

对于能量型蓄电池试验时,其容量应不低于额定值的 90%。

b. 功率型蓄电池。

按要求给蓄电池充电。蓄电池在(20±5)℃下以 $12I_3$(A)电流放电,直到放电终止电压 2.8 V(或企业技术条件中规定的放电终止电压)。用放电电流值和放电时间数据计算容量(以 A·h 计),并表达为额定容量的百分数。

对于功率型蓄电池试验时,其容量应不低于额定值的 80%。

⑥ 常温与高温荷电保持与容量恢复能力

(a) 常温荷电保持与容量恢复能力。

按要求给蓄电池充电。蓄电池在(20±5)℃下储存 28 d。蓄电池在(20±5)℃下以电流放电,直到放电终止电压 3.0 V(或企业技术条件中规定的放电终止电压)。用放电电流值和放电时间数据计算容量(以 A·h 计)。荷电保持能力可以表达为额定容量的百分数。蓄电池再充电。蓄电池在(20±5)℃下以 I_3(A)放电电流,直到放电中止电压 3.0 V(或企业技术条件中规定的放电终止电压)。用该电流值和放电时间数据计算容量(以 A·h 计),容量恢复能力可以表达为额定容量的百分数。

(b) 高温荷电保持与容量恢复能力。

按要求给蓄电池充电。蓄电池在(55±2)℃下储存 7 d。蓄电池在(20±5)℃下恢复后,以 I_3(A)电流放电,直到放电终止电压 3.0 V(或企业技术条件中规定的放电终止电压)。用电流值和放电时间数据计算容量(以 A·h 计),荷电保持能力可以表达为额定容量的百分数。蓄电池再充电。蓄电池在(20±5)℃下以 I_3(A)电流放电,直到放电终止电压 3.0 V(或企业技术条件中规定的放电终止电压)。用电流值和放电时间数据计算容量(以 A·h 计),容量恢复能力可以表达为额定容量的百分数。

蓄电池试验时,其常温及高温荷电保持率应不低于额定值的 80%,容量恢复能力应不低于额定值的 90%。

⑦ 储存

按要求给蓄电池充电。蓄电池在(20±5)℃下以 I_3(A)电流放电 2 h。蓄电池在(20±5)℃下储存 90 d,再给蓄电池充电。蓄电池在(20±5)℃下以 I_3(A)电流放电,直到放电终止电压 3.0 V(或企业技术条件中规定的放电终止电压)。用电流值和放电时间数据计算容量(以 A·h 计),容量恢复能力可以表达为额定容量的百分数,如果容量低于规定值,可重复单体蓄电池充电要求和蓄电池在(20±5)℃下以 I_3(A)电流放电,直到放电终止电压 3.0 V(或企业技术条件中规定的放电终止电压)两个步骤,最多可以重复 5 次。蓄电池试验时,其容量恢复应不低于额定值的 95%。

⑧ 循环寿命

按要求给蓄电池充电。蓄电池在(20±2)℃下以 1.5I_3(A)电流放电,直到放电容量达到额定容量的 80%,再给蓄电池充电,按以上步骤连续重复 24 次。检查容量,如果达到蓄量的 80% 终止试验。以上步骤在规定条件下重复的次数为循环寿命数。

蓄电池试验时,其循环寿命应不少于 500 次。

⑨ 安全性

蓄电池在(20±5)℃下以 I_3(A)电流放电,直至蓄电池电压为 0 V(如果有电子保护线路,应暂时除去放电电子保护线路)。

蓄电池在(20±5)℃下,从 1.5 m 高度处自由跌落到厚度为 20 mm 硬木地板上,每个面 1 次。

蓄电池进行以上两种试验时,应不爆炸、不起火、不漏液。

以 3I_3(A)电流充电,至蓄电池电压达到 5 V 或充电时间达到 90 min(其中一个条件优先达到即停止试验),或以 9I_3(A)电流充电,至蓄电池电压达到 10 V 即停止试验;将蓄电池经外部短路 10 min,外部线路电阻应小于 5 mΩ;蓄电池置于(85±2)℃恒温箱内,并保温

120 min;垂直于蓄电池极板方向施压,挤压头面积不小 20 cm^2,直至蓄电池壳体破裂或内部短路(蓄电池电压变为 0 V);用 $\phi 3 \sim \phi 8$ mm 的耐高温钢针、以 $10 \sim 40$ mm/s 的速度,从垂直于蓄电池极板的方向贯穿(钢针停留在蓄电池中)。

蓄电池进行以上试验时,应不爆炸、不起火。

(2) 蓄电池模块

要求每个模块由 5 只或以上单体蓄电池串联组成。蓄电池模块检验时,外观不得出现变形及裂纹,表面应平整干燥、无外伤,且排列整齐、连接可靠、标志清晰,端子极性应正确,并应有正负极的清晰标志。

① 20 ℃放电容量

在(20 ± 5)℃条件下,蓄电池模块以 I_3(A)电流放电,至蓄电池模块电压达到 $n \times 3.0$ V 时或单体蓄电池电压低于 2.5 V 时停止放电,然后在(20 ± 5)℃条件下以 I_3(A)恒流充电,至蓄电池模块电压达到 $n \times 4.2$ V 时转恒压充电,充电电流降至 $0.1 I_3$ 时停止充电,若充电过程中有单体蓄电池电压达到 4.3 V 时则停止充电。充电后静置 1 h。

蓄电池模块检验时,其容量不低于企业提供的技术条件中规定的额定值,同时容量不应高于企业提供的额定值的 110%。

② 简单模拟工况

蓄电池模块试验时承受脉冲数不低于 4 个。此项目只用作数据积累。根据数据进行蓄电池模块的一致性分析。

③ 耐振动性

将蓄电池模块紧固到振动试验台上,按下述条件进行线性扫频振动试验:放电电流为 I_3(A)上下单振动,振动频率为 $10 \sim 55$ Hz,最大加速度为 30 m/s^2;扫频循环为 10 次,振动实验过程中,观察有无异常现象出现。

蓄电池模块试验时,不允许出现放电电流锐变、电压异常、蓄电池壳变形、电解液溢出等现象,并保持连接可靠、结构完好,不允许装机松动。

④ 安全性

蓄电池模块进行过放电、过充电、短路、加热、挤压、针刺试验时,应不爆炸、不起火、不漏液。

3) 试验程序

按本程序进行的试验应连续进行。单体蓄电池试验程序见表 6-5,蓄电池模块试验程序见表 6-6。

表 6-5 单体蓄电池试验程序

序号	试验项目	试验方法章条号	单体蓄电池编号
1	外观	—	1″~24″
2	极性	—	
3	外形尺寸及质量	—	
4	20 ℃放电性能	6.1.3-2-2)-(1)-②	
5	−20 ℃放电性能	6.1.3-2-2)-(1)-③	1″~2″

（续表）

序号	试验项目	试验方法章条号	单体蓄电池编号
6	55 ℃放电性能	6.1.3 - 2 - 2)-(1)-④	1″～2″
7	20 ℃倍率放电性能	6.1.3 - 2 - 2)-(1)-⑤	1″～2″
8	常温与高温荷电保持能力及容量恢复能力	6.1.3 - 2 - 2)-(1)-⑥	3″～6″
9	储存	6.1.3 - 2 - 2)-(1)-⑦	7″～8″
10	循环寿命	6.1.3 - 2 - 2)-(1)-⑧	9″～10″
11	安全性	6.1.3 - 2 - 2)-(1)-⑨	11″～24″

表 6 - 6　蓄电池模块试验程序

序号	试验项目	试验方法章条号	单体蓄电池编号
1	外观	—	1″～8″
2	极性	—	
3	外形尺寸及质量	—	
4	20 ℃放电性能	6.1.3 - 2 - 2)-(1)-①	
5	简单模拟工况	6.1.3 - 2 - 2)-(2)-②	1″～2″
6	耐振动性	6.1.3 - 2 - 2)-(2)-③	
7	安全性	6.1.3 - 2 - 2)-(2)-④	3″～8″

3. 检验规则

检验分类、检验项目、要求章条号、样品数量和检验周期见表 6 - 7。

表 6 - 7　检验规则

序号	检验分类	实验项目	要求章条号	样品数量	检验周期
1	出厂检验	外观、极性（单体蓄电池、蓄电池模块）	—	100%	—
2		外形尺寸及质量（单体蓄电池、蓄电池模块）	—	2%	—
3		20 ℃放电容量（单体蓄电池、蓄电池模块）	6.1.3 - 2 - 2)-(1)-② 6.1.3 - 2 - 2)-(1)-①	≤500 只抽 5 只 >500 只抽 10 只	—
4	型式检验	-20 ℃放电容量	6.1.3 - 2 - 2)-(1)-③	每项 2 只 共 24 只单体蓄电池 和 8 组蓄电池 模块	每年一次
5		55 ℃放电容量	6.1.3 - 2 - 2)-(1)-④		
6		20 ℃倍率放电容量	6.1.3 - 2 - 2)-(1)-⑤		
7		常温与高温荷电保持与容量恢复能力	6.1.3 - 2 - 2)-(1)-⑥		
8					

（续表）

序号	检验分类	实验项目	要求章条号	样品数量	检验周期
9		储存	6.1.3-2-2)-(1)-⑦		
10		循环寿命	6.1.3-2-2)-(1)-⑧		
11		安全性	6.1.3-2-2)-(1)-⑨		
12		简单模拟工况	6.1.3-2-2)-(1)-②		
13		耐振动性	6.1.3-2-2)-(1)-③		
14		安全性	6.1.3-2-2)-(1)-④		

每批产品出厂前应在该批产品中随机抽样进行出厂检验,对出厂检验的20 ℃放电性能检验项目,所有蓄电池样品的 I_3(A)放电容量差应不小于±5%。在出厂检验中,若有一项或一项以上不合格,应将该产品退回生产部门返工普检,然后再次提交验收。若再次检验仍有一项或一项以上不合格,则判定该产品为不合格。有下列情况之一必须进行型式检验:

① 新产品投产和老产品转产;

② 转厂;

③ 停产后复产;

④ 结构、工艺或材料有重大改变;

⑤ 合同规定。在型式检验中,若有一项不合格时,应判定为不合格。

蓄电池产品上应有下列标志:

① 制造厂名;

② 产品型号或规格;

③ 制造日期;

④ 商标;

⑤ 极性符号;

⑥ 蓄电池安全注意事项及警示。

包装箱外壁应有下列标志:

① 产品名称、型号规格、数量、制造厂名、厂址、邮编;

② 产品标准编号;

③ 每箱的净重和毛重;

④ 标明防潮、不准倒置、轻放等标志。

蓄电池的包装应符合防潮防振的要求。包装箱内应装入随同产品提供下列的文件:

① 装箱单(指多只包装);

② 产品合格证;

③ 产品使用说明书。

蓄电池输荷电状态应低于40%,在运输中不得受剧烈机械冲撞、暴晒、雨淋,不得倒置,在装卸过程中,应轻搬轻放,严防摔掷、翻滚和重压。蓄电池应储存在温度为5～40 ℃,干燥、清洁及通风良好的仓库内,不受阳光直射,距离热源不得少于2 m。

6.1.4 电动汽车用金属氢化物镍蓄电池

金属氢化物镍(MH-Ni)蓄电池是一种碱性蓄电池,它是在 Cd-Ni 电池的基础上开发出来的电池。镍氢蓄电池属碱性电池,其比功率、比能量和循环寿命等性能指标要远远高于铅酸蓄电池。镍氢电池可分为高压镍氢电池和低压镍氢电池两类。

1. 基本试验及要求

1) 单体蓄电池

蓄电池检验时,外壳不得有变形及裂纹,表面平整、干燥、无外伤、无污物,且标志清晰、正确,蓄电池极性应与标志的极性符号一致。蓄电池外形尺寸、质量应符合生产企业提供的技术条件。

(1) 充电

在(20 ± 5)℃通风环境条件下,蓄电池先以I_3(A)电流放电至终止电压 1.0 V,搁置 1 h,然后以I_3(A)电流恒流充电暂时转 $0.15I_3$(A)充电 2 h,并搁置 1 h。

(2) 20 ℃放电性能

蓄电池检验时,在(20 ± 5)℃条件下,放电容量应不低于表 6-8 的规定值。同时,容量不应高于企业提供的额定值的 110%。

表 6-8 20 ℃放电性能

恒流放电电流/A	终止电压/A	放电容量/%
$1I_3$(能量型蓄电池)	1.0	100
$3I_3$(功能型蓄电池)	1.0	95

(3) −20 ℃放电性能

蓄电池试验时,在−(20 ± 2)℃条件下,放电容量应不低于表 6-9 的规定值。

表 6-9 −20 ℃低温放电性能

恒流放电电流/A	终止电压/A	放电容量/%
$1I_3$(能量型蓄电池)	1.0	90
$3I_3$(功能型蓄电池)	1.0	85

(4) 55 ℃放电性能

蓄电池试验时,在(55 ± 2)℃条件下,放电容量应不低于表 6-10 的规定值。

表 6-10 55 ℃放电性能

恒流放电电流/A	终止电压/A	放电容量/%
$1I_3$(能量型蓄电池)	1.0	95
$3I_3$(功能型蓄电池)	1.0	90

（5）20 ℃倍率放电性能

对于能量型蓄电池试验时，其容量应不低于额定值的80%。

对于功率型蓄电池试验时，其容量应不低于额定值的60%。

（6）常温与高温荷电保持能力

蓄电池试验时，其常温荷电保持率应不低于额定值的80%；高温荷电保持率应不低于额定值的60%。

（7）安全性

蓄电池进行短路、过放电、过充电、加热、针刺、挤压、跌落试验时，应不爆炸、不起火、不漏液。

（8）循环寿命

蓄电池试验时，循环寿命500次后，其容量不低于额定容量的90%，试验期间不得漏液。

（9）储存

蓄电池试验时，恢复后放电容量应不低于额定容量的90%。

2）蓄电池模块

每个模块由5只或以上单体蓄电池串联组成。蓄电池模块检验时，外观不得有变形及裂纹、表面平整干燥、无外伤，且排列整齐、连接可靠、标志清晰，极性应与标志的极性符号一致。

（1）充电

在(20±5)℃通风环境条件下，蓄电池模块先以I_3(A)电流放电至终止电压$(n×1.0)$V，搁置1 h，然后在同一温度下，以I_3(A)电流恒流充电3 h时转$0.15I_3$(A)充电2 h，搁置1 h。

（2）20 ℃放电性能

要求蓄电池模块试验时，其放电容量不低于额定值。

（3）简单模拟工况

蓄电池模块试验时，承受脉冲数不低于4个。此项目只用作数据积累，并根据数据进行蓄电池模块的一致性分析。

（4）耐振动性

蓄电池模块试验时，不允许出现放电电流锐变、电压异常、蓄电池壳变形、电解液溢出等现象，并保持连接可靠、结构完好，不允许装机松动。

（5）安全性

蓄电池模块进行过放电、过充电、短路、加热、挤压、针刺试验时，应不爆炸、不起火、不漏液。

3）试验程序

按本程序进行的试验应连续进行。单体蓄电池试验程序见表6-11，蓄电池模块试验程序见表6-12。

表 6 - 11　单体蓄电池试验程序

序号	检验项目	检验方法章条号	单体蓄电池编号
1	外观	—	$1''\sim24''$
2	极性	—	
3	外形尺寸及质量	—	
4	20 ℃放电性能	6. 1. 4 - 1 -(2)	$1''$
5	-20 ℃放电性能	6. 1. 4 - 1 -(3)	$1''\sim2''$
6	55 ℃放电性能	6. 1. 4 - 1 -(4)	$1''\sim2''$
7	20 ℃倍率放电性能	6. 1. 4 - 1 -(5)	$1''\sim2''$
8	常温与高温荷电保持能力	6. 1. 4 - 1 -(6)	$3''\sim6''$
9	安全性	6. 1. 4 - 1 -(7)	$7''\sim20''$
10	循环寿命	6. 1. 4 - 1 -(8)	$21''\sim22''$
11	储存	6. 1. 4 - 1 -(9)	$23''\sim24''$

表 6 - 12　蓄电池模块试验程序

序号	检验项目	检验方法章条号	单体蓄电池编号
1	外观	—	$1''\sim8''$
2	极性	—	
3	外形尺寸及质量	—	
4	20 ℃放电性能	6. 1. 4 - 2 -(2)	
5	简单模拟工况	6. 1. 4 - 2 -(3)	$1''\sim2''$
6	耐振动性能	6. 1. 4 - 2 -(4)	
7	安全性	6. 1. 4 - 2 -(5)	$3''\sim8''$

检验规则以及标志、包装、运输和储存的要求和锂离子电池类似,这里就不再赘述。

6.1.5　简单模拟工况试验

先对蓄电池充电。然后按以下步骤进行放电。

1. 能量型蓄电池

能量型蓄电池放电步骤在(20±5)℃条件下进行,由四个阶段组成,如图 6 - 6 和表 6 - 13 所示。

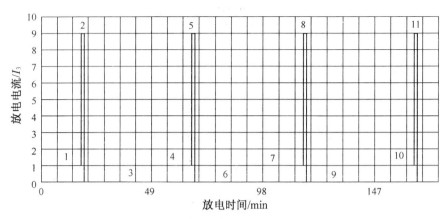

图 6 - 6   能量蓄电池简单模拟工况放电曲线

表 6 - 13   能量型蓄电池简单模拟工况放电阶段

阶段	步骤序号	操作状态	电流/A	步骤时间/min
一	1	恒流放电	$1I_3$	18
	2	恒流放电	$9I_3$	1
	3	搁置	0	30
二	4	恒流放电	$1I_3$	18
	5	恒流放电	$9I_3$	1
	6	搁置	0	30
三	7	恒流放电	$1I_3$	18
	8	恒流放电	$9I_3$	1
	9	搁置	0	30
四	10	恒流放电	$1I_3$	18
	11	恒流放电	$9I_3$	1

注:步骤 1 至步骤 2 为第一阶段,步骤 4 至步骤 5 为第二阶段,步骤 7 至步骤 8 为第三阶段,步骤 10 至步骤 11 为第四阶;其余步骤为阶段间间隔。

放电过程中监测蓄电池模块及单体蓄电池电压,总计进行四个阶段的脉冲放电。放电过程中记录单体蓄电池电压。在某个脉冲放电阶段内,对于锂离子电池,若有单体蓄电池电压低于 2.5 V,则停止放电;对于金属氢化物镍蓄电池,若有单体蓄电池电压低于 0.4 V,则停止放电。同时进行蓄电池模块的一致性分析。

2. 功率型蓄电池

功率型蓄电池放电步骤在(20±5)℃条件下进行,由两个阶段组成,如图 6 - 7 和表 6 - 14 所示。

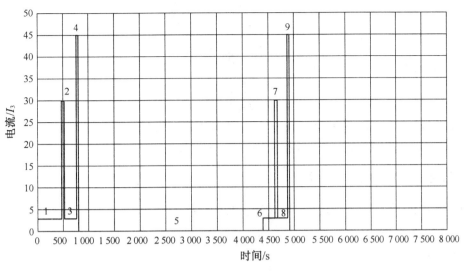

图 6 - 7　功能型蓄电池简单模拟工况放电曲线

放电过程中监测蓄电池模块及单位蓄电池电压,总计进行两个阶段的脉冲放电。在某个脉冲放电阶段内,对于锂离子电池,若有单体蓄电池电压低于 2.5 V,则停止放电;对于金属氢化物镍蓄电池,若有单体蓄电池电压低于 0.4 V,则停止放电。同时进行蓄电池模块的一致性分析。

表 6 - 14　功率型蓄电池简单模拟工况放电阶段

阶段	步骤序号	操作状态	电流/A	步骤时间/min
一	1	恒流放电	$3I_3$	540
	2	恒流放电	$30I_3$	20
	3	恒流放电	$3I_3$	240
	4	恒流放电	$45I_3$	10
	5	搁置	0	3 600
二	6	恒流放电	$3I_3$	230
	7	恒流放电	$30I_3$	20
	8	恒流放电	$3I_3$	240
	9	恒流放电	$45I_3$	10

注:步骤 1 至步骤 4 为第一阶段,步骤 6 至步骤 9 为第二阶段。

6.1.6　一致性分析方法

1. 单体电池的一致性分析方法

以 24 只单体蓄电池为例,单体蓄电池放电容量的标准差系数计算如下:

标准差为

$$\delta = \sqrt{\frac{\sum_{n=1}^{24}(C_n - \overline{C})}{23}} \tag{6-7}$$

标准差系数为

$$C_\delta = \frac{\delta}{C} \tag{6-8}$$

式中，C_n 为第 n 个蓄电池的容量；$\overline{C}$ 为 24 个蓄电池的平均容量。

根据不同蓄电池的放电容量数据，可以分析单体蓄电池的一致性。

2. 蓄电池模块一致性分析方法

根据简单模拟工况试验数据分析蓄电池模块一致性。

以 10 只为一蓄电池模块为例，蓄电池模块中的 10 个单体蓄电池放电电压的标准差系数计算如下：

$$\delta = \sqrt{\frac{\sum_{n=1}^{10}(V_n - \overline{V})}{9}}, V_\delta = \frac{\delta}{V} \tag{6-9}$$

式中，V_n 为第 n 个蓄电池第 m 放电阶段的放电终止电压。$\overline{V}$ 为 10 个蓄电池的第 m 放电阶段放电终止电压的平均值。

根据不同阶段的放电数据，可以分析不同阶段蓄电池模块的一致性。

6.2 电动机测试

经过"九五""十五""十一五""十二五"国家对电动汽车用电动机系统的集中研发和应用，我国已自主开发了满足各类电动汽车需求的驱动电动机系统产品，获得了一大批电动机系统的相关知识产权，形成具有核心竞争能力的车用驱动电动机系统批量生产能力。

在电动机及其控制系统的关键材料与关键零部件方面，如转速位置传感器的研制、高性能低成本绝缘材料开发、车用电动机专用电工钢开发、电动机磁性材料的稳定性研究方面，获得了初步成果：① 电动机的功率密度不断提高；② 电动机回馈制动的高效区不断拓宽；③ 电驱动系统的集成化和一体化趋势更加明显；④ 电驱动系统的混合度与电功率比不断增加；⑤ 车用电驱动控制系统的集成化和数字化程度不断加大。

6.2.1 电动机的分类、作用和要求

1. 电动汽车用电动机的分类

电动机俗称马达，是一种将电能转化成机械能，并可再使机械能产生动能，用来驱动其他装置的电气设备。在电路中用字母"M"表示。电动机分类标准不同，分类内容也各不相同。按照工作电源种类划分可分为直流电动机和交流电动机；按结构和工作原理划分可分为直流电动机、异步电动机、同步电动机。按起动与运行方式划分可分为电容起动式单相异步电动机、电容运转式单相异步电动机、电容起动运转式单相异步电动机和分相式单相异步

电动机;按用途划分可分为驱动用电动机和控制用电动机;按转子的结构划分可分为笼型感应电动机和绕线转子感应电动机;按运转速度划分可分为高速电动机、低速电动机、恒速电动机、调速电动机。

电动汽车用电动机不同于一般的工业用电动机,有其自身的要求和特点。这里我们按电动机对电动汽车所体现的不同功能将其分为两种:牵引电动机和非牵引电动机。非牵引辅助电动机及其分类和牵引电动机类似。这里主要以牵引电动机分类说明。

电动汽车的牵引电动机及其驱动系统必须具有调速范围宽、瞬时转矩大、效率高、功率密度大的特点;同时电气系统应具有快速的转矩控制功能和完善的失效保护措施,以保证驾驶安全;控制器设计应考虑能量回馈和节能,以提高一次充电的续驶里程等,因此用于电动汽车的电动机及其驱动系统的设计要求更高,功能更复杂。提高电动机及其驱动系统的性能对提高电动汽车的整体性能具有极为重要的意义,也是提高电动汽车市场竞争力的关键。迄今为止,电动汽车中使用的电动机组主要包括直流电动机、感应电动机、永磁电动机和开关磁阻电动机等。

2. 电动汽车用电动机的作用

电动汽车上使用电动机个数很多,种类也不尽相同,可以说电动机及其控制器是电动汽车的心脏。电动汽车电动机根据其是否直接用于驱动电动汽车行驶可以分为牵引电动机和辅助电动机。牵引电动机及其控制系统(电动机驱动系统)是电动汽车中最为关键的系统,其类型和运行性能决定电动汽车的运行性能。牵引电动机的功能是在驾驶员的操作下,能够按照驾驶员的意图高效地将电能转化为电动汽车车轮的动能,或者相反,将电动汽车动能转化为电能。牵引电动机在纯电动汽车整车系统中的结构图如图6-8所示。

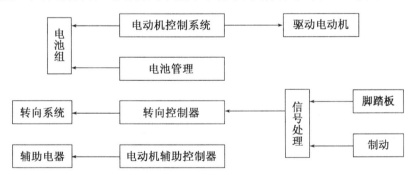

图6-8 牵引电动机在纯电动汽车整车系统中的结构图

对燃料电池汽车或混合动力汽车也有类似图6-8的结构框图。所以,牵引电动机的运行性能是电动汽车运行性能的决定因素。对牵引电动机深入研究和对其控制系统的改进是改善电动汽车性能的一个重要方向。

非牵引电动机辅助电动汽车安全可靠运行,并改善乘坐的舒适度。例如,散热风扇保证控制器或其他部件在适宜运行的工况下,稳定可靠地运行;电动转向泵使车辆转向更加灵敏安全;电控空调系统控制电动汽车内温度,在炎炎夏日给人以清凉。可以说非牵引电动机也是电动汽车中必不可少的部件,没有非牵引电动机,电动汽车安全可靠运行和舒适乘坐将难以保证。

牵引电动机和非牵引电动机同样都是电动汽车的重要部件,对其进行深入研究和性能改进将提高电动汽车的运行性能。

6.2.3　电动机测试基本术语

1. 工作制

1) S1 工作制——连续工作制

在恒定负载下运行至热稳定状态的工作制简称为 S1,如图 6-9 所示。

2) S2 工作制——短时工作制

在额定负载下运行时,允许施加周期性过载,过载倍数及每次过载持续时间、间隔时间以及整个运行时间应在产品标准中规定,如图 6-10 所示。本工作制简称为 S2,随后应标注工作制的持续时间,如 S2 60 min。

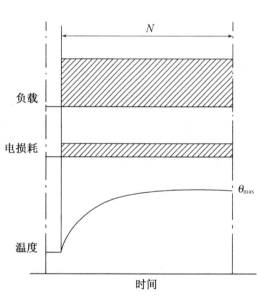

图 6-9　连续工作制 S1

N—在恒定负载下运行时间;

θ_{max}—达到的最高温度

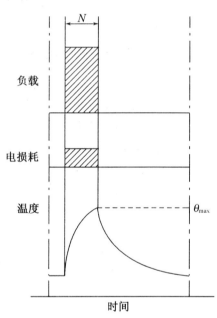

图 6-10　短时工作制 S2 电损耗一个周期

N—在恒定负载下运行时间;

θ_{max}—在工作周期中达到的最高温度

3) S3 工作制——断续周期工作

按一系列相同的工作周期运行,每一周期包括一段恒定负载运行时间和一段停机和断能时间,如图 6-11 所示。这种工作制,每一周期的启动电流不致对温升有显著影响。本工作制简称为 S3,随后应标注负载持续率,如 S3 25%。

4) S4 工作制——包括启动的断续周期工作制

按一系列相同的工作周期运行,每一周期包括一段对温升有显著影响的启动时间,一段恒定负载运行时间和一段停机和断能时间,如图 6-12 所示。本工作制简称为 S4,随后应标注负载持续率以及归算至电动机转轴上的电动机转动惯量(J_M)和负载转动惯量(J_{ext})。如 S4 25%,$J_M = 0.15$ kg·m^2,$J_{ext} = 0.77$ kg·m^2。

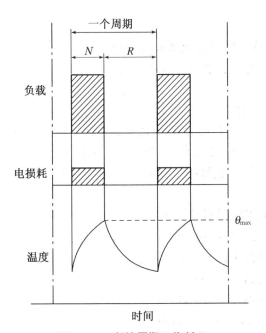

图 6-11 断续周期工作制 S3

N—在恒定负载下运行时间;

R—断能停转时间;

θ_{max}—在工作周期中达到的最高温度;

负载持续率:$N/(N+R)\times100\%$

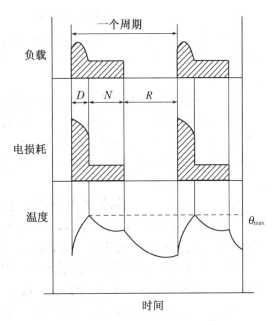

图 6-12 包括启动的断续周期工作制 S4

D—起动时间;N—在恒定负载下运行时间;

R—断能停转时间;

θ_{max}—在工作用期中达到的最高温度;

负载持续率:$(D+N)/(D+N+R)\times100\%$

5) S5 工作制——包括电制动的断续周期工作制

按一系列相同的工作周期运行,每一周期包括一段启动时间,一段恒定负载运行时间,一段电制动时间和一段停机和断能时间,如图 6-13 所示。本工作制简称为 S5,随后应标注负载持续率以及归算至电动机转轴上的电动机转动惯量(J_M)和负载转动惯量(J_{ext}),如 S5 25%,$J_M=0.15\ kg\cdot m^2$,$J_{ext}=0.7\ kg\cdot m^2$。

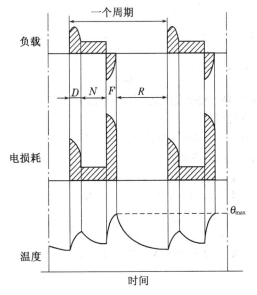

图 6-13 包括电制动的断续周期工作制

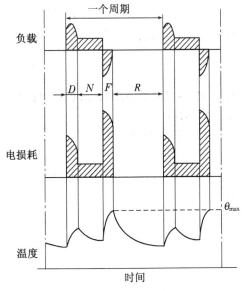

图 6-14 连续周期工作制 S6

6) S6 工作制——连续周期工作制

按一系列相同的工作周期运行,每一周期包括一段恒定负载运行时间和一段空载运行时间,无停机和断能时间,如图 6-14 所示。本工作制简称为 S6,随后应标注负载持续率,如 S6 40%。

7) S7 工作制——包括电制动的连续周期工作制

按一系列相同的工作周期运行,每一周期包括一段启动时间,一段恒定负载运行时间和一段电制动时间,无停机和断能时间,如图 6-15 所示。本工作制简称为 S7,随后应标注归算至电动机转轴上的电动机转动惯量(J_M)和负载转动惯量(J_{ext}),如 S7 $J_M = 0.4 \text{ kg} \cdot \text{m}^2$,$J_{ext} = 7.5 \text{ kg} \cdot \text{m}^2$。

8) S8 工作制——包括负载-转速相应变化的连续周期工作制

按一系列相同的工作周期运行,每一周期包括一段按预定转速运行的恒定负载运行时间和一段或几段按不同转速运行的其他恒定负载时间,无停机和断能时间,如图 6-16 所示。本工作制简称为 S8,随后应标注归算至电动机转轴上的电动机转动惯量(J_M)和负载转动惯量(J_{ext})以及在每一转速下的负载、转速与负载持续率,如 S8 $J_M = 0.5 \text{ kg} \cdot \text{m}^2$,$J_{ext} = 6 \text{ kg} \cdot \text{m}^2$,16 kW、740 r/min、30%,40 kW、1 460 r/min、30%,25 kW、980 r/min、40%。

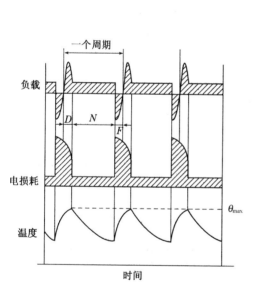

图 6-15 包括电制动的连续周期工作制 S7
D—起动时间;
N—在恒定负载下运行时间;
F—电制动时间;
θ_{max}—在工作周期中达到的最高温度;
负载持续率:1

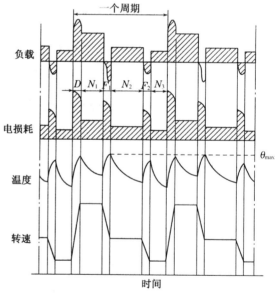

图 6-16 包括变速变负载的连续周期工作制 S8
D—加速时间;
N_1、N_2、N_3—在恒定负载下运行时间;
F_1、F_2—电制动时间;
θ_{max}—在工作周期中达到的最高温度;
负载持续率:$(D+N_1)/(D+N_1+N_2+N_3+F_1+F_2) \times 100\%$
$(F_1+N_2)/(D+N_1+N_2+N_3+F_1+F_2) \times 100\%$
$(F_2+N_3)/(D+N_1+N_2+N_3+F_1+F_2) \times 100\%$

9）S9 工作制——负载和转速作非周期变化的工作制

负载和转速在允许的范围内作非周期性交化的工作制。这种工作制包括经常性过载，其值可远远超过基准受载，如图 6 - 17 所示。本工作制简称为 S9。对于本工作制中的连载概念，应选定一个以 S1 工作制为基准的合适的恒定负载为基准值。

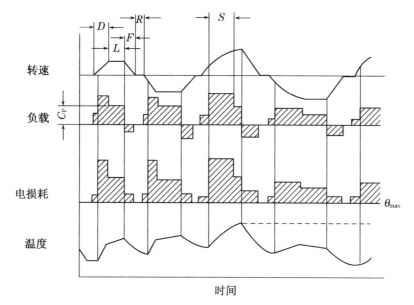

图 6 - 17　负载和转速非周期变化工作制 S9

D—起动时间；L—在可变载荷下运行时间；F—电制动时间；R—断能停转时间；
C_p—满载时间；θ_{max}—达到的最高温度；S—过载运行时间

2. 定额

1）电动机的功率等级

电动机的功率等级分为 1 kW、2.2 kW、3.7 kW、5.5 kW、7.5 kW、11 kW、15 kW、18.5 kW、22 kW、30 kW、37 kW、45 kW、55 kW、75 kW、90 kW、110 kW、132 kW、150 kW、160 kW、185 kW、200 kW 及以上。

2）控制器容量等级

控制器容量等级分为 5kVA、10kVA、15kVA、35kVA、50kVA、60kVA、100kVA、150kVA、200kVA，270kVA、300kVA、360kVA、420kVA 及以上。

额定电压小于或等于 360 V 和额定功率小于或等于 200 kW 的单台电动机与控制器输出容量的匹配关系参见表 6 - 16。

3）电源的电压等级

电源的电压等级分为 36 V、48 V、120 V、144 V、168 V、192 V、216 V、240 V、264 V、288 V、312 V、336 V、360 V、384 V、408 V、540 V、600 V。

表 6-16　单台电动机与控制器输出容量的匹配关系

电动机额定功率/kW	控制器输出容量/kVA	电动机额定功率/kW	控制器输出容量/kVA
1	5	45	100
2.2	5	55	100
3.7	10	75	150
5.5	15	90	150
7.5	15	110	200
11	35	132	200
15	35	150	270
18.5	50	160	330
22	50	185	360
30	60	200	420
37	60		

6.2.4　电动机及其控制器测试技术条件

1. 环境条件

海拔不超过 1 000 m。在海拔超过 1 000 m 时,应按 GB 755—2000 的有关规定;当大气环境温度为 −20～40 ℃时,电动机及其控制器能按规定的定额运行;电动机及其控制器在相对湿度不超过 100％的情况下能正常工作,电动机及其控制器应在其表面温度低于露点的情况下,即电动机及其控制器表面产生冷凝也能安全工作;电动机及控制器的抗盐雾的能力应满足 GB/T 2423.17—1993 中的有关规定。

2. 技术要求

1) 定频振动和扫频振动

根据安装部位,电动机及其控制器应满足 QC/T 413—2002 中对定频和扫频试验的要求。

2) 控制器壳体机械强度

控制器壳体 30 cm×30 cm 的表面积上能承受 100 kg 质量的物体产生的重力,而不发生明显的塑性变形。

3) 防护等级

电动机及其控制器的防护等级应参考 GB/T 4942.1—2001 和 GB/T 4942.2—1993,具体在产品标准中规定。

4) 温升限值

在本标准规定的环境条件和工作制下,电动机应符合 GB 755—2000 中 7.10 规定的温升限值,控制器中各部位的温升不应超过表 6-17 的规定。

表 6 - 17 控制器各部分温升限值

部件与器件	材料与被覆盖	温度/K
电力半导体及其电气元、器件	—	不超过相应标准的规定
连接于一般低电压电气的母线连接处的母线	紫铜、无被覆盖	60
	紫铜、搪锡	65
	紫铜、镀锡	70
	铝、超声波搪锡	55
连接于电力半导体器件的母线连接处的母线	紫铜、无被覆盖	45
	紫铜、搪锡	55
	紫铜、镀锡	70
	铝、超声波搪锡	35
与半导体器件相接	—	45

5）电动机定子绕组冷态直流电阻

其电阻值具体在产品标准中规定。

6）电动机绕组的匝间绝缘

应达到 GB 14711—2013 中 9.2.1 的要求。

7）电动机定子绕组对机壳的绝缘电阻

在冷态时电动机定子绕组对机壳的冷态绝缘电阻值应大于 20 MΩ。

8）耐电压

电动机绝缘应具有足够的介电强度，应能承受 GB/T 14711—2013 中 9.1 和 9.2 规定的耐电压试验，无击穿和闪络现象。控制器的各带电电路对地（外壳）和彼此无电连接的电路之间的介电强度，应能耐受表 6 - 18 所规定的试验电压，持续时间为 1 min。

表 6 - 18 控制器各部分耐受电

固定绝缘电压 V_1	试验电压
≤60	500
>60～125	1 000
>125～250	1 500
>250～500	2 000
>500	$2V_1+1 000$

9）热态绝缘电阻

电动机在冷态、热态和受潮后都应有足够的绝缘电阻值。在湿热试验后其热态绝缘电阻应不低于 GB/T 12665—1990 中 4.1.1 的规定，控制器中带电电路之间及带电零部件与导电零部件或接地零部件之间的电气间隙和爬电距离应符合表 6 - 19 的规定。控制器中各带电电路与地（外壳）之间的绝缘电阻应不小于 1 MΩ。

表 6‑19　电气间隙和爬电距离

额定绝缘电压/V		额定电流≤63 A		额定电流＞63 A	
交流	直流	电气间隙/mm	爬电距离/mm	电气间隙/mm	爬电距离/mm
≤60	≤75	2	3	3	4
＞60～250	＞75～300	3	4	5	6
＞250～380	＞300～450	4	6	6	10
＞380～500	＞450～600	6	10	8	12
＞500～660	＞600～700	8	12	8	14
＞660～750	＞700～800	10	14	10	20
＞750～1140	＞800～1200	14	20	14	28

注：① 表中所列电压和电流均为交流方均值或直流值；② 作为装置组成部件的电器元件及单元,其电气间隙和爬电距离符合相应标准规定。

10) 电压波动

电动机及其控制器必须能在电源电压为 120％额定电压之下安全承受最大电流。另外,电动机在电源电压降为 75％额定电压时,应能在最大电流下运行(不要求连续运行)。

11) 电动机转矩—转速特性及效率

电动机及其控制器的转矩—转速特性以及效率应符合产品标准中的规定。

12) 电动机及其控制器的过载能力

在额定输出电流下连续工作,允许加非周期性过载,过载倍数和持续时间具体在产品标准中规定。

13) 堵转转矩和堵转电流

电动机的堵转转矩和堵转电流应符合产品标准中的规定。

14) 再生能量回馈特性

在电动机因惯性旋转或被拖动旋转时,电动机运行于发电状态。电动机通过控制器应能给出 125％的额定电压以向电源充电。馈电电流的大小和馈电效率具体在产品标准中规定。

15) 最高工作转速

在额定电压时,电动机带载运行所能达到的最高转速。带载的大小和最高工作转速值具体在产品标准中规定。

16) 超速

电动机应能承受 1.2 倍最高工作转速试验,持续时间为 2 min,并能保证其机械不发生有害变形。

17) 电动机控制器的保护功能

电动机控制器应具有短路、过电流、过电压、欠电压和过热的保护功能。

18) 安全接地检查

电动机及其控制器中能触及的可导电部分与外壳接地点处的电阻不应大于 0.1 Ω,接地点应有明显的接地标志。

19）接触电流

电动机及其控制器应具有良好的绝缘性能，按照国标 GB/T 12113—2003 规定的测量方法进行试验，在正常工作时，其热态接触电流应不大于 5 mA。

3. 检查试验项目

每台电动机及其控制器必须进行以下项目的检查试验，检查试验项目包括：

（1）机械检查，包括转动检查、安装尺寸、外形尺寸、质量、外观及铭牌内容的检查；

（2）电动机定子绕组的冷态直流电阻值；

（3）电动机绕组匝间绝缘；

（4）控制器壳体机械强度；

（5）电动机定子绕组对机壳的绝缘电阻；

（6）耐电压；

（7）空载检查；

（8）堵转转矩和堵转电流；

（9）电动机控制器保护功能；

（10）安全接地检查；

（11）水冷系统的水压试验。

4. 型式试验

型式试验是指在按某种设计制造一个或多个样品来确定该设计是否符合本标准的全部要求而进行的试验。型式试验是为了验证产品能否满足技术规范的全部要求所进行的试验。它是新产品鉴定中必不可少的一个环节。只有通过型式试验，该产品才能正式投入生产，然而，对产品认证来说，一般不对再设计的新产品进行认证。为了达到认证目的而进行的型式试验，是对一个或多个具有代表性的样品利用试验手段进行合格性评定。型式试验的依据是产品标准。试验所需样品的数量由论证机构确定，试验样品从制造厂的最终产品中随机抽取。试验在被认可的独立检验机构进行，对个别特殊的检验项目，如果检验机构缺少所需的检验设备，可在独立检验机构或认证机构的监督下使用制造厂的检验设备进行。

在产品定型、转产、转厂、停产后复产，结构、材料或工艺有重大改变或合同规定等情况下，应进行型式试验，抽试产品样本数量为 2 套，如有项目不合格，该项目复检的样本数量应当加倍。重检如仍不合格，则应判定为不合格。试验项目如下：

（1）检查试验的全部项目。

（2）环境试验：① 温度、湿度和热态绝缘电阻；② 定频振动和扫频振动；③ 盐雾。

（3）温升：按照产品工作制要求运行。

（4）防水、防尘。

（5）电动机转速二转矩特性及效率。

（6）再生能量回馈。

（7）最高工作转速。

（8）超速。

(9) 振动和噪声。

(10) 接触电流。

(11) 电压波动。

(12) 过载能力和峰值功率。

(13) 电磁兼容性。

(14) 耐久性。

5. 标志、包装、运输和储存

(1) 电动机铭牌内容应包括如下内容:

制造厂名;型号、编号、名称;主要参数:额定功率、额定电压、额定转速、相数、工作制、冷却方式、峰值功率、最高工作转速、绝缘等级、防护等级。

(2) 电动机控制器铭牌应包括如下内容:

制造厂名;型号、编号、名称;主要参数:额定输入电压、额定输入电流、额定输出电压、额定输出电流、额定输出容量、最大输出容量、最高输出频率、防护等级、冷却方式。

(3) 包装箱外部应注明下列标志:

产品型号、名称及出厂序号;产品净重及含包装箱的毛重;收货单位的名称及地址;制造厂的厂名及地址;位置标志"↑"和写在箭头上部的"向上"字样;包装箱外形尺寸;包装日期。

(4) 包装。产品包装必须符合有关包装运输规范要求,保证产品在运输存放过程中不受机械损伤,并有防雨防尘能力。

(5) 运输。产品(无冷却液)在运输过程中,不应有剧烈振动、撞击和倒放。运输温度应为−25～55 ℃。

(6) 储存。产品不得曝晒及淋雨,应存放在空气流通、周围介质温度为−25～55 ℃,空气最大相对湿度不超过 90%[相对于温度(20±5)℃时]及无腐蚀性气体的仓库中。

6.2.5 电动汽车用电动机及其控制器测试方法和要求

本节规定了电动汽车用驱动电动机及其控制器试验用的仪器、仪表,试验准备及各项试验方法。本部分适用于电动汽车用驱动电动机及其控制器。

1. 试验准备

1) 测量仪器选择

(1) 仪器准确度

测量电压、电流有效值可采用磁电式仪表或能读出有效值的其他仪表,包括数字式仪表。试验时采用的电气测量仪器、仪表准确度应不低于 0.5 级(兆欧表除外),直流分流器准确度应不低于 0.2 级。数字式转速测量仪的准确度应不低于 0.1%±1 个字;转矩测量仪及测功机的准确度应不低于 1%(直测效率时应不低于 0.5%);温度计的误差在±1 ℃以内。选择仪表时,应使测量值位于 20%～95%仪表量程范围内。

(2) 测量要求

在电流表量程允许的范围内,尽可能不采用分流器。在用分流器测量电流时,测量线的电阻应按所用毫伏表选配;试验时,各仪表的读数应同时读取。

（3）控制器输入功率的测量

电动机控制器输入功率的测量值为电动机控制器输入的电压和电流的测量值的乘积，输入电压应在控制器输入接线端子处量取，输入电流应在控制器输入接线处量取。

2）试验电源

所使用的直流电源应符合车辆用电池的电压和电流特性，电源输出阻抗要与规定的电池阻抗尽可能相等。

3）布线

测试中的布线应与车辆中的布线相近，如果布线不可避免地与车辆中布线不同，应注意电源控制器的外线路阻抗与车辆中布线的阻抗尽可能相等。

4）冷却装置

电动机及其控制器的冷却条件应模拟车辆中具体使用条件，电动机及其控制器冷却装置的型号应记录于电动汽车用电动机功率参数测试报告中。

2. 一般性试验项目

1）电动机定子绕组实际冷状态下直流电阻的测定

（1）绕组温度的测定

将电动机在室内放置一段时间，用温度计（或埋置检温计）测量电动机绕组、铁心和环境温度，所测温度与冷却介质温度之差应不超过 2 K，对大中型电动机温度计应有与外界隔热的措施，且放置温度计的时间应不少于 15 min。

测量绕组温度时应根据电动机的大小，在不同部位测量绕组端部和绕组槽部的温度（如有困难时可测量铁心齿和铁心轭部表面温度），取平均值作为绕组的实际冷状态下温度。

（2）绕组直流电阻的测定

绕组的直流电阻可用电桥法、微欧计法、电压表电流表法或者其他测量方法测量。

① 当使用自动检测装置、数字式微欧计等仪器测量绕组的直流电阻时，通过被绕电阻的试验电流应不超过其额定电流的 10%，通电时间不超过 1 min。

② 使用电桥测量时，每一电阻应测量 3 次，每次应在电桥平衡破坏后重新进行测量，每次读数与 3 次读取数据的平均值之差应在平均值的 ±0.5% 范围内，取其平均值作为电阻的实际测量值。如绕组的直流电阻在 1 Ω 以下时，应采用有效数不低于 4 位的双臂电桥测量。

③ 电压表电流表法：接线原理如图 6-18 所示。图中 R_b 为可调限流电阻，R 为被试电动机绕组，V 为电压表，A 为电流表。图 6-18(a) 的接线适用于测量电压表内阻与被测电阻之比大于 200 时绕组的电阻，图 6-18(b) 的接线适用于测量电压表内阻与被测电阻之比小于 200 时绕组的电阻。

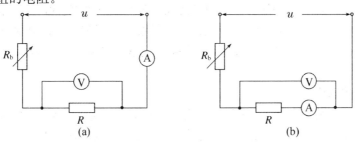

图 6-18 电压表电流表接线原理

试验时,所加电流不应超过绕组额定电流的10％,通电时间不超过1 min,测量时应同时读取电流及电压值,每一电阻至少应在3种不同电流值下进行测量,每个测量值与平均值相差应在±0.5％范围之内,取其平均值作为电阻的实际测量值。

④ 测量时,电动机的转子静止不动。绕组的各相各支路的始末端均引出时,应分别测量各相各支路的直流电阻。如果各相绕组在电动机内部连接,那么就应在每个出线端间测量电阻。对于三相绕组电动机,各相电阻直接按下列公式计算。

对星形接法的绕组,如图6-19(a)所示。

$$R_U = R_{med} - R_{VW} \tag{6-11}$$

$$R_V = R_{med} - R_{WU} \tag{6-12}$$

$$R_W = R_{med} - R_{UV} \tag{6-13}$$

对三角形接法的绕组,如图6-19(b)所示。

$$R_U = \frac{R_{VW} \cdot R_{WU}}{R_{med} - R_{UV}} + R_{UV} - R_{med} \tag{6-14}$$

$$R_V = \frac{R_{WU} \cdot R_{UV}}{R_{med} - R_{VW}} + R_{VW} - R_{med} \tag{6-15}$$

$$R_W = \frac{R_{UV} \cdot R_{VW}}{R_{med} - R_{WU}} + R_{WU} - R_{med} \tag{6-16}$$

式中,$R_{med} = (R_{UV} + R_{WU} + R_{VW})/2$,$R_{UV}$、$R_{VW}$、$R_{WU}$分别为出线端U与V、V与W和W与U之间测得的电阻值,Ω;R_U、R_W和R_V分别为各相的相电阻,Ω。

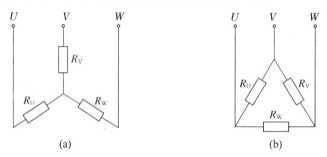

图6-19 星形接法和三角形接法的绕组

对于其他相数电动机需另行推导公式进行计算。

2) 电动机绕组对机壳及绕组相互间绝缘电阻的测定

(1) 测量时电动机的状态

测量电动机绕组的绝缘电阻时应分别在电动机实际冷状态和热状态(或温升试验后)下进行。检查试验时,如无其他规定,则绕组对机壳及绕组相互间的绝缘电阻仅在冷状态下测量。测量绝缘电阻时应测量绕组温度,但在实际冷状态下测量时可取周围介质温度作为绕组温度。

(2) 兆欧表的选用

测量绕组对机壳及绕组相互间的绝缘电阻时应根据被测绕组的额定电压选择兆欧表。在额定电压小于或等于250 V时选用500 V兆欧表。额定电压为251~1 000 V时,选1 000 V兆欧表。常规测试时,如无其他规定,绕组的绝缘电阻仅在实际状态下测量。采用匝间试验仪器检测,测试电压按 GB 14711—2006 中相应的规定。

（3）测量方法

测量绕组绝缘电阻时,如果各绕组的始末端单独引出,则应分别测量各绕组对机壳及绕组相互间的绝缘电阻。这时,不参加测量的其他绕组和埋置检温元件等均应与铁心或机壳作电气连接,机壳应接地。当中性点连在一起而不易分开时,则测量所有连在一起的绕组对机壳的绝缘电阻。绝缘电阻测量结束后,每个回路应对接地的机壳作电气连接使其放电。

测量水内冷绕组的绝缘电阻时,应使用专用的绝缘电阻测量仪,在绝缘引水管干燥或吹干的情况下,可用普通兆欧表测量。不能承受兆欧表高压冲击的电器元件（如半导体整流器、半导体管及电容器等）应在测量前将其从电路中拆除或短接。

测量时,在指针达到稳定后再读取数据,并记录绕组的温度。若测量吸收比,则吸收比 R_{60}/R_{15} 应测得 15 s 和 60 s 时的绝缘电阻值;若测量极化指数,则极化指数 R_{10}/R_1 应测得 1 min 和 10 min 时的绝缘电阻值。

3）最高工作转速试验

试验在额定电压下进行,负载转矩的大小和最高转速值应在产品指标或合同中规定。分别在电动机和控制器的冷态和热态情况下,调节电动机到最高转速,持续时间不少于 3 min。记录此时控制器的输入功率、电动机的输出转矩和转速。

4）超速试验

如无其他规定,超速试验允许在冷态下进行。超速试验前应仔细检查电动机的装配质量,特别是转动部分的装配质量,防止转速升高时有杂物或零件飞出。超速试验时应采取相应的安全防护措施,对被试电动机的控制及对振动、转速和轴承温度等参数的测量应采用远距离测量方法。

超速试验可根据具体情况选用电动机法（提高电源频率）或原动机拖动法。在升速过程中,当电动机达到额定转速时,应观察电动机运转情况,确认无异常现象后,再以适当的加速度提高转速,直至规定的转速。超速值为 3.2 倍最高工作转速,历时 2 min。

超速试验后应仔细检查电动机的转动部分是否有损坏或产生有害的变形,紧固件是否松动以及是否有其他不允许的现象出现。

5）耐电压试验

电动机的耐电压试验包括:阻间冲击耐电压试验、短时升高电压试验、工频耐电压试验、电枢绕组绝缘直流泄漏电流试验及直流耐压试验和控制器的耐电压试验等。所有试验的环境温度为 18～28 ℃。

短时升高电压试验应在电动机空载时进行,除下列规定外,试验的外施电压（电动机）或感应电压（发电机）为额定电压的 130%,试验时间为 3 min。提高试验电压至额定电压的 130% 时,允许同时提高频率或转速,但应不超过超速试验中所规定的转速。

6）工频耐电压试验

（1）试验要求

试验电压的频率为工频,电压波形应尽可能接近正弦波形。在整个耐电压试验过程中,要做好必要的安全防护措施,被试电动机周围应有专人监护。除非另有规定,工频耐电压试验应在电动机静止状态下进行。试验前应先测量绕组的绝缘电阻,如电动机需要进行超速、偶然过电流、短时过转矩试验及短路机械强度试验时,则工频耐电压试验应在这些试验后进行。型式试验时,工频耐电压试验应在温升试验后立即进行。

当电枢绕组各相或各支路始末端单独引出时,应分别进行试验。试验时被试绕组两端同时施加电压(对小型电动机可在绕组一端施加电压),此时,不参加试验的其他绕组和埋置检温元件等均应与铁心或机壳作电气连接,机壳应接地。如果三相绕组的中性点不易分开,三相绕组应同时施加电压。

试验变压器应有足够的容量,如被试电动机绕组的电容 C 较大时,则试验变压器的额定容量 S_N(kVA)应大于式(6-17)的计算值:

$$S_N = 2\pi f C U U_{NT} \times 10^{-3} \tag{6-17}$$

式中,f 为电源频率,Hz;U 为试验电压值,V;U_{NT} 为试验变压器的高压侧额定电压,V;C 为电动机被试绕组的电容,F。

(2)试验方法

试验接线原理图如图 6-20 所示(转子耐电压试验接线参见此图)。图中 T_1 为调压变压器,T_2 为高压试验装置,PT 为电压互感器,R 为限流保护电阻,其值一般为每伏 0.2~1 Ω,R_0 为球隙保护电阻(低压电动机不接),其值一般可用每伏 1 Ω,QX 为过电压保护球隙(低压电动机不接),V 为电压表,TM 为被试电动机,其中球隙和球径按高压电气设备绝缘试验电压和试验方法的规定选择,球隙的放电电压应调整到试验电压的 1.1~1.15 倍。如果需测量电容电流,可在试验装置高压侧接入电流表和与电流表并联的短路保护开关。如电流表接在低压侧则应注意杂散电流对读数的影响。

试验时,施加的电压应从不超过试验电压全值的一半开始,然后以不超过全值的 5% 均匀地或分段地增加至全值,电压自半值增加至全值的时间应不少于 10 s。全值试验电压值应符合相关规定,并持续 1 min。

当对批量生产的 5 kW(或 kVA)及以下电动机进行常规试验时,1 min 试验可用约 5 s 的试验代替,试验电压按规定的正常值。也可用 1 s 试验来代替,但试验电压应为规定的 120%,试验电压用试棒施加。试验完毕,也应均匀降压,待电压下降到全值的一半以下时,立刻断开电源,并将被试绕组进行放电。

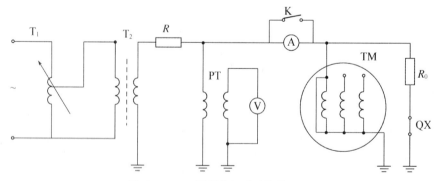

图 6-20 工频耐电压试验接线原理

在试验过程中,如果发现电压表指针摆动很大,电流表值不急剧增加、绝缘冒烟或发生响声等异常现象时,应立即降低电压,断开电源,将被试绕组放电后再对绕组进行检查。

7)电枢绕组绝缘直流泄漏电流试验及直流耐压试验

（1）试验要求

当电枢三相绕组各相或各支路始末端单独引出时，应分别对地进行泄漏电流试验。在绕组一相或一个支路进行试验前，其他两相绕组或其他支路均应接地，如果三相绕组的中性电连在一起不易分开时，则允许三相绕组一起试验。试验时应记录电枢绕组温度、环境温度和湿度。

直流泄漏电流试验的最高电压即为直流耐压试验值，最值由有关的技术文件规定。

（2）试验方法

试验接线如图 6‑21 所示。图中 T_1 为调压器；T_2 为高压试验装置；R 为限流保护电阻，其值为每伏 $0.1\sim10\Omega$；D 为高压整流硅堆；V 为高电压测量装置；μA 为微安表；K 为闸刀开关；TM 为被试电动机；C 为高压滤波电容。

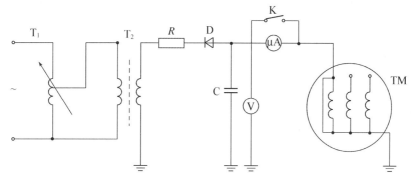

图 6‑21　电枢绕组绝缘直流泄漏电流试验及直流耐压试验接线原理

试验时，应使调压器电压在最低位置，通电后调节调压器，均匀升压。试验过程中电压应逐段上升。例如从 $0.5U_N$、$1.0U_N$，$1.5U_N$，至规定值。每升到一个阶段停留 1 min，并记录每阶段电压开始和 1 min 时微安表的电流值（即泄漏电流值）。试验完毕，将调压器退回原位，切断电源，并将绕组放电后接地。待放电完毕后，再对另一绕组进行试验。

在试验过程中，如发现泄漏电流随时间急剧增长或有异常放电现象时，应立即停止试验并断开电源，将绕组放电后接地再进行检查。

根据试验数据，绘制泄漏电流与试验电压的关系曲线。

在高压侧接入电流表和与电流表并联的短路保护开关，测量时应保证人身安全。如电流表接在低压侧，则应注意杂散电流对读数的影响。

8）控制器的耐电压试验

在电动机控制器测试时测定应在电路与控制器壳体的接地部件之间及彼此无电连接的导电部件之间进行。

试验时，所有电力半导体元器件的端子应短接，印制电路板可以拔除。对有些因绝缘损坏会导致高电压进入低压电路的部件（如脉冲变压器、互感器等），应在试验时（或试验前）承受相应的试验电压。对绝缘材料的外壳，应在其相应部位敷以金属膜。

另外，对密封状态进行检查时，对于液冷的电动机及其控制器，应对液冷冷却器的密封状态进行检查。检查方法为在管路中施加 (40 ± 5) kPa 的水压，保持 3 min，应无任何渗漏现象。

9) 控制器过载能力及其他性能试验

过载能力试验是为了确定控制器在规定的时间间隔内过载时和过载后的工作性能。过载能力试验可与温升试验或其他负载试验结合进行。

试验程序:调整负载电流等于额定电流,在控制器温度达到平衡后增加负载电流到规定的过载值;按规定的时间间隔,将负载降到额定值;如为周期性过载,则按规定的时间周期重复以上两个步骤;试验停止,切断电源,进行检查。

检查时,控制器主电路部件的变形应不超出规定的要求;控制器内部电路的监测点参数应在规定值范围内;保护和信号动作符合规定要求,试验后变流器输出电压值应在规定范围内。

当对控制器壳体机械强度进行检查时,应分别在控制器的 3 个方向上按 30 cm×30 cm 的面积上加 100 kg 质量物体产生的重力进行试验,检查壳体是否有明显的塑性变形。电动机控制器保护系统测试应按照 GB/T 3859.1—1993 中的 6.4.13 相关要求进行。

在接触电流测试过程中,接触电流应在温升试验后测量。试验电压为电动机及其控制器最高工作电压的 105%,接触电流应在电动机及其控制器上易同时触及的可导电部分之间、电动机及其控制器上易触及的可导电部分与地之间测量。具体试验方法按 GB 14711—1993 中第 7 章的方法进行。

在接地检查试验中,电动机的接地检查按 GB 755—2000 中 10.1 的规定进行。控制器接地检查按 GB/T 10422—1992 中相应的要求进行测量相应的接地电阻。

3. 环境试验

1) 温度、湿度和热态绝缘电阻

在环境条件温度为 40 ℃,相对湿度为 95% 的条件下进行试验,试验时间为 48 h。在湿热试验后,测量电动机和控制器的绝缘电阻值;将电动机及其控制器放入低温箱内,使箱内温度降至 −20 ℃,至少保持 30 min 后在低温箱内通电后检查电动机和控制器能否正常运行 4 h。热态绝缘电阻按相应规定的方法进行。

2) 盐雾

盐雾试验时,电动机及其控制器在试验箱内应处于正常安装状态。试验持续时间为 16 h。试验结束,电动机及其控制器在明确规定的条件下恢复 12 h 后,检查其通电能否正常工作,但不考核电动机及其控制器的外观。

4. 电动机转矩特性及效率测试

1) 堵转转矩和堵转电流

电动机在额定功率时运转的转矩称额定转矩,此时转速为额定转速;由于电动机外特性原因,在电动机工作区间转速随轴上负载变化而变化很小,随着负载增大到一定程度转速会急剧下降,当轴上负载使电动机转速下降至 0 时,称堵转,此时负载转矩即为堵转转矩,单位为 kg·m。堵转转矩是衡量一台电动机极限输出能力的物理量。

将电动机轴固定使其不转动,通电,这时候的电流就是堵转电流,一般的交流电动机,包括调频电动机,是不允许堵转的。由交流电动机的外特性曲线知道,交流电动机堵转时,会产生"颠覆电流"烧坏电动机。我们通常说的启动电流含义与我们所认为的堵转电流含义基本一致,实际的启动电流是动态的,在一个较短的时间内有显著的变化,其峰值的大小与时间以及接通电源瞬间电压的相位等很多因素有关,有一定的随机性。堵转电流的字面意义很清楚,但大电动机的实际测量很难在额定电压下进行,所以派生出各种不同的试验方法测量后换算。电动机启动电流和堵转电流的持续时间不同,启动电流最大值出现在电动机接通电源后的 0.025 s 以内,随着时间的推移按指数规律衰减,衰减速度与电动机的时间常数有关;而电动机的堵转电流并不随时间的推移衰减,而是保持不变的。堵转电流是衡量一台电动机负载能力的物理量。

堵转试验在电动机接近实际冷状态下进行。试验时,应将转子堵住。施加堵转电流 I_{kn}(由最大电流设定值决定),测量堵转转矩 T_{kn}。改变定子、转子的相对位置,沿转子圆周均匀等分测取 5 点,取测量中堵转转矩的最小值。

2) 转矩—转速曲线

转矩转速曲线是电动机在给定电压下电动机的输出转矩与电动机转轴转速的关系曲线,由以下试验方法可得到转矩—转速曲线。

(1) 试验方法

试验时,被试电动机应达到热稳定状态。每条曲线的测取点数不应少于 10 个。每点应测取下列数据:控制器输入电压和电流,电动机的三相电压、电流、频率及输入功率,电动机的输出转矩和转速,电枢绕组电阻,并记录周围冷却介质温度。如电枢绕组电阻是在切离电源后测得,则应将所测电阻用外推法修正到断电瞬间。通常应读取转速上升和下降的两条曲线,取其平均值作为该电压下的转矩—转速曲线。

采用测功机测量时,测功机的功率在与被试电动机同样的转速下应不超过被试电动机额定功率的 3 倍;采用转矩测量仪测量时,转矩测量仪的标称转矩应不超过被试电动机额定转矩的 3 倍。

试验过程中,应防止被试电动机过热而影响测量的准确性。必要时,转矩—转速曲线可分段测量。

(2) 试验结果的修正

① 测功机的风摩耗转矩

测功机的风摩耗转矩 T_{fm} 按式(6-18)计算:

$$T_{fm} = \frac{9.55(P_1 - P_0)}{n_t} - T_d \tag{6-18}$$

式中,P_1 为被试电动机在给定电压下驱动测功机时的输入功率,W,此时测功机的电枢和励磁回路均应开路;T_d 为风摩耗转矩试验时测功机的转矩值,N·m;n_t 为风摩耗转矩试验时被试电动机的转速,r/min;P_0 为被试电动机的空载输入功率,W。

② 输出转矩的修正

被试电动机修正后的输出转矩 T_c(N·m)按式(6-19)计算:

$$T_c = T_t + T_{fm} \tag{6-19}$$

式中,T_c 为测功机显示的被试电动机输出转矩。

3) 效率求取

根据电动机型式,电动机效率试验和控制器效率试验方法参照相关标准进行。整体效率按式(6-20)求取:

$$\eta = \frac{100NT}{9.55EI} \tag{6-20}$$

式中，η 为整体效率，%；N 为电动机转速，r/min；T 为电动机输出转矩，N·m；E 为控制器接线端子处的输入电压平均值，V；I 为控制器输入电流平均值，A。

电压波动与峰值功率的测定可以结合转矩—转速曲线试验进行。

5. 再生能量回馈试验

在电动机转速达到额定转速时，进行能量反馈（此时电动机作为发电机运行）。检查电动机及其控制器能否给 125% 额定电压值的电源馈电。给电源馈电试验可采用以下 3 种方法：

1）直接在整车上试验

测量馈电试验开始前的车速 v_1 和馈电试验结束时的车速 v_2，同时测量在馈电过程中电源两端的电压和输入电源的电流和时间。

能量按式（6-21）计算：

$$W_1 = \frac{1}{2}m(v_1^2 - v_2^2) \tag{6-21}$$

式中，m 为汽车的质量，kg。

馈电效率按式（6-22）计算：

$$\eta_{reg} = \frac{W_2}{W_1} \tag{6-22}$$

式中，W_2 为馈电试验中输入电源的能量。

2）用惯性轮装置试验

测量馈电试验开始前惯性轮的角速度 ω_1 和馈电试验结束时的角速度 ω_2，同时测量在馈电过程中电源两端的电压和输入电源的电流和时间。

能量按式（6-23）计算：

$$W_1 = \frac{1}{2}J(\omega_1^2 - \omega_2^2) \tag{6-23}$$

式中，J 为惯性轮的惯量。

馈电效率按式（6-24）计算：

$$\eta_{reg} = \frac{W_2}{W_1} \tag{6-24}$$

3）发电试验

电动机由原动机拖动，控制器接 125% 额定电压值的电源，在不同转速下进行发电试验。

思考题与习题

1. 简述车用超级电容分类及基本原理。

2. 描述蓄电池检验大电流放电的试验方法和要求。

3. 电动机及其控制器测试时热态绝缘电阻要满足什么技术要求?

4. 简述电动机转矩特性及效率测试试验方法。

5. 解释免维护蓄电池在使用寿命期限内,除要保持表面清洁外,不需要其他维护的原因。

扫码获取
习题答案

附录　电动汽车标准与规范

附录 1　我国已经发布的电动汽车和电动摩托车相关标准

序号	分类	标准编号	标准名称
1		GB/T 4094.2—2005	电动汽车操纵件、指示器及信号装置的标志
2		GB/T 19596—2004	电动汽车术语
3		GB/T 19836 2005	电动汽车用仪表
4		GB/T 31498—2015	电动汽车碰撞后安全要求
5		GB/T 18384.1—2015	电动汽车 安全要求 第 1 部分:车载可充电储能系统(REESS)
6		GB/T 18384.2 2015	电动汽车 安全要求 第 2 部分:操作安全和故障防护
7		GB/T 18384.3—2015	电动汽车 安全要求 第 3 部分:人员触电防护
8	纯电动汽车 13+3	GB/T 18385—2005	电动汽车 动力性能 试验方法
9		GB/T 18386—2005	电动汽车 能量消稳率和续驶里程 试验方法
10		GB/T 18387—2008	电动车辆的电磁场发射强度的限值和测量方法,宽带,9 kHz～30 MHz
11		GB/T 18388—2005	电动汽车 定型试验规程
12		GB/T 24552—2009	电动汽车风窗玻璃除霜除雾系统的性能要求及试验方法
13		GB/T 28382—2012	纯电动乘用车技术条件
14		QC/T 838—2010	超级电容电动城市客车
15		QC/T 839—2010	超级电容也动客车供电系统
16		QC/T 925—2013	超级电容电动城市客车 定型试验规程
17		GB/T 19750—2005	混合动力电动汽车 定型试验规程
18		GB/T 19751—2005	混合动力电动汽车 安全要求
19	混合动力电动汽车 6+2	GB/T 19752—2005	混合动力也动汽车 动力性能 试验方法
20		GB/T 19753—2013	轻型混合动力电动汽车 能量消耗量 试验方法
21		GB/T 19754—2015	重型混合动力电动汽车 能量消耗量 试验方法
22		GB/T 32694—2016	插电式混合动力电动乘用车 技术条件
23		QC/T 837—2010	混合动力汽车类型及定义
24		QC/T 894—2011	重型混合动力电动汽车 污染物排放 车载测量方法

（续表）

序号	分类	标准编号	标准名称
25	燃料电池汽车 8+1	GB/T 24548—2009	燃料电池汽车 术语
26		GB/T 24549—2009	燃料电池汽车 安全要求
27		GB/T23645—2009	乘用车用燃料电池发电系统测试方法
28		GB/T 24554 2009	燃料电池发动机性能试验方法
29		QC/T 816—2009	加氢车技术条件
30		GB/T 26991—2011	燃料电池汽车最高车速试验方法
31		GB/T 26990—2011	车载氢系统技术条件
32		GB/T 26779—2011	燃料电池汽车加氢口
33		GB/T 29126—2012	燃料电池电动汽车车载氢系统试验方法
34	电动摩托车 4+2	GB/24155—2009	电动摩托车和电动轻便摩托车安全要求
35		GB/T 24158—2009	电动摩托车和电动轻便摩托车通用技术条件
36		GB/T 24157—2009	电动摩托车和电动轻便摩托车能量消耗率和续驶里程试验方法
37		GB/T 24156—2009	电动摩托车和电动轻便摩托车动力性能试验方法
38		QC/T 791—2007	电动摩托车和电动轻便摩托车定型试验规程
39		QC/T 792—2007	电动摩托车和电动轻便摩托车用电机及控制器技术条件
40	充电系统 12+2+9	GB/T 18487.2—2001	电动车辆传导充电系统 第2部分 电动车辆与交流/直流电源的连接要求
41		GB/T 18487.3—2001	电动车辆传导充电系统 第3部分 电动车辆交流/直流充电机(站)
42		GB/T 20234.1—2015	电动汽车传导充电用连接装置 第1部分:通用要求
43		GB/T 20234.2—2015	电动汽车传导充电 充电连接装置 第2部分,交流充电接口
44		GB/T 20234.3—2015	电动汽车传导充电 充电连接装置 第3部分:直流充电接口
45		GB/T34658—2017	电动汽车非车载传导式充电机与电池管理系统之间的通信协议一致性测试
46		QC/T 842—2010	电动汽车电池管理系统与非车载充电机之间的通信协议
47		QC/T 895—2011	电动汽车车载充电机技术条件
48		NB/T 33001—2010	电动汽车非车载传导式充电机技术条件
49		NB/T 33002—2010	电动汽车交流充电桩技术条件
50		NB/T 33008.1—2013	电动汽车充电设备检验试验规范 第1部分:非车载充电机

（续表）

序号	分类	标准编号	标准名称
51		NB/T 33008.2—2013	电动汽车充电设备检验试验规范 第2部分：交流充电桩
52		NB/T 33006—2013	电动汽车电池箱更换设备通用技术要求
53		GB/T 29781—2013	电动汽车充电站通用要求
54		GB 50966—2014	电动汽车充电站设计规范
55		GB/T 29772—2013	电动汽车电池更换站通用技术要求
56		NB/T 33009—2013	电动汽车充换电设施建设技术导则
57		NB/T 33004—2013	电动汽车充换电设施工程施工和竣工验收规范
58		GB/T 29318—2012	电动汽车非车载充电机电能计量
59		GB/T 28569—2012	电动汽车交流充电桩电能计量
60		NB/T 33005—2013	电动汽车充电站及电池更换站监控系统技术规范
61		NB/T 33007—2013	电动汽车充电站/电池更换站监控系统与充换电设备通信协议
62		GB 29303—2012	用于I类和电池供电车辆的可开闭保护接地移动式剩余电流装置
63		GB/T 18332.2—2001	电动道路车辆用金属氢化物镍蓄电池
64		GB/Z 18333.1—2001	电动道路车辆用锂离子蓄电池
65		GB/T 32620.1—2016	电动道路车辆用铅酸蓄电池第1部分：技术条件
66		GB/T 32620.2—2016	电动道路车辆用铅酸蓄电池第2部分：产品品种和规格
67		GB/T 18333.2—2015	电动汽车用锌空气电池
68		GB/T 31484—2015	电动汽车用动力蓄电池循环寿命要求及试验方法
69	储能装置 9+6	GB/T 31485—2015	电动汽车用动力蓄电池安全要求及试验方法
70		GB/T 31486—2015	电动汽车用动力蓄电池电性能要求及试验方法
71		GB/T 31467.3—2015	电动汽车用锂离子动力蓄电池包和系统 第3部分：安全性要求与测试方法
72		QC/T 741—2014	车用超级电容器
73		QC/T 742—2006	电动汽车用铅酸蓄电池
74		QC/T 743—2006	电动汽车用锂离子蓄电池
75		QC/T 744—2006	电动汽车用金属氢化物镍蓄电池
76		QC/T 840—2010	电动汽车用动力蓄电池结构形式及尺寸
77		QC/T 897—2011	电动汽车电池管理系统技术条件

（续表）

序号	分类	标准编号	标准名称
78	其他部件5+2	GB/T 18488.1—2015	电动汽车用驱动电机系统 第1部分.技术条件
79		GB/T 18488.2—2015	电动汽车用驱动电机系统 第2部分:试验方法
80		GB/T 32960.2—2016	电动汽车远程服务与管理系统技术规范 第2部分:车载终端
81		GB/T 32960.3—2016	电动汽车远程服务与管理系统技术规范 第3部分:通讯协议及数据格式
82		GB/T 24347—2009	电动汽车DC/DC变换器
83		QC/T 893—2011	电动汽车驱动电机及其控制系统的故障分类及判断
84		QC/T 896—2011	电动汽车驱动电机系统接口

电动汽车用锌空气电池 GB/T 18333.2—2015

车用超级电容器 QC/T 741—2014

电动汽车用动力蓄电池循环寿命要求及试验方法 GB/T 31484—2015

电动汽车用动力蓄电池安全要求及试验方法 GB/T 31485—2015

电动汽车用动力蓄电池电性能要求及试验方法 GB/T 31486—2015

电动汽车用锂离子动力蓄电池包和系统　第3部分:安全性要求与测试方法 GB/T 31467.3—2015

电动汽车用驱动电机系统　第1部分:技术条件 GB/T 18488.1—2015

电动汽车用驱动电机系统　第2部分:试验方法 GB/T 18488.2—2015

电动汽车安全要求　第1部分:车载可充电储能系统(REESS)GB/T 18384.1—2015

电动汽车安全要求　第2部分:操作安全和故障防护 GB/T 18384.2—2015

电动汽车安全要求　第3部分:人员触电防护 GB/T 18384.3—2015

电动车辆的电磁场发射强度的限值和测量方法,宽带,9 kHz～30 MHz GB/T 18387—2008

电动汽车操纵件、指示器及信号装置的标志 GB/T 4094.2—2005

电动汽车用仪表 GB/T 19836—2005

电动汽车能量消耗率和续驶里程试验方法 GB/T 18386—2005

轻型混合动力电动汽车能量消耗量试验方法 GB/T 19753—2013

重型混合动力电动汽车能量消耗量试验方法 GB/T 19754—2015

电动汽车风窗玻璃除霜除雾系统的性能要求及试验方法 GB/T 24552—2009

纯电动乘用车技术条件 GB/T 28382—2012

燃料电池电动汽车安全要求 GB/T 24549—2009

燃料电池发动机性能试验方法 GB/T 24554—2009

燃料电池电动汽车加氢口 GB/T 26779—2011

燃料电池电动汽车车载氢系统技术要求 GB/T 26990—2011

燃料电池电动汽车车载氢系统试验方法 GB/T 29126—2012

电动汽车传导充电用连接装置　第 1 部分:通用要求 GB/T 20234.1—2015

电动汽车传导充电用连接装置　第 2 部分:交流充电接口 GB/T 20234.2—2015

电动汽车传导充电用连接装置　第 3 部分:直流充电接口 GB/T 20234.3—2015

电动汽车非车载传导式充电机与电池管理系统之间的通信协议 GB/T 27930—2015

电动汽车碰撞后安全要求 GB/T 31498—2015

超级电容电动城市客车 QC/T 838—2010

插电式混合动力电动乘用车技术条件 GB/T 32694—2016

电动汽车远程服务与管理系统技术规范　第 2 部分:车载终端 GB/T 32960.2—2016

电动汽车远程服务与管理系统技术规范　第 3 部分:通信协议及数据格式 GB/T 32960.3—2016

电动汽车定型试验规程 GB/T 18388—2005

混合动力电动汽车定型试验规程 GB/T 19750—2005

超级电容电动城市客车定型试验规程 QC/T 925—2013

电动汽车动力性能试验方法 GB/T 18385—2005

附录 2　国外电动汽车相关标准

国际标准化组织(ISO)标准(ISO/TR 为技术报告,ISO/TS 为技术规范)

1. ISO 6469-1-2009 电动车安全技术规范第 1 部分:车载电能储存装置

2. ISO 6469-2-2009 电动车安全技术规范第 2 部分:功能安全性措施及失效防护

3. ISO 6469-3-2009 电动车安全技术规范第 3 部分:人员电气伤害防护

4. ISO 8713-2005 电动车辆词汇

5. ISO 8713-2005 电动车辆能源消耗参考值和续驶里程乘用车和轻型商用车辆试验程序

6. ISO 8715-2001 电动车辆道路操纵特性

7. ISO/TR 11954-2008 燃料电池道路车辆最高车速检测方法

8. ISO/TR 11955-2008 混合动力电动道路车辆充电均衡检测方法指南

9. ISO 12405-1-2011 电动车辆锂离子电池包和系统试验规范第 1 部分:强动力应用

10. ISO 23273-1-2006 燃料电池道路车辆安全技术条件第 1 部分:汽车功能安全性

11. ISO 23273-2-2006 燃料电池道路车辆安全技术条件第 2 部分:以压缩氢为车辆燃料的防止氢爆炸的保护

12. ISO 23273-3-2006 燃料电池道路车辆安全技术条件第 3 部分:人员电气伤害防护

13. ISO 23274-2007 混合动力电动车排放污染物和燃料消耗量的测量非外部充电式车辆

14. ISO 23828-2008 燃料电池道路车辆能源消耗量检测压缩氢燃料汽车

15. ISO 13984-1999 液氢加注接口

16. ISO 13985-2006 液态氢地面车辆燃料箱

17. ISO 14687-1999 氢燃料产品规范(有 2 勘误表)

18. ISO 14687－1－1999 氢燃料产品规范第 1 部分:不包括道路车辆用质子交换膜 (PEM)燃料电池的所有应用

19. ISO/TS 14687－2－2008 氢燃料产品规范第 2 部分:道路车辆用质子交换膜 (PEM)燃料电池的应用

20. ISO/TS 15869－2009 气态氢和温合氢地面车辆燃料箱

21. ISO/RT 15916－2004 氢系统安全基础问题

22. ISO 17268－2006 压缩氢气路面车辆加注连接装置

23. ISO/TS 20100－2008 氢燃料站

24. ISO 22734－1－2008 用水电解处理的氢发生器第 1 部分:工业和商业设施

国际电工委员会(IEC)标准(IEC/TR 为技术报告,IEC/TS 为技术规范)

1. IEC/TR 60783－1984 电动汽车线束及连接器

2. IEC/TR 60784－1984 电动汽车检测设备

3. IEC/TR 60785－1985 电动汽车旋转电机

4. IEC/TR 60786－1984 电动汽车控制器

5. IEC 60718－1997 为电动道路车辆提供能量的电气装置

6. IEC 61851－1－2010 电动道路车辆传导充电系统第 1 部分:一般要求

7. IEC 61851－21－2001 电动道路车辆传导充电系统第 21 部分:电动车辆与直流、交流电源传导连接的要求

8. IEC 61851－22－2001 电动道路车辆传导充电系统第 22 部分:道路车辆交流充电站

9. IEC 61982－1－2006 电动道路车辆动力电池第 1 部分:试验参数

10. IEC 61982－2－2006 电动道路车辆动力电池第 2 部分:动态放电性能试验和耐久性试验

11. IEC 61982－3－2006 电动道路车辆动力电池第 3 部分:性能和寿命试验

12. IEC 62196－1－2004 电动车辆传导充电第 1 部分:250 A 交流电和 400 A 直流电以下的电动车辆充电插头、插座、车辆耦合器和引入线

13. IEC/TS 62282－1－2005 燃料电池技术第 1 部分:术语

14. IEC 62282－2－2007 燃料电池技术第 2 部分:燃料电池模块

15. IEC 62282－5－1－2007 燃料电池技术第 5—1 部分:移动式燃料电池装置安全

16. IEC/TS 62282－7－1－2010 燃料电池技术第 7—1 部分:单体聚合物电解质燃料电池的试验方法

17. IEC 62576－2009 混合动力电动汽车用双层电容器试验方法和电气特性

欧洲标准化技术委员会(CEN)标准

1. EN 1821－1－1996 电动道路车辆道路操纵特性测量方法第 1 部分:纯电动汽车

2. EN 1821－2－1999 电动道路车辆道路操纵特性测量方法第 2 部分:热电混合动力汽车

3. EN 1986－1－1997 电动道路车辆能量特性测量第 1 部分:纯电动汽车

4. EN 1986－2－2003 电动道路车辆能量特性测量第 2 部分:热电混合动力汽车

5. EN 1987 - 1 - 1997 电动道路车辆特殊安全要求第 1 部分:车载储能装置

6. EN 1987 - 2 - 1997 电动道路车辆 特殊安全要求第 2 部分:功能安全和故障防护

7. EN 1987 - 3 - 1998 电动道路车辆 特殊安全要求第 3 部分:使用者触电防护

8. EN 12736 - 2001 电动道路车辆利用车载充电器进行充电时的噪声声压级的确定

9. EN 13444 - 1 - 2001 电动道路车辆 混合动力汽车排放的测量第 1 部分:热电混合动力汽车

10. EN 13447 - 2001 电动道路车辆术语

11. EN 61851 - 1 - 2001 电动车辆感应充电系统

12. EN 61851 - 21 - 2002 电动车辆传导充电系统第 21 部分:电动车辆与直流、交流电源传导连接的要求

13. EN 61851 - 22 - 2001 电动车辆传导充电系统第 22 部分:电动车辆交流充电站

14. EN 61982 - 1 - 2006 电动道路车辆动力电池第 1 部分:试验参数

15. EN 61982 - 2 - 2002 电动道路车辆动力电池第 2 部分:动态放电试验和动态耐久试验

16. EN 61982 - 3 - 2001 电动道路车辆动力电池第 3 部分:性能和寿命试验

17. EN 62196 - 1 - 2003 电动车辆传导充电第 1 部分:250 A 交流电和 400 A 直流电以下的电动车辆充电插头、插座、车辆耦合器和引入线

18. EN 62576 - 2010 混合动力电动汽车用双层电容器试验方法和电气特性

联合世界车辆法规协调论坛(UN/WP29)标准

1. ECE R83:2003 关于就污染物的排放方面批准汽车的统一规定(修订版)

2. ECE R100:2002 关于纯电动汽车的结构和功能安全及氢气排放的统一规定(修订版)

3. ECE R101:2003 关于就 CO_2 排放和油耗的测量方面批准装用内燃机的乘用车和就电耗量和续驶里程的测量方面批准装用电传动系的 M_1 和 N_1 类车辆的统一规定(修订版)

美国汽车工程师学会(SAE)标准

1. SAEJ551 - 5 - 2004 电动车宽带(9 kHz~30 MHz)磁场和电场强度的性能等级和测量方法

2. SAEJ1494 - 2001 蓄电池电缆

3. SAEJ1495 - 2005 蓄电池阻燃通风系统试验方法

4. SAEJ1634 - 1993 电动车辆能量消耗与续驶里程试验规程

5. SAEJ1654 - 2004 高压初级电缆

6. SAEJ1673 - 1996 汽车高压电线总成设计

7. SAEJ1711 - 2010 混合电动汽车燃料经济性和排放污染物检测规程

8. SAEJ1715 - 2008 电动汽车术语

9. SAEJ1718 - 1997 电动乘用车和轻型载货车在电池充电过程中氢气排放检测

10. SAEJ1723 - 1995 过充电试验标准

11. SAEJ1742 - 2005 车载高压电线连接试验方法和一般性能要求

12．SAEJ1766－2005 电动车辆和混合电动车辆用电池系统碰撞完整性试验规程

13．SAEJ1772－2001 电动汽车传导充电系统连接

14．SAEJ1773－2009 电动汽车电感耦合充电

15．SAEJ1797－2008 电动汽车电池模块包装推荐规程

16．SAEJ1798－2008 电动汽车电池模块性能级别推荐规程

17．SAEJ2288－2008 电动汽车电池模块寿命周期试验

18．SAEJ2293－1－2008 电动汽车能量转换系统第 1 部分：功能要求及系统构造

19．SAEJ2288－2－2008 电动汽车能量转换系统第 2 部分：通信要求及网络结构

20．SAEJ2344－1998 电动汽车安全指南

21．SAEJ2380－1998 电动汽车电池振动试验

22．SAEJ2464－2009 电动和混合动力车辆可充电储能系统的安全和滥用试验

23．SAEJ2572－2008 使用压缩氢气的燃料电池车辆和燃料电池混合动力车辆燃料消耗量和续驶里程的推荐测量规程

24．SAEJ2574－2002 燃料电池汽车术语

25．SAEJ2578－2009 一般燃料电池车辆安全性推荐规程

26．SAEJ2579－2009 燃料电池和其他氢燃料车辆的燃料系统的技术信息报告

27．SAEJ2594－2003 可回收质子交换膜燃料电池系统设计规程

28．SAEJ2600－2002 压缩氢气车辆燃料加注连接装置

29．SAEJ2615－2005 汽车用燃料电池系统性能试验

30．SAEJ2616－2005 汽车燃料电池的燃料处理系统性能试验规程

31．SAEJ2617－2007 汽车用燃料电池堆试验推荐规程

32．SAEJ2711－2002 混合动力和传统重型车辆排放和燃料经济性测试推荐规程

33．SAEJ2719－2008 燃料电池汽车制定的 H_2 质量指南的信息报告

34．SAEJ2758－2007 混合动力车用可充注能量储存系统可用最高能量的确定

35．SAEJ2719－2006 燃料电池及其他混合动力汽车压力术语

36．SAEJ2799－2007 70 MPa 压缩氢道路车辆燃料加注连接装置和选装车辆对（加气）站的通信装置

37．SAEJ2836－2010 插电式混合动力电动车与公用电网之间的通信的使用案例

38．SAEJ2841－2010 用旅行调查数据定义插电式混合动力电动车的效用（适用性）因素

39．SAEJ2847/l－2010 插电式电动车与公用电网之间的通信

40．SAEJ2929－2011 电动和混合动力车辆动力电池系统安全标准锂电池

美国电动运输协会（ETA）标准（美国电动汽车、混合动力电动汽车技术要求）

1．ETA－HAC002:2001 试验控制

2．ETA－HAC006:2001 整车检验

3．ETA－HTP002:2001 混合动力汽车加速、爬坡性能和减速试验规程

4．ETA－HTP003:2001 混合动力电动汽车能量消耗率和续驶里程试验规程

5．ETA－HTP004:2001 电动汽车等速续驶里程试验

6. ETA－HTP005：2001 混合动力电动汽车粗糙路面试验

7. ETA－HTP006：2001 制动试验

8. ETA－HTP008：2001 电池充电

9. ETA－HTP009：2001 混合动力电动汽车产生的磁场(EMF)和电磁辐射(EMI)的测量与评估

10. ETA－HTP012：2001 电动汽车车载电池能源管理系统(BEMS)评估

日本工业标准调查会(JIS)标准

1. JIS D0112－2000 电动车辆相关的术语汇编(车辆)

2. JIS D0113－2000 电动车辆相关的术语汇编(电机及控制装置)

3. JIS D0114－2000 电动车辆相关的术语汇编(电池)

4. JIS D0115－2000 电动车辆相关的术语汇编(充电器)

5. JIS Dl301－2001 电动车辆续驶里程和能耗测量方法

6. JIS Dl302－2004 电动车辆电动摩托最大动力试验方法

7. JIS Dl303－2004 电动车辆蓄电池充电效率试验方法

8. JIS Dl304－2004 电动车辆充电设备效率试验方法

9. JIS Dl401－2009 混合动力电动车用双层电容器的电气特性试验方法

10. JIS D5303－1－2004 铅酸牵引蓄电池第 1 部分：一般要求和试验方法

11. JIS D5303－2－2004 铅酸牵引蓄电池第 2 部分：电池尺寸和电池电极端子与极性标记

12. JIS D5305－1－2007 电动道路车辆安全规范第 1 部分：牵引用蓄电池

13. JIS D5305－2－2007 电动道路车辆安全规范第 2 部分：功能性安全措施和失效的防护

14. JIS D5305－3－2007 电动道路车辆安全规范第 3 部分：人员电危害的防护

日本电动车辆协会(JEVA)标准

1. JEVS Z 101：1987 电动汽车道路试验方法通则

2. JEVS Z 102：1987 电动汽车最高车速试验方法

3. JEVS Z 103：1987 电动汽车续驶里程试验方法

4. JEVS Z 104：1987 电动汽车爬坡试验方法

5. JEVS Z 105：1988 电动汽车行驶能量消耗率试验方法

6. JEVS Z 106：1988 电动汽车能量消耗率试验方法

7. JEVS Z 107：1988 电动汽车电机及其控制器综合试验方法

8. JEVS Z 108：1994 电动车辆续驶里程和能量消耗率试验方法

9. JEVS Z 109：1995 电动车辆加速性能试验方法

10. JEVS Z 110：1995 电动车辆最大巡航车速试验方法

11. JEVS Z 111：1995 电动车辆标准能量消耗率试验方法

12. JEVS Z 112：1996 电动车辆爬坡能力试验方法

13. JEVS Z 701：1994 电动车辆电动机及控制器联合驱动测量

14. JEVS Z 804:1998 电动汽车操纵件、指示器及信号装置的识别标志

15. JEVS Z 805:1998 电动汽车术语(车辆)

16. JEVS Z 806:1998 电动汽车术语(电机及控制装置)

17. JEVS Z 807:1998 电动汽车术语(电池)

18. JEVS Z 808:1998 电动汽车术语（充电器）

19. JEVS Z 901:1995 电动车辆技术参数标准格式(主要技术参数表)

20. JEVS C 601:2000 电动汽车充电器用插入连接器

21. JEVS D 001:2006 电动车辆用阀控式铅酸蓄电池的尺寸和结构

22. JEVS D 002:1999 电动车辆用镍金属混合密封蓄电池尺寸和构造

23. JEVS D 701:2006 电动车辆用铅酸蓄电池的容量试验方法

24. JEVS D 702:2006 电动车辆用铅酸蓄电池的能量密度试验方法

25. JEVS D 703:2006 电动车辆用铅酸蓄电池的功率密度试验方法

26. JEVS D 704:2006 电动车辆用阀控式铅酸蓄电池循环试验方法

27. JEVS D 705:1999 电动汽车用密闭镍氢电池的容量试验方法

28. JEVS D 706:1999 电动汽车用密闭镍氢电池的能量密度试验方法

29. JEVS D 707:1999 电动汽车用密闭型氢电池的功率密度及峰值功率试验方法

30. JEVS D 708:1999 电动汽车用密闭镍氢电池的寿命试验方法

31. JEVS D 709:1999 电动汽车用密闭镍氢电池的动态放电容量试验方法

32. JEVS D 710:2002 电动汽车用电池的充电效率试验方法

33. JEVS D 711:2003 混合动力电动汽车用密闭镍氢电池容量试验方法

34. JEVS D 712:2003 混合动力电动汽车用密闭镍氢电池的能量密度试验方法

35. JEVS D 713:2003 混合动力电动汽车用密闭镍氢电池的(功率)输出密度及(功率)
输入密度试验方法

36. JEVS D 714:2003 混合动力电动汽车用密闭镍氢电池直流内阻计算规程

37. JEVS D 715:2003 混合动力电动汽车用密闭镍氢电池容量保持特性测试规程

38. JEVS D 716:2003 混合动力电动汽车用密闭镍氢电池循环寿命测试规程

39. JEVS D 717:2006 电动汽车用阀控式铅酸蓄电池的动态放电容量试验规程

40. JEVS D 718:2006 电动汽车用阀控式铅酸蓄电池容量保存特性测试规程

41. JEVS D 901:1985 动力蓄电池铭牌

42. JEVS D 902:1985 动力蓄电池的警告标志

43. JEVS E 701:1994 电动汽车用电机及其控制器联合功率测量

44. JEVS E 702:1994 电动车辆 等效于车载状况的电机功率测量方法

45. JEVS E901:1985 电动汽车用电机及其控制器铭牌

46. JEVS G 101:1993 电动车辆 适用于经济充电站快速充电系统的充电器

47. JEVS G 102:1993 电动车辆 适用于经济充电站快速充电系统的铅酸电池

48. JEVS G 103:1993 电动车辆 适用于经济充电站快速充电系统的充电站台

49. JEVS G 104:1993 电动车辆 适用于经济充电站快速充电系统的通信协议

50. JEVS G 105:1993 电动车辆 适用于经济充电站快速充电系统的连接器

51. JEVS G 106:2000 电动汽车用感应充电系统:一般要求

52. JEVS G 107:2000 电动汽车用感应式充电系统:手动连接器

53. JEVS G 108:2001 电动汽车用感应式充电系统:软件接口

54. JEVS G 109:2001 电动汽车用感应式充电系统:通用要求

55. JEVS G 901:1985 动力蓄电池充电器铭牌

56. JEVS TG D001:1999 电动汽车用阀控式铅酸蓄电池的安全标识相关导则

57. JEVS TG G101:2000 电动汽车的 200V 充电系统

58. JEVS TG G102:2001 电动汽车充电设备的安装

59. JEVS TG Z001:1999 电动汽车用充电操作标识的相关导则

60. JEVS TG Z002:1999 电动汽车用高电压部件标识的相关导则

61. JEVS TG Z002:2002 电动汽车高压线束颜色

62. JEVS TG Z101:1999 电动汽车电量测量方法

参考文献

[1] 赵立军. 电动汽车测试与评价[M]. 北京:北京大学出版社,2012.

[2] 陈花玲. 机械工程测试技术[M]. 第2版. 北京:机械工业出版社,2013.

[3] 唐岚. 汽车测试技术[M]. 北京:机械工业出版社,2004.

[4] 冯俊萍. 汽车测试技术及传感器[M]. 重庆:重庆大学出版社,2013.

[5] 陈勇. 汽车测试技术[M]. 北京:北京理工大学出版社,2013.

[6] 陈焕江. 汽车使用性能与试验[M]. 北京:机械工业出版社,2013.

[7] 王建. 汽车现代测试技术[M]. 北京:国防工业出版社,2013.

[8] 冯俊萍. 汽车测试技术及传感器[M]. 重庆:重庆大学出版社,2009.

[9] 赵立军. 电动汽车测试与评价[M]. 北京:北京大学出版社,2012.

[10] 刘俊. 汽车可靠性工程基础[M]. 合肥:合肥工业大学出版社,2011.

[11] 王丰元,邹旭东. 汽车试验测试技术[M]. 北京:北京大学出版社,2015.

[12] 吴道悌. 非电量电测技术. [M]. 第2版. 西安:西安交通大学出版社,2001.

[13] 戴汝泉. 汽车运行性能[M]. 北京:机械工业出版社,2010.

[14] 关强,杜丹丰. 汽车试验学[M]. 北京:人民交通出版社,2009.

[15] 陈焕江. 汽车运用工程[M]. 北京:机械工业出版社,2013.

[16] 明平顺,杨万福. 现代汽车检测技术[M]. 北京:人民交通出版社,2001.

[17] 宋爱国,刘文波,王爱民. 测试信号分析与处理[M]. 北京:机械工业出版社,2006.

[18] 李永新,吴健. 信号与动态测量系统[M]. 北京:人民邮电出版社,2014.

[19] 温希忠,张志远. 电工仪表与电气测量[M]. 济南:山东科学技术出版社,2007.

[20] 杨维俊. 汽车传感器结构原理及典型故障案例[M]. 北京:机械工业出版社,2013.

[21] 常绿,徐礼超. 汽车电子电器元器件的检测与修理[M]. 北京:机械工业出版社,2010.

[22] 董辉. 汽车用传感器[M]. 北京:北京理工大学出版社,2000.

[23] 于秩祥. 汽车传感器原理与应用[M]. 长春:吉林人民出版社,2013.

[24] 崔宏飞. 汽车性能与测试[M]. 北京:人民邮电出版社,2013.

[25] 陈全世,仇斌,谢起成. 燃料电池电动汽车[M]. 北京:清华大学出版社,2005.

[26] Mehrdad Ehsani,等. 现代电动汽车、混合动力电动汽车和燃料电池车[M]. 倪光正等. 译. 北京:机械工业出版社,2008.

[27] 宋强. 电动汽车电机系统原理与测试技术[M]. 北京:机械工业出版社,2016.

[28] 赵静炜. 混合动力电动汽车安全要求[M]. 北京:中国标准出版社,2005.

[29] 杨孝伦. 重型混合动力电动汽车能量消耗量试验方法[M]. 北京:中国标准出版社,2005.

[30] 姜久春. 电动汽车相关标准[M]. 北京:北京交通大学出版社,2016.

[31] 中国汽车技术研究中心. 国外电动车辆标准[M]. 中国汽车技术研究中心,2001.

[32] 国家电网公司营销部.电动汽车充电设施建设标准及相关文件[M].北京:中国电力出版社,2010.

[33] 本社.电动汽车交流供电装置电气接口规范 Q/GDW399—2009[M].北京:中国电力出版社,2010.

[34] 中国标准出版社.节能与新能源汽车标准汇编[M].北京:中国标准出版社,2015.

[35] 中国汽车技术研究中心标准化研究所,中国标准出版社.汽车标准汇编.2013.上[M].北京:中国标准出版社,2015.